Jäger/Schweizer (Hrsg.) · Praxis der Psychologie

Praxis der Psychologie

Ein Überblick über Perspektiven und Realität beruflicher Tätigkeit von Psychologen

Herausgegeben von
Reinhold Jäger und Helge Schweizer

Mit Beiträgen von:
Bernhard Biehl, Gerda Bieling, Werner Fritscher, Gunter Höpel, Edeltrud Jendritza, Franz Knapp, Günther Kohl, Dirk Lorenzen, Jürgen Osterland, Wilhelm Sänger, Uwe Seydel, Günter Schmitt, Manfred Sprotte und Ulrich Völker

Beltz Verlag · Weinheim und Basel 1975

ISBN 3 407 51086 1

Gesamtherstellung: Beltz, Offsetdruck, 6944 Hemsbach über Weinheim
Printed in Germany

Vorwort

Die heutige Psychologie versteht sich immer mehr als eine Verhaltenswissenschaft, die in zunehmender Spezialisierung ihrer Professionsmitglieder auch zu einer Anerkennung in der Gesellschaft kommt. Die Diskussion über die Ausbildung im Studiengang „Diplompsychologe" läßt darauf schließen, daß man nicht länger gewillt ist, einen Allround-Psychologen auszubilden der bei ausgewogenem Kenntnisstand in der Lage wäre, alle Teilgebiete praktisch psychologischer Arbeit in gleich guter Weise auszuführen. Hier vollzieht sich in ähnlicher Weise wie bei der Ärzteschaft ein Prozeß, der langfristig gesehen ein Optimum an Realisationsmöglichkeiten gewährleistet.

Allein die rechtliche Anerkennung, der Anspruch anderer Wissenschaften, das Geschäft des „Psychologisierens" auch bewerkstelligen zu können, und schließlich die Auffassung, daß Psychologen in ihrer Eigenschaft als „Testknechte", als Gehilfen nur anderen Berufen zur Hand gehen können, lassen unschwer erkennen, wie sich die praktische Anerkennung vollzieht.

In diesem Widerspruch zwischen in Aussicht gestellter Profilierung des Berufsstandes und der bislang existierenden Realität ist der vorliegende Versuch zu sehen, Laien, Studenten und Berufsvertretern einen Überblick über den Wirkungskreis von Psychologen in der Praxis zu geben.

Es mag zum einen verwundern, daß die Herausgeber, die nicht selbst praktisch tätig sind, die Initiative zu diesem Buch übernommen haben, zum anderen, und das wird dem Leser bei der Lektüre sehr schnell auffallen, daß in den einzelnen Beiträgen sehr unterschiedliche Standpunkte vertreten werden. Die Begründung für die Initiative ist in der fachlichen Auseinandersetzung im Zusammenhang mit Studenten im Rahmen von Lehrveranstaltungen zu sehen, die seit einer Reihe von Jahren an der Universität Mannheim (WH) gewonnen wurden. Die Verschiedenheit der Standpunkte und Blickwinkel, die die Autoren einnehmen, spiegelt daneben die Unterschiedlichkeit der Ausbildung, die fachspezifische Ausrichtung und Auseinandersetzung mit anderen Fachbereichen, aber auch gewissermaßen einen „Generationskonflikt" wider; letzterer dürfte rein historisch erklärbar sein, und zwar dadurch, daß verschiedene Psychologengenerationen in ähnlichen Wirkungskreisen tätig sind.

Was die Vielfalt der Tätigkeitsbereiche von Diplompsychologen anbetrifft, so muß festgestellt werden, daß der Rahmen des vorliegenden Buches weit gesprengt würde, wenn alle Bereiche vertreten wären; zum Teil erfolgte die Auswahl auf Grund von subjektiven Gesichtspunkten der Herausgeber, zum Teil dadurch, daß sich keine Fachvertreter fanden, die bereit gewesen wären, einen Beitrag zu leisten. Daß unter diesen Umständen dennoch ein guter Überblick über die praktische Tätigkeit von Psychologen gewonnen wird, ist fast einzig und allein auf die verschiedenen Autoren zurückzuführen. Ihnen haben wir als Herausgeber zu danken, ebenso Kollegen, die uns eine Reihe von Anregungen gaben, den Herren Wilfried Braunwald und Jürgen Mittelstädt für das Anlegen eines Sach- und Autorenregisters und nicht zuletzt Frau Karina Leuchter für das Schreiben der Manuskripte.

Mannheim, August 1974
Reinhold Jäger und Helge Schweizer

Inhaltsverzeichnis

I. Einleitung

Geht man vom Anteil am Bestand der Erwerbstätigen mit Hochschulabschluß aus, so stellt der „Psychologenstand" lediglich 0,3% der Akademiker dar (s. *Bund-Länder-Kommission für Bildungsplanung* u. Bundesanstalt für Arbeit, 1973).

Rein vom Bedarf her prognostizierte WIDMAIER (1969) in der Zeit von 1961 bis 1980 ein Plus von 141% an Psychologen. Nach KLEINBECK et al. (1971) ist seit dem Studienjahr 1959/60 gegenüber 1969/70 ein Anstieg von ca. 7700 Studenten zu verzeichnen, gegenüber 1973/74 ein weiteres Plus von nahezu 5000 (s. Beitrag von VÖLKER in diesem Buch).

Diesem explosionsartigen Anstieg hielt der Ausbau der einzelnen Institute an den verschiedenen Hochschulen der BRD nicht stand. Die Diskrepanz zwischen Angebot und Nachfrage der Studenten spricht so für sich selbst.

Erst seit dem Beschluß der Westdeutschen Rektorenkonferenz, sowie der Konferenz der Kultusminister der Bundesländer erstmals 1970 über die zentrale Registrierstelle (ZRS) in Hamburg die Bewerbungen der Studienanfänger auch für das Fach Psychologie abzuwickeln, ist eine Stabilisierung an den Instituten eingetreten. Seit 1973 wird das Zentrale Registrier- und Verteilerverfahren über die ZVS in *Dortmund* betätigt. Jedes Institut ist nunmehr gehalten, bei dem zuständigen Kultusministerium den Numerus Clausus zu beantragen, die Studienanfänger werden dann entsprechend den Richtlinien der Kultusministerkonferenz vom 12. 3. 1970 verteilt.

Trotz des immer wieder geführten empirischen Nachweises, daß über Noten keine qualifizierte Aussage im Hinblick auf künftigen Studienerfolg möglich ist, sieht die Zulassungsordnung keine Auswahl auf der Basis der Eignung sondern aufgrund des Leistungsnachweises im entsprechenden Reifezeugnis vor. Der Profession ist es damit immer noch nicht gelungen, allein oder auch mit Hilfe von entsprechenden Nachbarwissenschaften, ihre Vorstellungen über die Eingangsvoraussetzungen durchzusetzen.

Allerdings sind in letzter Zeit sowohl von einzelnen politischen Persönlichkeiten als auch vom Wissenschaftsministerium her Stimmen laut geworden, die darauf hindeuten, daß zumindest entsprechende Überlegungen stattfinden, nach denen die Zukunft vielleicht die Zulassung allein auf der Basis von Eignungstests und/oder in Kombination mit den herkömmlichen Schulnoten erfolgt.

Die an den Hochschulen etablierten Hochschullehrer haben mit dem Anspruch der alma mater, sowohl Forschung als auch Lehre zu bewerkstelligen, zwei Schwierigkeiten zugleich anzugehen. Nun ist nicht daran zu zweifeln, daß eigene Forschung für die Lehre wünschenswert ist; die zuständigen Fachvertreter sehen sich aber auf der Basis der immer noch sehr hohen Studentenzahlen im Fache Psychologie auf der einen Seite, bei gleichzeitiger Verknappung der Mittel für entsprechende Forschungsaufgaben auf der anderen Seite, immer mehr in die Defensive gedrängt.

Die Fachvertreter verstehen ihr Fach heute immer mehr als eine Wissenschaft, die eher den Naturwissenschaften zugeordnet werden kann. Trotz eines sehr starken Methodenpluralismus kann die Psychologie als eine verhaltenswissenschaftliche Disziplin beschrieben werden mit dem Ziele, in all ihren Teildisziplinen gesetzmäßige Zusammenhänge zu finden.

Betrachtet man die Naivität mit der in früheren Jahren und auch heute noch Anfänger mit dem Psychologiestudium beginnen, so ist es nicht verwunderlich, daß ein Großteil der Studenten frustriert ist und/oder auch ihr Studium abbricht (s. HITPASS, 1967; WIDMAIER, 1969; KLEINBECK et al., 1971; SCHÖNPFLUG, 1974). Auch die Unsicherheit derjenigen, die das Studium abgeschlossen haben, ist beträchtlich; nach AMELANG und TIEDEMANN (1971) äußerten sich nur 40% der Befragten dahingehend, daß sie das Fach „sehr wahrscheinlich, ganz gewiß" wiederum studieren würden. Nicht zuletzt deshalb ist es notwendig, „daß durch geeignete Aufklärungsmaßnahmen eine Reihe der genannten Orientierungsschwierigkeiten (Anmerkung der Verfasser: vornehmlich soziale Orientierungsschwierigkeiten) beseitigt werden könnten, insbesondere durch rechtzeitigen Abbau falscher Vorstellungen über die Psychologie, womöglich schon auf der Oberstufe der Gymnasien" (ORLIK et al., 1971, S. 36).

Trotz der Unzufriedenheit derjenigen, die studieren und studiert haben, muß ein Großteil derjenigen, die sich für das Fach interessieren, warten oder gänzlich darauf verzichten. Die Studenten, die das Studium fertig studieren, haben immerhin zur Zeit die Möglichkeit, im Regelfalle auf ein gutes Marktangebot zurückgreifen zu können, wenn auch Diplom-Psychologen mit Berufserfahrung häufiger erwünscht sind (s. Tabelle).

Das Studium selbst wird üblicherweise in zwei Abschnitte eingeteilt: Vordiplomstudium und Hauptdiplomstudium, die beide mit einer entsprechenden Prüfung abgeschlossen werden (Vordiplom-Prüfung; Diplom-Prüfung). Im Moment ist die Ausbildungssituation so, daß an der Mehrzahl der 22 Institute in der Bundesrepublik „Allroundpsychologen" herangezogen werden, die allerdings nur scheinbar alle Fähigkeiten und Fertigkeiten der Psychologen verschiedener Sparten auf sich vereinigen. Neue Prüfungsordnungen sind in der Realisierungsphase, die in ihrer neuen Form Schwerpunktbildungen im Studium selbst verlangen und verschiedene Sektionen des Berufsverbandes und die Deutsche

Tab. 1: Stellenmarkt für Psychologen

	Sep. 72		Mai 73		Juni 73		Juli 73		Aug. 73		Sep. 73		Nov. 73		Dez. 73	
	A	B	A	B	A	B	A	B	A	B	A	B	A	B	A	B
I. Dienstleistungsbetriebe																
Marktforschung		4		1	2	5		3	1			2	3			
Werbung/PR																
Verlag (Verwaltung)						1										
Redakteur/Journalist/Lektor						1					1	3				
Vermögensberatung Banken/Versicherung																
Treuhand-Wirtschaftsprüfung																
Rechts-Patentanwaltspraxis																
II. Industrie und Handel																
Außendienst/Beratung	1											1		1		1
Personalpolitik		4		3		2		4		2		2		1		2
Organisation/Planung																
Systemanalytiker																
Ausbilder		2		1		5			1	2		3		5		2
Marketing/MAFO				1				2		2		2		1		
Pressereferat/PR																
Direktionsassistent																
Management-Ausbildung	2		2										1			
Finanz-/Rechnungswesen Kalkulation-Revision																
Industrielle Verarbeitung/Produktion																
Forschung/Entwicklung																
Konstruktion/Entwurf																
Rechts/Patentabteilung																
Geschäftsführer/Direktor/Vorstand																
Projektmanager/Leiter																
III. Öffentlicher Dienst/Verbände																
Pressereferat																
Allgemeine Verwaltung/Planung				4	2	2		1	3	2		1				
Beratung/Fürsoge	1	14		26	12	23	1	11	11	20	6	17	13	.28	8	11
Bildung/Bildungsplanung		9		1		1	1	2	6	14	3	4	1	4	1	2
Forschung/Entwicklung		2	2	1		2	1	2	2	1	3	2		2	1	2
Gesamt	4	35	4	38	18	42	3	25	24	43	13	37	18	42	10	20
	39		42		60		55		67		50		60		30	

aus: Analysen, 1972,9, 1973,5,6,7,8,9,11,12,; A = Anfänger, B = mit Berufserfahrung.

Gesellschaft für Psychologie fordern beispielsweise den „Klinischen Psychologen“, der nach besonderer Qualifikation diese Berufsbezeichnung tragen darf. Wenn nun im folgenden auf verschiedene Teilgebiete des praktisch tätigen Diplom-Psychologen eingegangen wird, so soll sich der Leser darüber im klaren sein, daß sich das Berufsbild *des* Psychologen aufgrund der Vielfalt der Tätigkeitsbereiche nicht eindeutig beschreiben läßt und daß zugleich die dargestellten Bereiche nur eine Auswahl aus dieser Vielzahl darstellen. So wird dem kritischen Leser sicherlich nicht entgehen, daß nur im Rahmen eines Beispieles (Pharmakopsychologie) auf die außeruniversitäre Forschung eingegangen wird, die ja doch etwa durch Ausbau der Max-Planck-Institute oder durch große schulbegleitende Untersuchungen wie im Falle des Funkkollegs und der 3. Fernsehprogramme zu einer Ausweitung der Möglichkeiten psychologischer Tätigkeit geführt haben. Zu erwähnen wären beispielsweise auch Sportpsychologen, die in Kombination von Fachwissen und sportlicher Betätigung zur hilfsreichen Unterstützung von Mannschaften und Einzelsportlern eingesetzt werden, beispielsweise auch um den Mannschaftsgeist zu unterstützen, Ängste zu beseitigen usf.; oder auch Psychologen im Entwicklungsdienst, die vornehmlich in der Ausbildung eingesetzt werden, wenn es beispielsweise darum geht Entwicklungshelfern auf neue Einsatzorte vorzubereiten; Psychologen im Polizeidienst, die in der Regel auch Schulungsmaßnahmen durchführen, aber auch in brisanten Situationen Verhaltensweisen beobachten und Gegenmaßnahmen vorbereiten helfen; ein Teil der Psychologen übt eine Sachverständigentätigkeit vor Gericht aus, wenn es beispielsweise darum geht die Zeugentüchtigkeit von Kindern oder Erwachsenen zu untersuchen oder auch im Rahmen von Schriftvergleichsuntersuchungen bei denen echte Unterschriften von gefälschten hinreichend gut unterschieden werden sollen. Nicht wegzudenken sind schließlich Psychologen im Kontext der Markt- und Werbepsychologie; im einen Bereich soll versucht werden neue Märkte zu erschließen, indem das Verhalten und die Motive erforscht werden, die möglicherweise neue Interessenten zu gewinnen verhelfen, während die Werbepsychologie dem Interessenten die Entscheidung erleichtern will, indem Motive und Gründe in einer bestimmten Richtung aufgezeigt werden. Im ähnlichen Kontext steht die psychologische Meinungsforschung, der oft der Vorwurf gemacht wird, nicht immer nur meinungsfeststellend zu wirken, sondern oft meinungsmachend eingesetzt zu werden, vor allem dann wenn politische Entscheidungen getroffen werden (etwa bei Wahlen etc.).

Zu den neueren Anwendungsgebieten zählt beispielsweise die politische Psychologie, die neben den klassischen Wissenschaften im Rahmen der Politik, der Politologie und der Soziologie, sich zu etablieren versucht. ARNOLD (1970) nennt sowohl präventive als auch retrospektive Anliegen dieser jungen Teildisziplin, z.B. Untersuchungen zur Frage des Autoritarismus, des Nationalismus, aber ebenso auch Fragen der Durchsetzung von politischen Entscheidungen, Entscheidungsfindungen usf.

Auch im Bereich der sogenannten Klinischen Psychologie findet man vermehrt Psychologen vor, die sich mit Spezialproblemen beschäftigen, so in der Drogenberatung, Suizidberatung, Eheberatung, Studienberatung usf., in jedem Falle mit dem Ziele, therapeutisch unterstützend und beratend tätig zu werden. Ein kleiner Teil von Psychologen ist z.Zt. damit beschäftigt, im Rahmen von Dienstleistungen Dokumentationen zu erarbeiten oder an Bibliotheken ihr Fachwissen für entsprechende Einordnung von Büchern zur Verfügung zu stellen. Ein ebenso bescheidener Anteil ist bei Verlagen unter Vertrag um wissenschaftliche Beratungen im Rahmen von psychologischen Testverfahren oder auch neuerer Fachliteratur zu übernehmen. Insgesamt ergibt sich damit ein sehr breites und uneinheitliches Spektrum von Berufsmöglichkeiten, das sicherlich damit nicht erschöpft ist, zumal durch Kombination mit Nachbardisziplinen der Psychologie entsprechende praktische Tätigkeiten entstehen (z.B. Kombination mit Computerwissenschaften, Mathematik, Erziehungswissenschaft, Soziologie, Politologie etc.). Mit der Ausweitung des Berufsstandes etablieren sich genauso unterstützende Tätigkeiten z.B. der Beruf der PTA (Psychologisch-technische Assistentin), die Auswertungsarbeiten bei Tests, Testdurchführung etc. übernimmt.
Die nachfolgenden Beiträge sind in vier Teilbereiche gegliedert. Zunächst wird auf die Arbeit des im klinischen Bereich tätigen Psychologen eingegangen, wobei sowohl die diagnostische, als auch therapeutische und beratende Funktion des klinisch arbeitenden Psychologen behandelt wird. Daran schließt sich in einem zweiten Abschnitt die Auseinandersetzung mit der schul- und berufsbezogenen Beratung an. Im dritten Abschnitt schließlich wird die praktische Arbeit in der Arbeits- und Wirtschaftswelt erörtert. Den Schluß bilden drei Beiträge über Probleme und Aspekte des freiberuflich praktizierenden, des Psychologen in der Forschung (Beispiel Pharmakopsychologie) und des in der Lehre stehenden Psychologen.

Literatur:

Amelang, M.; Tiedemann, J.: Psychologen im Beruf: I Studienverlauf und Berufstätigkeit, Psychologische Rundschau, 1971, 22, 151–186.

Arnold, W.: Angewandte Psychologie, Stuttgart, Berlin, Köln, Mainz, 1970.

Benesch, H.; Dorsch, F. (Hrsg.): Berufsaufgaben und Praxis der Psychologen. München, Basel, 1971.

Bund-Länder-Kommission für Bildungsplanung und Bundesanstalt für Arbeit (Hrsg.): Studium und Berufswahl. 1974, Bad Honnef, 1974.

Hitpass, J.: Das Studienschicksal des Immatrikulationsjahrganges 1958. Gütersloh, 1967.

Kleinbeck, U.; Lutz, R.; Schönpflug, W.: Das Studium der Psychologie. Paderborn, 1971.

Laucken, K.; Schick, A.: Einführung in das Studium der Psychologie. Stuttgart, 1971.

Orlik, P.; Fisch, R.; Saterdag, H.: Fragen der sozialen Orientierung von Studienanfängern des Faches Psychologie. Psychologische Rundschau, 1971, 22, 17–37.

Schönpflug, W.: Anfängerausbildung im Fach Psychologie. Psychologische Rundschau, 1974, 25, 1–24.

Widmaier, H. P.: Analysen zum Hochschul-Gesamtbereich. Schriftenreihe des Kultusministeriums Baden-Württemberg. Reihe A/Nr. 19. Villingen, 1969.

II. Der Psychologe im klinischen Bereich und im Bereich klinisch orientierter Diagnose und Beratung

Der praktisch arbeitende Psychologe sieht sich sehr häufig vor die Aufgabe gestellt, mit seinem Wissen beratend und therapeutisch tätig zu werden. Dies entspricht der üblichen Alltagsvorstellung von Psychologen und deckt zugleich von der Zielsetzung her zum einen tatsächlich einen Anteil der Arbeit des klinisch orientierten Psychologen ab, zum anderen wird hierin angedeutet, daß ein Großteil der Psychologen unter diesem Aspekt das Studium begonnen hat und anschließend auch in diesem Bereich wirksam ist.

So heterogen diese Teildisziplin der Psychologie auch erscheint – von der Probandengruppe die jeweils angesprochen ist, als auch von der inhaltlichen Zielsetzung – so sehr ist das Berufsbild einheitlich an einer individuellen Ausrichtung orientiert, was von der Konsequenz her bedeutet, daß der Nutzen eines Individuums (Patient, Rehabilitand, Resozialisand etc.) im Vordergrund steht. Inhaltlich verschieden sind die Zielsetzungen, so soll z.B. das „schwierige Kind" in der Erziehungsberatung soweit wieder hergestellt werden, daß eine normale Interaktion zwischen Kind und Eltern oder auch zwischen Kind und Lehrer stattfindet; der Patient im Psychiatrischen Krankenhaus soll beispielsweise von depressiven Zuständen befreit werden, damit er im Leben wieder „seinen Mann stehen kann", der Rehabilitand soll berufliche Möglichkeiten wieder wahrnehmen können und der Resozialisand soll in die Gesellschaft eingegliedert werden.

Von der Gesellschaft und vom Betroffenen her werden so vom Psychologen notwendige Dienstleistungen gefordert, allein von der personellen Kapazität sehen sich die Fachvertreter sehr oft überfordert. So existiert auch hier eine Gemeinsamkeit: das Verhältnis zwischen der Anzahl der Psychologen und der Anzahl der Kinder, die Erziehungsberatungsstellen aufsuchen müssen, ist genauso unbefriedigend wie das Verhältnis von Patientenanzahl zu psychologisch ausgebildetem Personal.

Psychologen in diesem Bereich haben auf der einen Seite individuelle Interessen zu vertreten und auf der anderen Seite in der Öffentlichkeit auf die Notwendigkeit von Reformen hinzuwirken. Bei all dem gewinnt man fast den Eindruck, daß die Fachvertreter auf verlorenem Posten stehen: sehr oft werden Psychologen in der Klinik seitens der Ärzte als „Testknechte" angesehen, die nicht immer notwendige, aber wenigstens ergänzende Informationen liefern, wenn diese dann auch für

Entscheidungen nicht immer herangezogen werden; in der Erziehungsberatung ist zumindest bei solchen Stellen einiges aus dem Feuer zu holen, bei denen Psychologen selbst die Leiter sind.

Gerade aber für die Zukunft ergibt sich in diesem Teilgebiet die beste Entwicklungsmöglichkeit und der größte Bedarf an Psychologen; so sind im Moment sehr viele Stellen an Erziehungsberatungsstellen nicht besetzt. Die Rehabilitationszentren werden wesentlich ausgebaut werden. Das gleiche trifft auf die Psychiatrischen Kliniken zu und ebenfalls auch auf die sozial-therapeutischen Anstalten.

A. Der Klinische Psychologe im Psychiatrischen Krankenhaus

DIRK LORENZEN

1 Einleitung

Die Schwierigkeiten bei der Definition von ‚Klinische Psychologie' oder „Klinischer Psychologe" sind an anderer Stelle ausführlich diskutiert worden. (HOYOS 1964, DÄUMLING 1969, SCHRAML 1970, PONGRATZ 1973).
Belassen wir es hier bei einer allgemeinen Umschreibung, die den Begriff ‚Klinische Psychologie' nach ihren Techniken, ihren Methoden, den Gegenständen ihres Interesses und nach ihren Zielvorstellungen definiert:

‚Klinische Psychologie ist die Anwendung der Erkenntnisse, Techniken und Methoden der psychologischen Grundlagenfächer und ihrer Nachbardisziplinen: der Tiefenpsychologie, der Soziologie und der Sozialpädagogik im breiten klinischen Felde von der Beratungsstelle über Heilerziehungsheime bis zu Krankenhäusern.' (SCHRAML 1970).

PONGRATZ (1973) stellt die Anwendungsgebiete der Klinischen Psychologie stärker in den Vordergrund:

‚Klinische Psychologie ist jener Zweig der Psychologie, der die sozialbedingten und sozialrelevanten Störungen des psychischen Lebens und deren Modifikation in Forschung, Lehre und Praxis zum Gegenstand hat. Ihre praktischen Aufgaben sind Diagnostik, Therapie und Prophylaxe.'

Das angesprochene ‚breite klinische Feld' muß freilich näher beschrieben werden, um auch den Ort, an dem Klinische Psychologie getrieben wird, zu definieren.
Zur Zeit sind die meisten klinisch tätigen Psychologen in Beratungsstellen beschäftigt. Darunter fassen wir Erziehungs-, Ehe-, Sucht-, Lebensmüden- und Studentenberatungsstellen, im weitesten Sinne auch Bildungs- und Schulberatungsstellen zusammen, sofern therapeutische Techniken angewendet werden.
Der kleinere Teil berufstätiger Klinischer Psychologen ist an klinischen Institutionen verschiedener Art beschäftigt. Dazu zählen wir psychiatrische Krankenhäuser, psychiatrische Universitätskliniken, neurologische Kliniken, pädiatrische und orthopädische Krankenhäuser und Heime, psychosomatische und psychoanalytische Spezialkliniken, Einrichtungen zur Rehabilitation und Prävention psychisch Kranker bzw. psychischer Krankheiten, Heilstätten für Suchtkranke u.v.m.

Hinzu kommen natürlich alle Klinischen Psychologen, die in der Forschung und Lehre tätig sind.
In diesem kurz umschriebenen breiten klinischen Feld divergieren die Aufgaben und Arbeitsbereiche des Klinischen Psychologen erheblich. Je nach theoretischer Ausrichtung und Leitung der Institution ist der Klinische Psychologe hauptsächlich als Diagnostiker, als Therapeut, als Stationsleiter, als Organisator, in der Aus- und Weiterbildung oder in der Forschung eingesetzt. Berührungspunkte und Kompetenzüberschneidungen mit anderen Berufsgruppen (Medizinern, Sozialarbeitern und -pädagogen, psychiatrischem Krankenpflegepersonal, Soziologen, ja sogar Theologen) sind häufig und führen nicht selten zu einer Unsicherheit über die eigentliche Rolle des Klinischen Psychologen bzw. die Rollenerwartungen an ihn.

2 Krankenhauspsychiatrie in Deutschland

Dieser Beitrag will sich speziell mit den Arbeitsmöglichkeiten des Klinischen Psychologen in den psychiatrischen Krankenhäusern beschäftigen. Für eine solche Spezialisierung gibt es gewichtige Gründe:
Erstens ist das Spektrum der Arbeitsmöglichkeiten in diesen Institutionen sehr groß. Es umfaßt nicht nur den gesamten Bereich der Klinischen Psychologie; darüber hinaus wird der Psychologe im organisatorischen und administrativen Bereich eingesetzt, er nimmt Leitungs- und Ausbildungsfunktionen wahr und wendet gruppendynamische Verfahren im interpersonellen Bereich an.
Zweitens ist zu erwarten (besonders nach der Veröffentlichung des Berichtes der Sachverständigenkommission zur Erarbeitung der Enquête über die Lage der Psychiatrie in der Bundesrepublik Deutschland), daß im Bereich der psychiatrischen Versorgung im allgemeinen und in den psychiatrischen Krankenhäusern im besonderen vermehrt Stellen geschaffen werden, um den außerordentlich großen Bedarf an klinisch-psychologischen und methodisch geschulten Mitarbeitern zu decken.
Zunächst zur Definition des psychiatrischen Krankenhauses. Die Struktur dieser Institutionen variiert. Gemessen an ihrer Aufnahmekapazität haben die ‚Landeskrankenhäuser' jedoch die größte Bedeutung. Diese Landeskrankenhäuser[1] haben die Totalversorgung der Bevölkerung in einem bestimmten, genau umschriebenen Aufnahmegebiet zu übernehmen. Das heißt, es müssen alle von Hausärzten, Nervenärzten, Gesundheitsämtern, Staatsanwaltschaften zur Behandlung oder Pflege eingewiesenen bzw. überwiesenen Kranken aufgenommen werden. Von diesem Aufnahmezwang ausgenommen sind höchstens Spezialeinrichtungen in einzelnen Landeskrankenhäusern wie neurologische, kinder- und jugendpsychia-

1 Die Träger der Landeskrankenhäuser sind von Bundesland zu Bundesland verschieden:

trische, zum Teil auch geriatrische Abteilungen. Unter psychiatrischen Krankenhäusern werden in diesem Zusammenhang also nicht psychiatrische Universitätskliniken, spezielle psychosomatische oder psychoanalytische Kliniken, Spezialeinrichtungen für Suchtkranke u. ä. verstanden, Institutionen, die nur ausgewählte Patienten, unabhängig von einem bestimmten Einzugsgebiet aufnehmen.
In einem so definierten psychiatrischen Krankenhaus finden wir folglich nicht nur akute Kranke vor, die beim heutigen Stand der therapeutischen Möglichkeiten mit großer Wahrscheinlichkeit nach kurzer Zeit[2] wieder entlassen werden können, sondern auch die große Anzahl langdauernd hospitalisierter sog. chronisch Kranker, die zum Teil schon länger als 20 Jahre in Behandlung sind und aufgrund des Hospitalisierungseffekts und der völligen sozialen Isolation bisher nur schwer, zum größten Teil aber gar nicht entlassen werden konnten. Hinzu kommen Alkoholiker, gemäß § 42b StGB in ein psychiatrisches Krankenhaus eingewiesene geisteskranke Rechtsbrecher sowie eine Anzahl nicht in die Gesellschaft integrierbare Menschen ohne psychiatrische Diagnose.

Baden-Württemberg	Ministerium für Arbeit, Gesundheit und Sozialordnung des Landes Baden-Württemberg
Bayern	Bezirksverbände bzw. Landkreise
Berlin	Senator für Arbeit, Gesundheit und Soziales
Bremen	Land Bremen
Hamburg	Gesundheitsbehörde der Freien und Hansestadt Hamburg
Hessen	Landeswohlfahrtsverband
Niedersachsen	Sozialministerium des Landes Niedersachsen
Nordrhein-Westfalen	Landschaftsverband Rheinland bzw. Westfalen-Lippe
Rheinland-Pfalz	Ministerium für Soziales, Gesundheit und Sport des Landes Rheinland-Pfalz
Saarland	Ministerium für Arbeit, Sozialordnung und Gesundheit des Saarlandes
Schleswig-Holstein	Land Schleswig-Holstein

2 In Baden-Württemberg wurden 1969 91% der aufgenommenen Patienten innerhalb eines Jahres wieder enlassen. (SCHULTE, 1972).
Im Psychiatrischen Landeskrankenhaus Weinsberg betrug die durchschnittliche Behandlungszeit eines akut Kranken im Jahre 1972 etwa 4 bis 6 Wochen. Das entspricht der durchschnittlichen Aufenthaltsdauer in Allgemeinkrankenhäusern.

Im Psychiatrischen Landeskrankenhaus Weinsberg – das hier stellvertretend für alle anderen Landeskrankenhäuser stehen mag – wurden im Jahre 1972 bei etwa 800 Betten 2725 Patienten augenommen. Folgende Krankheitsbilder wurden diagnostiziert:

Suchtkranke (Alkoholiker, Drogenabhängige)	18.1%
Psychosen aus dem schizophrenen Formenkreis	16.2%
Affektive Psychosen	16.0%
Neurologische Erkrankungen	14.9%
Geriatrische Erkrankungen	9.3%
Psychische Störungen bei körperl. Krankheiten	8.4%
Neurosen, abnorme Reaktionen	5.7%
Persönlichkeitsstörungen (Psychopathien)	3.1%
Oligophrenien	2.6%
Ohne Diagnose	5.7%

Die Mehrzahl der Psychiatrischen Landeskrankenhäuser ist gegliedert in einen Aufnahmebereich für akut psychisch Kranke, in einem rehabilitativen Behandlungsbereich für sog. chronisch psychisch Kranke und – in jedem Krankenhaus unterschiedlich – in zusätzliche spezielle Behandlungsbereiche (Neurologie, Kinder- und Jugendpsychiatrie, Entwöhnungsabteilung u.a.m.).

Auf den rehabilitativen Behandlungsbereich für chronisch psychisch Kranke richten sich nun in letzter Zeit vermehrt zahlreiche therapeutische Aktivitäten, die unter den Schlagwörtern ‚Sozialpsychiatrie', ‚Milieutherapie', ‚Soziotherapie', ‚Therapeutische Gemeinschaft' bekannt geworden sind. Die Tendenz geht dahin, bisher nur stiefmütterlich behandelte chronisch Kranke personalintensiver zu betreuen, um bestimmte Therapieziele (z.B. Einsatz in der extramuralen[3] Arbeitstherapie) trotz langdauernder Hospitalisierung erreichen zu können. Je nach Charakter der Rehabilitationsstation werden sozialpsychiatrisch[4] ausgebildetes Pflegepersonal, Heilpädagogen, Sozialarbeiter und -pädagogen und Psychologen benötigt, um die entsprechenden Ziele zu verwirklichen. Die personell optimal ausgestattete und geführte Rahabilitationsstation muß jedoch heute noch eine Forderung an die Zukunft bleiben, wenn man sich den Personalschlüssel der psychiatrischen Großkrankenhäuser und die große Anzahl unbesetzter Stellen besonders im ärztlichen und pflegerischen Bereich vor Augen führt.

Die Besetzung der Landeskrankenhäuser mit Psychologen sieht natürlich noch schlechter aus; es werden jedoch von Jahr zu Jahr zusätzliche Stellen geschaffen. Im Jahre 1973 waren von allen PLKs der BRD 232 Psychologenstellen vorhanden (Verhältnis von 2,8 pro Krankenhaus), davon waren allerdings 32 Stellen nicht besetzt.

---

3 extramural: außerhalb des eigentlichen Krankenhausgeländes

4 zur Definition von Sozialpsychiatrie siehe Dörner, K. u. Plog, U. (1972)

Ärztliche Besetzung

Länder	Verhältnis der Stellen zur Bettenzahl	Verhältnis der besetzten Stellen zur Ist-Belegung
Berlin	1:28	1:27
Hamburg	1:35	1:32
Baden-Württemberg	1:43	1:46
Hessen	1:46	1:75
Landschaftsverband Rheinland	1:47	1:63
Rheinland-Pfalz	1:57	1:74
Landschaftsverband Westfalen-Lippe	1:65	1:81
Bayern	1:66	1:80
Niedersachsen	1:70	1:94
Schleswig-Holstein	1:72	1:69
Besetzung mit Pflegekräften		
Berlin	1:2,8	1:2,9
Hamburg	1:3,1	1:3,5
Baden-Württemberg	1:4,0	1:4,1
Hessen	1:4,1	1:4,4
Landschaftsverband Westfalen-Lippe	1:4,4	1:4,7
Rheinland-Pfalz	1:4,5	1:4,7
Landschaftsverband Rheinland	1:4,7	1:4,6
Bayern	1:4,7	1:4,9
Schleswig-Holstein	1:5,1	1:4,5
Niedersachsen	1:5,1	1:5,3

Mit Stellenvermehrung allein ist dem Problem der fehlenden Fachkräfte in den Landeskrankenhäusern allerdings nicht beizukommen (wie aus der großen Zahl unbesetzter Stellen ersichtlich ist). Eine wichtige Voraussetzung für die Änderung dieser Situation ist vielmehr eine größere Attraktivität der Arbeitsstellen, die die Krankenhausleitung bzw. der Krankenhausträger nur durch verstärkte Delegierung der Verantwortung nach unten und durch eine größere Aufgeschlossenheit gegenüber Reformen im psychiatrischen Bereich erreichen kann.

Die Tendenz zu Veränderungen in diesem Bereich ist unverkennbar. Sie sind an einigen Krankenhäusern bereits weit gediehen, an anderen noch nicht in Angriff genommen.

3 Zur Stellung des Klinischen Psychologen im Psychiatrischen Krankenhaus

Die finanzielle und laufbahngerechte Gleichstellung der Klinischen Psychologen mit den Ärzten ist nicht auf allen Gebieten erreicht. Das Anfangsgehalt dürfte für Ärzte und Psychologen in der Regel gleich sein, die Aufstiegsmöglichkeiten für

den Psychologen sind jedoch schlechter. Während der Arzt bei seiner Facharztanerkennung als Angestellter automatisch nach BAT Ib aufsteigt, besteht eine entsprechende Möglichkeit für den Psychologen bisher nicht[5].
Ähnlich verhält es sich mit der Verbeamtung. Während der Arzt neuerdings auch vor Beendigung seiner Facharztausbildung jederzeit seine Verbeamtung beantragen kann, ist dies für den Psychologen nicht in jedem Bundesland möglich; das Wahrnehmen hoheitsrechtlicher Aufgaben sind ihm in diesem Falle verwehrt[6].
Während Arzt und Psychologe in dienstlichen Angelegenheiten unter der Schweigepflicht stehen, kann der Psychologe – auch wenn er Funktionen eines Stationsleiters wahrnimmt – im Gegensatz zum Arzt aber nicht das Schweigerecht in Anspruch nehmen.
Die Möglichkeit, Fortbildungsveranstaltungen zu besuchen und Nebentätigkeiten auszuüben, wird im großen und ganzen recht großzügig gehandhabt, ja von vielen Krankenhausleitern im Interesse einer besseren Behandlungen der Patienten gewünscht und unterstützt. Unter Nebentätigkeit ist in diesem Zusammenhang Gutachter- und Unterrichtstätigkeit (z. B. Lehraufträge an Krankenpflegeschulen u. ä.) zu verstehen.
Von der finanziellen und laufbahngerechten Gleichstellung einmal abgesehen, ist es dem Klinischen Psychologen bisher nicht an allen psychiatrischen Krankenhäusern gelungen, die Vorurteile der ärztlichen Kollegen abzubauen und sich neben diesen einen selbstständigen Tätigkeitsbereich zu schaffen. Psychologen werden oft noch als ‚ärztliches Hilfspersonal' ohne eigenverantwortlichen Entscheidungsbereich angesehen. Daß das Arbeitsklima in solchen Krankenhäusern oft nicht sehr gut ist, muß nicht weiter begründet werden[7]. Treten solche Schwierigkeiten auf, sind oft zwei Gründe Maßgebend:

1. Psychologen sind erst in den sechziger Jahren in Landeskrankenhäusern eingestellt worden[8].

---

5 Das nicht zuletzt am Fehlen einer anerkannten Postgraduiertenausbildung für Klinische Psychologen, die der Facharztausbildung eines Arztes analog ist, liegt. Erste Schritte in diese Richtung unternimmt die Sektion Klinische Psychologie des Berufsverbandes Deutscher Psychologen e. V. (BDP) mit der Erarbeitung eines Berufsbildes und Ausbildungsplans des ‚Fachpsychologen für Klinische Psychologie' (Informationsbroschüre Nr. 1 1973).

6 siehe dazu das Bundesbeamtengesetz sowie die einzelnen Landesbeamtengesetze.

7 Albee (1966) kritisiert den Klinischen Psychologen im psychiatrischen Krankenhaus als wohlgelittenen Gast und folgsamen Sklaven, der die Werte und die Sprache seines medizinischen Herren übernommen hat.

8 Allerdings fordert der Psychiater Reil (1759–1813) schon 1808, in der Zeit also, in der sich die Psychiatrie eben zu institutionalisieren begann, dem Arzt einen Psychologen beizuordnen: ‚Bei der Übung der einzelnen Seelenvermögen soll man dem Kranken wieder den Sinn für seine eigene moralische und intellektuelle Kultur beibringen. Reil nennt dies Schlußphase der psychischen Kur, die in der heutigen Psychiatrie ‚Rehabilitation' genannt wird, das letzte und höchste Geschäft des Psychologen.' (zit. nach Schrenk 1973, S. 76).

Die Aufgaben und die Rolle des Psychologen waren infolge des Fehlens eines traditionellen Berufsbildes meist nicht definiert, so daß es zu Rollenkonflikten mit dem übrigen therapeutisch tätigen Personal kam.

2. Besonders ältere Ärzte fürchten den Einbruch von Psychologen in bisher rein medizinischen Domänen und damit die Einbuße von Einfluß. Man versuchte, die Psychologen auf Arbeitsbereiche abzuschieben, in denen sie keinerlei Entscheidungsbefugnisse hatten und vom Arzt zu Hilfeleistungen in diagnostischen und therapeutischen Fragen herangezogen werden konnten.

Die Phase des Rollenkonflikts und der Konkurrenzangst konnte bisher nicht an allen Krankenhäusern überwunden werden. Die Bearbeitung dieser Problematik ist allerdings stark von den lokalen Gegebenheiten abhängig. Eine Integration des Psychologen wird in aller Regel erleichtert, wenn er in eigener Verantwortung bestimmte Arbeitsbereiche (eine Station, den Psychologie-Unterricht in der Krankenpflegeschule u. a.) übernimmt.

4 Arbeitsbereiche des Klinischen Psychologen im Psychiatrischen Krankenhaus

Die verschiedenen Arbeitsbereiche des Klinischen Psychologen im psychiatrischen Krankenhaus werden im folgenden getrennt dargestellt, obwohl davon auszugehen ist, daß eine solche Trennung in der Praxis in den seltensten Fällen besteht. Der Klinische Psychologe wird sich kaum in allen unten beschriebenen Arbeitsbereichen gleichzeitig betätigen können, die Kombination von zwei, drei oder auch vier dieser Arbeitsbereiche wird jedoch die Regel sein.

4.1 Der Klinische Psychologe als Diagnostiker

Ein großer Teil der in psychiatrischen Krankenhäusern arbeitenden Psychologen ist zur Zeit hauptsächlich diagnostisch tätig, d.h. der Psychologe unterstützt den Arzt durch eine psychologische Untersuchung bei der Diagnosestellung, er macht Behandlungsvorschläge aus psychologischer Sicht und ist als Haupt- oder Zusatzgutachter tätig.
Gehen wir davon aus, daß die eingehende psychologische Untersuchung (mit Auswertung und Interpretation der verwendeten Tests) eines Patienten mindestens einen Tag in Anspruch nimmt, ist die diagnostische Kapazität des Psychologen schnell erschöpft und nur wenige Patienten hätten den Vorteil einer differenzierten klinischen Diagnose, die zugegebenermaßen für die Therapie und einen möglichen Behandlungserfolg nicht zu unterschätzen ist.
Ist der Klinische Psychologe zusätzlich in anderen Bereichen tätig, muß der

diagnostische Aufwand für psychologische Untersuchungen noch stärker eingeschränkt werden. Der Psychologe tut gut daran, wenn er sich dann auf bestimmte Fragestellungen spezialisiert, die mit dem eingeführten Verfahren schnell beantwortet werden können. Im psychiatrischen Krankenhaus wird der diagnostisch arbeitende Psychologe vorwiegend mit folgenden Fragestellungen konfrontiert:

1. Intelligenzdiagnostik
   Sie ist vorwiegend bei der Abklärung des Ausmaßes oder der Differentialdiagnose einer Minderbegabung erforderlich.
   Da der persönliche Kontakt mit dem Patienten und eine intensive Verhaltensbeobachtung für die Intelligenzdiagnose nicht ohne Bedeutung ist, wird man trotz der bekannten Nachteile häufig auf den HAWIE als Diagnostiker zurückgreifen müssen. Neuerdings steht eine mit neuen Normen versehene Kurzform des HAWIE, der WIP[9] zur Verfügung.
2. Die Frage nach hirnorganisch bedingten intellektuellen Leistungsbeeinträchtigungen.
   Im Vordergrund steht die Sicherung oder Ergänzung eines neurologischen Befundes. Dafür stehen eine Reihe von Verfahren zur Verfügung, die zum Teil in Verbindung mit der allgemeinen intellektuellen Leistungsfähigkeit bewertet werden müssen[10].
3. Persönlichkeits- und Neurosendiagnostik
   Die allgemeine und umfassende, aber zeitraubende Persönlichkeits- und Neurosendiagnostik mit projektiven Verfahren tritt mancherorts immer mehr in den Hintergrund (auch wenn ihre Anwendung in einzelnen Fällen durchaus berechtigt ist).
   Der Trend geht dahin, in verstärktem Maße Persönlichkeitsfragebogen einzusetzen, die schnell bearbeitet und möglicherweise auch maschinell ausgewertet und interpretiert werden können[11].
   Bei allen Einwänden geben sie eine wichtige Hilfe bei der Differenzierung und Verifizierung von Diagnosen.

Krankheitsverlaufskontrollen
Zur Abschätzung der Effektivität therapeutischer Maßnahmen sind Krankheitsverlaufskontrollen erforderlich. Neben-Frageverfahren, die eine Selbst- und Fremdeinschätzung des gegenwärtigen psychischen Zustandsbildes ermöglichen, sind Klassifikationstests in Vorbereitung, die eine Rückbildung schizophrener Denk- und Wahrnehmungsstörungen im Verlaufe der Behandlung kontrollieren[12].
Bei verhaltenstherapeutischen Behandlungen sind solche Verlaufskontrollen selbstverständlich.

Man muß sich darüber im klaren sein, daß der Psychologe nicht in allen Fällen durch eine psychologische Untersuchung etwas zur Diagnose einer psychischen Erkrankung beitragen kann und daß es sinnlos ist, jeden aufgenommenen oder vor der Entlassung stehenden Patienten – wenn auch nur kurz – ‚durch die Testmühle zu drehen'.
Im Psychiatrischen Landeskrankenhaus Weinsberg haben sich sog. Untersu-

---

9 Wechsler-Intelligenztest für psychisch Kranke (Dahl, 1972).
10 Benton-Test, Göttinger Formreproduktionstest (GFT), Diagnosticum für Cerebral-Schädigung (DCS), Reaktionsmeßgeräte.
11 Minnesota Multiphasic Personality Inventory (MMPI), Freiburger Persönlichkeits-Inventar (FPI), Gießen-Test (GT) u.v.a.
12 siehe Rode (1973).

chungsanforderungen gut bewährt, in denen der Arzt auf die psychologische Fragestellung, auf anamnestische Informationen und auf die Medikamentendosierung – die möglicherweise die Konzentrations- und Aufmerksamkeitsfähigkeit beeinflussen – eingeht. Die Durchführung spezieller Tests sollte sich der Psychologe nicht – wie es in einigen Krankenhäusern üblich ist – vom Arzt vorschreiben lassen. Es läßt sich nicht leugnen, daß der ausschließlich diagnostisch tätige Klinische Psychologe eine meist nicht sehr befriedigende Tätigkeit ausübt. Er ist im ungünstigsten Falle völlig von den Anweisungen des Arztes abhängig, weiß wenig über den Patienten, den er untersuchen soll und hat schließlich keinerlei Einfluß auf mögliche Behandlungsverfahren oder -ziele. Die negative Einstellung, die viele Klinische Psychologen zu rein diagnostischer Tätigkeit haben ist allerdings auch darauf zurückzuführen, daß die psychologische Diagnostik bei der Behandlung einzelner Patienten oft keinen relevanten Niederschlag findet bzw. in der Praxis vom Arzt nur dann berücksichtigt wird, wenn sie den Eindruck des Arztes bestätigt.

Ein ausschließlich diagnostisch tätiger Klinischer Psychologe sollte daher viel Zeit darauf verwenden, seine Mitarbeiter über das, was er zu leisten vermag, aufzuklären und versuchen, seine Mithilfe bei der Ausarbeitung spezieller Behandlungen und Behandlungsziele anzubieten und schließlich unentbehrlich zu machen.

In den personell meist sehr gut ausgestatteten kinder- und jugendpsychiatrischen Abteilungen einiger Landeskrankenhäuser kann auf eine intensive psychologische Diagnostik natürlich nicht verzichten werden, da sie für die Therapie und Prognose des verhaltensgestörten Kindes und Jugendlichen einen viel größeren Stellenwert als in der Erwachsenenpsychiatrie einnehmen dürfte[13].

4.2 Der Klinische Psychologe als Gutachter

In den psychiatrischen Krankenhäusern gehen eine Anzahl von Gutachtenaufträgen verschiedener Gerichte oder Staatsanwaltschaften ein, die vom ärztlichen Direktor je nach Fragestellung an Ärzte und Psychologen weitergegeben werden. Der Psychologe wird als Hauptgutachter bei primär psychologischen Fragestellungen herangezogen, nämlich bei der Beurteilung der Glaubwürdigkeit jugendlicher Zeugen, zum Sorge- und Verkehrsrecht bei Kindern aus geschiedenen Ehen, bei der Beurteilung der Strafreife jugendlicher und der strafrechtlichen Verantwortung erwachsener Rechtsbrecher (hier allerdings oft auch nur als Zusatzgutachter, der das ärztliche Gutachten durch eine Intelligenzdiagnose beispielsweise ergänzt).

---

13 Eine kritische Untersuchung zu den psychodiagnostischen Aufgaben des Psychologen in der Psychiatrie hat LORENZ (1974) vorgelegt.

Einnahmen aus Gutachtertätigkeit müssen versteuert werden, die Krankenhausverwaltung fordert darüber hinaus noch einen gewissen Prozentsatz der Einnahmen (in der Regel 10%) für die Benutzung von Räumen oder von Testmaterial bei der Gutachtenerstellung. Die Vergütung des Gutachtens ist im ‚Gesetz zur Entschädigung von Zeugen und Sachverständigen'[14] geregelt.
Es ist zu empfehlen, daß der Psychologe seinen Stundensatz mit den Ärzten abstimmt, da es sonst auch auf diesem Gebiet leicht zu einer Unterbewertung klinisch-psychologischer Tätigkeiten kommen kann.
Bei der Fülle der Verantwortung, die sich aus jedem Gutachtenauftrag für den zu Begutachtenden und seine Angehörigen ergibt, ist es selbstverständlich, daß der Psychologe, der sich erst in das Gebiet der Klinischen Psychologie bzw. spezieller Begutachtungsfragen einarbeitet, nicht sofort selbstständig Gutachten erstellt, sondern sich von einem erfahrenen Kollegen beraten läßt oder bei fremden Gutachten mitarbeitet.

4.3 Der Klinische Psychologe als Therapeut

Das Mißverhältnis zwischen der großen Zahl von Patienten und der kleineren Zahl Therapeuten in den Landeskrankenhäusern hat einen wesentlichen Einfluß darauf, in welcher Art und Weise der Klinische Psychologe therapeutisch tätig sein kann. Er ist nach entsprechender Zusatzausbildung zwar in der Lage, einzelne Patienten psychoanalytisch, nicht-direktiv oder verhaltenstherapeutisch zu behandeln, er kann sich jedoch leicht ausrechnen, einen wie geringen Prozentsatz psychisch Kranker er mit seiner Tätigkeit erreicht und daß er seine Arbeitszeit vielleicht einer kleinen Zahl relativ leicht gestörter Neurotiker widmet, während die Mehrzahl der akut und chronisch psychisch Kranken allein somatisch behandelt werden kann.Eine psychotherapeutische Einzelbehandlung ist unter diesem Aspekt erst dann wünschenswert und angebracht, wenn jeder Patient eines Landeskrankenhauses gemäß seiner Diagnose und Prognose optimal mit den modernsten Verfahren der Psychiatrie oder Psychotherapie behandelt werden kann. Davon sind allerdings die meisten Landeskrankenhäuser noch weit entfernt. Im Vordergrund der therapeutischen Bemühungen des Klinischen Psychologen im Landeskrankenhaus müssen daher zunächst einmal verschiedene gruppentherapeutische Verfahren stehen, die bei möglichst vielen Patienten mit verschiedenen Krankheitsbildern angewendet werden können. Dafür stehen inzwischen eine Reihe von Verfahren zur Verfügung, die für Patientengruppen der verschiedensten Art je nach Diagnose bzw. Schwere und Dauer der psychischen Erkrankung eingesetzt werden. Reine Gesprächsgruppen, die die Aufarbeitung von Konflikten zum Ziel haben, wird vor allem in der Therapie von Neurotikern,

---

14 siehe Höver (1968).

Alkoholkranken und Drogenabhängigen einsetzen[15]. Bei Patienten mit abgeklungenen akuten Psychosen wird man darüber hinaus solche Verfahren anwenden, die Kontaktstörungen angehen bzw. Verhaltensweisen einüben, die nach der Entlassung für eine erfolgreiche berufliche Rehabilitation bzw. soziale Wiedereingliederung in die Gesellschaft notwendig sind. In Betracht kommen hier beispielsweise das ,nicht-verbale Sensitivitätstraining' (SCHUTZ 1973) und das „Selbstsicherheits- oder Selbstbehauptungstraining' (WOLPE 1972, ULLRICH u. ULLRICH DE MUYNCK 1974).
Es sind dies Verfahren, die nach entsprechender Einarbeitung auch vom Pflegepersonal erfolgreich angewendet werden können.
Für schwer gestörte, langdauernd hospitalisierte Patienten werden in letzter Zeit vermehrt sog. ,Münzverstärkungsprogramme' (token economies) eingesetzt, die auf dem lerntheoretischen Konzept des operanten Konditionierens basieren (AYLLON u. AZRIN 1968, COHEN u. a. 1972, 1973, FLORIN u. a. 1973, LORENZEN 1973).
Da es sich bei diesen Programmen um ein therapeutisches Konzept handelt, in das jeweils eine gesamte Station einbezogen ist, ist die Kommunikation in therapeutischen Fragen zwischen den Mitgliedern des Behandlungsteams eine unerläßliche Voraussetzung[16].

4.4 Der Klinische Psychologe als Stationsleiter und als Mitglied in der Therapeutischen Gemeinschaft

Optimal kann der Klinische Psychologe erst dann arbeiten, wenn er für eine Station und damit für eine bestimmte Anzahl von Patienten auch verantwortlich zuständig ist, d.h. die Aufgaben übernimmt bzw. mit übernimmt, die üblicherweise dem Arzt vorbehalten sind. Dazu gehören Entscheidungen über Ausgang, Beurlaubungen und Entlassung einzelner Patienten; über den Einsatz therapeutischer Verfahren; die Vertretung der Patienten bei Krankenkassen, Sozialämtern, Gerichten; die Führung der Krankengeschichte; die Erhebung von Anamnesen und Explorationen; die Formulierung von Entlassungsberichten an die weiterbehandelnden Ärzte oder Institutionen.
Obwohl solche Aufgaben von einzelnen Psychologen unter stillschweigender Duldung des ärztlichen Direktors an einigen Krankenhäusern praktiziert werden, ist der Psychologe als Stationsleiter im allgemeinen doch Wunschbild und Zukunftsmusik. Eine solche Regelung stößt im Augenblick nicht zuletzt auch auf

---

15 siehe z.B. SAGER u. KAPLAN (1973)
16 Zwar nicht unter der Bezeichnung ,Verhaltenstherapie', aber mit ähnlichen Behandlungsmethoden (und Erfolgen) arbeitete in den zwanziger Jahren dieses Jahrhunderts SIMON in Gütersloh (SIMON, 1929).

juristische Schwierigkeiten. Hauptverantwortlich für einzelne Patienten oder eine gesamte Station muß nach wie vor ein Arzt sein.
Davon einmal abgesehen wird sich der Klinische Psychologe dort relativ leicht als Stationsleiter durchsetzen können, in denen die medizinische Problematik in den Hintergrund tritt. Das sind insbesondere spezielle Stationen für Alkoholiker und Drogenabhängige innerhalb des Landeskrankenhauses, die bereits erwähnten sog. rehabilitativen Stationen für chronisch psychisch Kranke, spezielle Übergangseinrichtungen (Tag- und Nachtkliniken, Übergangswohnheime), die dem Krankenhaus angeschlossen sind, möglicherweise noch einzelne kinder- und jugendpsychiatrische Stationen mit leichteren Verhaltensstörungen.
Ist der Klinische Psychologe als Stationsleiter eingesetzt, kommt automatisch Routinearbeit in erheblichem Umfang auf ihn zu, die ihn u. U. daran hindern wird, aufwendige psychologische Untersuchungen durchzuführen.
Dafür kann er allerdings als Therapeut aktiver werden; er bekommt einen tieferen Einblick in die Organisation des Krankenhauses; er fühlt sich dem Arzt gegenüber gleichberechtigt und ist in der Lage, sonst oft vorhandene Minderwertigkeitsgefühle abzubauen.
BINDER (1971) meint, daß sich ‚die psychologische Stationsführung liberaler, reformfreudiger, normorientierter und theoriezentrierter' gibt. Man darf aber nicht übersehen, daß die erfolgreiche Arbeit des Klinischen Psycholgen als Stationsleiter von liberalen und reformfreudigen Ärzten abhängig ist, die sich gegen traditionsverhaftete Kollegen durchsetzen müssen.
Der Klinische Psychologe als Stationsleiter muß sich allerdings darüber im klaren sein, daß er seine Daseinsberechtigung verliert, wenn er die traditionelle hierarchische Ordnung seiner Station unangetastet läßt. An den Psychologen werden vielmehr in besonderem Maße Erwartungen hinsichtlich einer Umstrukturierung von Stationen nach sozialpsychiatrischen Gesichtspunkten geknüpft. Ein Beispiel für eine solche Umstrukturierung wäre der Aufbau einer ‚Therapeutischen Gemeinschaft'. Ihre Prinzipien sind an anderer Stelle ausführlich dargestellt und kritisiert worden[17].
MESZAROS (1960) definiert:

> ‚Die Therapeutische Gemeinschaft kann charakterisiert werden als ein sich selbst regulierender sozialer Mechanismus, der in der Therapieeinheit am Werk ist.
> Die Kontrolle wird nicht in der Form einer einzigen Autoritätsfigur eingeführt, sondern in dem Wunsch einer Gruppe, das Therapieziel mit einem Minimum an Einschränkungen zu erreichen.
> Die Therapeutische Gemeinschaft liefert ein korrigierendes soziales Klima, in dem der Patient seine irrationalen Befürchtungen aus früheren mitmenschlichen Beziehungen neu erleben und verändern kann. Er kann versuchen, gesündere und konstruktivere soziale Beziehungen aufzubauen.'
>
> (zit. nach KAYSER, u. a. 1973)

---

17 JONES (1955, 1959, 1962), FLEGEL (1966), VELTIN (1968), PLOEGER (1972), KAYSER u. a. (1973), FOUDRAINE (1973).

Eine Therapeutische Gemeinschaft kann also nicht im traditionellen hierarchischen Rahmen einer Station verwirklicht werden. Sie erfordert ein gleichberechtigtes ‚Behandlungsteam', das aus allen Mitarbeitern besteht, die innerhalb dieser Station therapeutisch aktiv sind. In regelmäßigen Mitarbeiterbesprechungen müssen nicht nur Therapieziel und -durchführung für jeden einzelnen Patienten definiert, sondern auch Kommunikationsstörungen innerhalb des Teams bewußt gemacht und bearbeitet werden, wobei der Psychologe in Kenntnis sozialpsychologischer Gesetzmäßigkeiten steuernd eingreifen kann[18].Die Umstrukturierung einer Station zu einer Therapeutischen Gemeinschaft kann selbstverständlich nicht von heute auf morgen erfolgen. Sie erfordert neben grundsätzlichen Einstellungsänderungen aller Beteiligten zu Patienten die Bereitschaft zu kontinuierlicher Weiterbildung auf dem Gesamtgebiet der modernen Psychiatrie und Psychologie: von den Mitgliedern des Teams müssen beispielsweise Kenntnisse Gruppendynamischer Mechanismen gefordert werden, sie müssen in der Lage sein, ein therapeutisch wirkendes Umfeld zu strukturieren und sie müssen schließlich ihre Rolle gegenüber den Patienten weniger pflegerisch-bewahrend als aktiv-rehabilitierend sehen.

4.5 Der Klinische Psychologe in der Aus- und Weiterbildung des psychiatrischen Pflegepersonals

Die meisten Landeskrankenhäuser unterhalten eine Krankenpflegeschule, in der das allgemeine Krankenpflegeexamen abgelegt werden kann. Da die Krankenpflegeschüler während der Ausbildung auf den verschiedenen Stationen auch praktisch eingesetzt werden, liegt ein Schwerpunkt ihrer Ausbildung naturgemäß im psychiatrischen Bereich. Der Unterricht wird zum größten Teil von Mitarbeitern des Krankenhauses bestritten. Die Einführung in die Grundlagen der Psychologie, der Pädagogik und der Soziologie kann vom Psychologen übernommen werden. Neben den im Lehrplan vorgesehenen Unterrichtsgebieten, wird er besonders auf praktische Probleme beim Umgang mit bzw. bei der Behandlung von psychisch Kranken eingehen.

Die Weiterbildung des psychiatrischen Pflegepersonals ist in den verschiedenen psychiatrischen Krankenhäusern entweder als zwanglose Folge von Vorträgen oder als Zusatzausbildung mit festem Lehrplan und theoretischem wie praktischem Unterricht institutionalisiert. Die Thematik konzentriert sich heute größtenteils auf sozialpsychiatrische Probleme und Fragestellungen.

Welche Themen der Klinische Psychologe hier übernimmt, hängt natürlich von seinen besonderen Interessen bzw. seinem Arbeitsgebiet ab. Ein Beispiel wäre die

---

18 Über die Schwierigkeiten und Belastungen bei der Einführung Therapeutischer Gemeinschaften berichten Veltin (1971), Winkler (1971) und Foudraine (1973).

Behandlung von Problemen, die sich aus dem Verhältnis Patienten – Pflegepersonal oder Vorgesetzte – Pflegepersonal ergeben sowie die Einarbeitung von Strategien zur Lösung solcher Probleme.

4.6 Der Klinische Psychologe als Organisator und in der Öffentlichkeitsarbeit

Der Psychologe hat an einigen Landeskrankenhäusern den Vorteil, daß er nicht wie der Arzt unter dem Druck täglich gleichbleibender Routinetätigkeit steht. In fortschrittlichen Krankenhäusern ist es ihm daher möglich, verändernd oder verbessernd in das traditionelle Organisationsgefüge bestimmter Krankenhausbereiche einzugreifen. Angriffspunkte und Möglichkeiten sind natürlich von Ort zu Ort verschieden. Daher an dieser Stelle nur einige Beispiele:

- Aufbau und Koordinierung einer gezielten Beschäftigungs- und Arbeitstherapie mit stufenweiser Steigerung der Anforderungen.
  Beschaffung von Arbeitsaufträgen sowie beschützten Arbeitsplätzen außerhalb des Krankenhauses.
  Organisation und Einführung eines abgestuften Entlohnungssystems, möglicherweise unter Umgehung des Krankenhausträgers[19].
- Organisation des Einsatzes von Laienhelfern auf verschiedenen Stationen in unterschiedlichen Arbeitsbereichen.
- Aufbau und Organisation von Freizeiteinrichtungen für Patienten (Bücherei, Café u. ä.).
- Mitarbeit in Hilfs- oder Fördervereinen für psychisch Kranke.
- Redaktion des Krankenhaus-Informationsblattes.

Auch in der Öffentlichkeitsarbeit kann sich der Klinische Psychologe – je nach Interesse – engagieren:

- Vorträge über psychiatrisch-psychologische Fragen der Behandlung von psychisch Kranken.
- Versuche, Vorurteile über psychisch Kranke bzw. psychiatrische Krankenhäuser durch Führungen oder durch die Organisation eines ‚Tages der Offenen Tür' abzubauen.
- Mitarbeit in überregionalen Gruppierungen, die die Verbesserung der Lage psychisch Kranker zum Ziel haben[20].
- Mitarbeit bei psychisch Kranke betreffende Gesetze und in Sachverständigenkommissionen[21].

---

19 siehe dazu REIMER u. WILLIS (1972, 1973).
20 Mannheimer Kreis, Deutsche Gesellschaft für soziale Psychiatrie (DGSP) und ihre Landesverbände, Aktion psychisch Kranke.
21 z. B. Enquête über die Lage der Psychiatrie in der BRD.

4.7 Der Klinische Psychologe in der Forschung

Bei der geringen Zahl von experimentell und methodisch geschulten Mitarbeitern in den meisten Landeskrankenhäusern mußten Forschungsaufgaben bisher meist den Universitätskliniken überlassen bleiben.
Aber auch (und vielleicht ganz besonders) in den Landeskrankenhäusern ist es wichtig, den Erfolg neuer therapeutischer Ansätze beispielsweise mit wissenschaftlichen Methoden zu kontrollieren.
Es liegen in den Landeskrankenhäusern eine ungeheure Menge von Daten über jeden einzelnen Patienten vor, die bisher nur in Einzelfällen näher analysiert und interpretiert werden konnten.
Der methodisch ausgebildete Klinische Psychologe hat also ein weites – kaum bearbeitetes Feld – vor sich.
Die wichtigsten Forschungsgebiete sind – kurz zusammengefaßt:

- Epidemiologische Untersuchungen (Beziehungen diagnostischer Informationen zu bio- und soziographischen Daten)
- Therapiebegleitende Untersuchungen
- Katamnestische Erhebungen
- Einstellungsuntersuchungen
- Erforschung der Organisationsstruktur und des Informationsflusses innerhalb des Krankenhauses

Hinzu kommt die Zusammenarbeit mit Ärzten bei methodischen Fragen in rein medizinischen Untersuchungen.
An einigen Krankenhäusern wurden bzw. werden größere Forschungsvorhaben durchgeführt, die z.T. von der Deutschen Forschungsgemeinschaft (DFG) finanziert werden[22].
Kann sich der Klinische Psychologe nur zeitweise wissenschaftlichen Aufgaben widmen, besteht die Möglichkeit, bestimmte Fragestellungen im Rahmen von medizinischen Doktorarbeiten oder psychologischen Diplomarbeiten aufgreifen zu lassen.

---

22 z.B. soziologische Untersuchungen im Rheinischen Landeskrankenhaus Düsseldorf (Kölner Zeitschrift für Soziologie und Sozialpsychologie 1973, 2), DFG-Projekt ‚Arbeitstherapeutische Rehabilitation chronisch psychisch Kranker', das z.Zt. im Psychiatrischen Landeskrankenhaus Weinsberg bearbeitet wird.

5 Die Verwertung der Erkenntnisse aus dem Studium bei der praktischen Tätigkeit des Klinischen Psychologen

Die Studienpläne der meisten Psychologischen Institute sind nach wie vor hauptsächlich theoriezentriert und bieten kaum Möglichkeiten, sich schon während des Studiums auf eine bestimmte Berufsrichtung hin zu spezialisieren.
Vorhanden ist bei Studienabschluß eine mehr oder weniger bruchstückhafte Ausbildung in der Anwendung psychodiagnostischer Verfahren, die allerdings meist an gesunden Probanden erprobt worden sind und eine – selten praxisbezogene – Grundausbildung in einzelnen psychotherapeutischen Techniken. Von den psychologischen Grundlagenfächern einmal abgesehen, ist in der Regel eine relativ gute – wenn auch selten in der Praxis anzuwendende – Ausbildung in methodischen und quantitativen Fragen der Psychologie vorhanden, die dem wissenschaftlich arbeitenden Psychologen allerdings sehr zugute kommt.
Es muß nachdrücklich darauf hingewiesen werden, daß die Universitäten z. Zt. nicht in der Lage sind, Klinische Psychologen praxisgerecht auszubilden. Spezielle Kenntnisse in psychotherapeutischen Techniken müssen gegen Sonderbezahlung bei einzelnen Berufsverbänden erworben werden. Das ist ein Mißstand, den die Universitäten zumindest durch die Einführung kostenloser Postgraduiertenseminare, die eine intensive Ausbildung in einzel- und gruppentherapeutischen Techniken ermöglichen, beheben sollten.
Was nun die Arbeitsmöglichkeiten des Klinischen Psychologen in den psychiatrischen Krankenhäusern angeht, sollten sich Interessenten rechtzeitig und ausführlich über diese Institutionen informieren können (auch wenn dabei eine Reihe von Illusionen, z. B. über die Möglichkeit dort ‚Therapie zu machen' aufgegeben werden muß).
Die Zusammenarbeit zwischen den Universitäten und den psychiatrischen Krankenhäusern müßte dann allerdings stärker intensiviert werden. Denkbar wären Seminare oder Übungen im Rahmen der Psychologieausbildung, die sich mit speziellen Problemen der psychiatrischen Versorgung in den Landeskrankenhäusern beschäftigen, mehrtägige klinische Kurse in den psychiatrischen Institutionen, Vergabe von Diplomarbeiten mit psychiatrisch-psychologischen Themen, Betreuung einer Station durch Mitarbeiter des Psychologischen Instituts[23] u.v.m. Optimal wäre es, wenn alle diese Möglichkeiten zur Verfügung ständen.
Die Klinische Psychologie konnte sich erst in den letzten Jahren – oft unter großen Schwierigkeiten – in den Landeskrankenhäusern etablieren. Die Aufgaben des Klinischen Psychologen sind daher nicht überall klar definiert, sondern hängen größtenteils von der persönlichen Einstellung des ärztlichen Direktors zu seinen psychologischen Mitarbeitern ab. Die oben geschilderten Arbeitsbereiche des

23 Diese Art der Zusammenarbeit wird im Psychiatrischen Landeskrankenhaus Reichenau mit dem Psychologischen Institut der Universität Konstanz praktiziert.

Klinischen Psychologen in den Landeskrankenhäusern sind also in gewisser Hinsicht Idealvorstellungen von dem, was der Psychologe alles tun könnte (wenn er dürfte). Daß die Klinischen Psychologen in vielen Landeskrankenhäusern in ihrem Tätigkeitsbereich noch stark eingeschränkt sind, kann nicht darüber hinwegtäuschen, daß sie sich in vielen Häusern auf der anderen Seite auch unentbehrlich gemacht haben.

Wichtige Adressen

Berufsverband Deutscher Psychologen e.V. (BDP)
– Hauptgeschäftsstelle –
6 Frankfurt/Main, Freiherr-von-Stein-Straße 48

Sektion Klinische Psychologie
des Berufsverbandes Deutscher Psychologen (BDP)
Dr. Günter Kohlscheen
5 Köln 41, Erkelenzer Straße 10

Aufnahmekommission
der Sektion Klinische Psychologie des BDP
Dr. Eibe-Rudolf Rey
Sozialpsychiatrische Klinik
68 Mannheim, Theodor-Kutzer-Ufer

Kuratorium ‚Fachpsychologie für Klinische Psychologie'
siehe: Hauptgeschäftsstelle des BDP

Deutscher Berufsverband der Verhaltenstherapeuten e.V. (DBV)
Psychologisches Institut der Universität Münster
44 Münster, Schlaunstraße 2

Gesellschaft zur Förderung der Verhaltenstherapie e.V. (GVT)
Sekretariat
8 München 40, Parzivalstraße 25

Deutsche Gesellschaft für Individualpsychologie e.V. (DGIP)
799 Friedrichshafen 1, Pacellistraße 7

Deutsche Gesellschaft für Psychotherapie und Tiefenpsychologie (DGPT)
1 Berlin 37, Am Schlachtensee 2

Gesellschaft für wissenschaftliche Gesprächspsychotherapie e.V. (GwG)
Sekretariat
44 Münster, Staufenstraße 27

Aktion psychisch Kranke
Vereinigung zur Reform der Versorgung psychisch Kranker e.V.
53 Bonn 1, Kaiser-Karl-Ring 20

Deutsche Gesellschaft für soziale Psychiatrie (DGSP)
48 Bielefeld 13, Friedhofsweg 1

Baden-Württembergische Gesellschaft für soziale Psychiatrie (BWGSP)
Psychiatrisches Landeskrankenhaus, 7102 Weinsberg

Gesellschaft für analytische Gruppendynamik (G.A.G.)
8 München 40, Rankestraße 4/I

Deutsche Gruppenpsychotherapeutische Gesellschaft e.V. (DGG)
1 Berlin 15, Wielandstraße 27/28

Literatur

Albee, J. W.: The relation of conceptual models in manpower needs, in: Cowen, E. (Ed.) Emerging concepts of mental health, New York, 1967.

Ayllon, T. u. Azrin, N. H.: The token economy, New York, 1968.

Berufsverband Deutscher Psychologen. Sektion Klinische Psychologie: Berufsbild und Ausbildungsplan des Fachpsychologen für Klinische Psychologie, Informationsbroschüre Nr. 1, 1973.

Binder, S. u. a.: Die Rolle des Psychologen im psychiatrischen Krankenhaus, Gütersloher Fortbildungswoche 1971.

Cohen, R. u. a.: The introduction of a token economy in a psychiatric ward with extremely withdrawn chronic schizophrenics, Behaviour Research and Therapy 1972, 10, 69–74.

Cohen, R. u. a.: Dreijährige Erfahrungen mit einem Münzsystem auf einer Station für extrem inaktive, chronisch schizophrene Patienten, Zeitschrift für Klinische Psychologie 1973, 2, 243–277.

Dahl, G.: WIP – Reduzierter Wechsler-Intelligenztest, Meisenheim am Glan, 1972.

Däumling, A. M.: Zum Berufsbild des Klinischen Psychologen, in: Duhm, E. (Hrsg.) Praxis der Klinischen Psychologie I, Göttingen, 1969.

Dörner, K. u. Plog U. (Hrsg.): Sozialpsychiatrie – psychische Leiden zwischen Integration und Emanzipation, Neuwied, 1972.

Flegel, H.: Die psychiatrische Krankenabteilung als Therapeutische Gemeinschaft, Der Nervenarzt 1966, 37, 160–164.

Florin, I. u. a.: Eine Untersuchung zum operanten Konditionieren sozialen Verhaltens bei chronisch Schizophrenen, Göttingen, 1973 (Beiheft 1 der Zeitschrift für Klinische Psychologie).

Foudraine, J.: Wer ist aus Holz? Neue Wege der Psychiatrie, München, 1973.

Höver, A.: Meyer-Höver. Gesetz über die Entschädigung von Zeugen und Sachverständigen (mit Kommentar), Köln, 1968 13. Aufl.

Hoyos, C. v.: Denkschrift zur Lage der Psychologie, Wiesbaden, 1964.

Jones, M.: The Therapeutic Community, New York, 1955.

Jones, M.: Social Psychiatry, Springfield/Ill., 1962.

Kayser, H. u. a.: Gruppenarbeit in der Psychiatrie. Erfahrungen mit der Therapeutischen Gemeinschaft, Stuttgart, 1973.

Kuhlenkampff, C. u. a.: Zwischenbericht der Sachverständigenkommission zur Erarbeitung der Enquête über die Lage der Psychiatrie in der Bundesrepublik Deutschland, Bonn, 1973.

Lorenz, A. L.: Psychodiagnostik in der Psychiatrie. Zur Berufspraxis des Psychologen, Giessen, 1974.

Lorenzen, D.: Erste Ergebnisse der Verhaltenstherapie im PLK Weinsberg, Der Nervenarzt 1973, 44, 423–427.

Meszaros, A. F.: in: Denber, H. (Ed) Research Conference on Therapeutic Community, Springfield/Ill., 1960.

Ploeger, A.: Die Therapeutische Gemeinschaft in der Psychotherapie und Sozialpsychiatrie, Stuttgart, 1972.

Pongratz, L. J.: Lehrbuch der Klinischen Psychologie. Psychologische Grundlagen der Psychotherapie, Göttingen, 1973.

Reimer, F. u. Willis, E.: Neue Wege industrieller Arbeitstherapie im psychiatrischen Krankenhaus, Der Nervenarzt 1972, 43, 155–156.

Reimer, F. u. Willis, E. Erfahrungen mit einem extramuralen industriellen Arbeitstraining: Arbeitsmedizin Sozialmedizin Präventivmedizin 1973, 44, 182–184.

Rode, I.: Wahrnehmungs- und Denkstörungen schizophrener Patienten im Klassifizierungstest, Zeitschrift für Klinische Psychologie 1973, 2, 211–231.

Sager, C. J. u. Kaplan, H. S. (Hrsg.): Handbuch der Ehe-, Familien- und Gruppentherapie in drei Bänden, München, 1973.

Simon, H.: Aktivere Krankenbehandlung in der Irrenanstalt, Berlin und Leipzig, 1929, Nachdruck: Düsseldorf, 1969.

Schraml, W. J. (Hrsg.): Klinische Psychologie, Bern, 1970.

Schrenk, M.: Über den Umgang mit Geisteskranken, Berlin, 1973.

Schulte, P. W.: Ein psychiatrisch-neurologisches Fallregister für Klinik und Praxis – Analyse einiger Daten unter besonderer Berücksichtigung des Psychiatrischen Landeskrankenhauses Weinsberg, in: Reimer, F. (Hrsg.) Anlage oder Umwelt? Beiträge zur Kausalitätsfrage in der Psychiatrie. Drittes Weinsberger Kolloquium (Janssen Symposien Band 7), Düsseldorf, 1972.

Schutz, W. C.: Freude. Gruppentherapie, Sensitivity-Training, Ich-Erweiterung, Reinbek, 1973.

Ständiger Ausschuß für Krankenhausfragen in der DGPN: Stellenpläne der Psychiatrischen Landeskrankenhäuser der Länder der Bundesrepublik Deutschland 1973, Düsseldorf, 1974.

Ullrich, R. u. Ullrich de Muynck, R.: Selbstsicherheitstraining, in: Kraiker, Ch. (Hrsg.) Handbuch der Verhaltenstherapie, München, 1974.

Veltin, A.: Die Therapeutische Gemeinschaft im psychiatrischen Krankenhaus, Zeitschrift für Gruppenpsychotherapie und Gruppendynamik 1968, 2, 190.

Veltin, A.: Die therapeutische Gruppe im Spannungsfeld der klinischen Institution. Dokumentation der wissenschaftlichen Arbeiten und Sammlung von Tagungsberichten aus Kliniken, Instituten und Fachkrankenhäusern für Psychiatrie, Band 3 (1970–1971), Landschaftsverband Westfalen-Lippe, 1971.

Winkler, W. Th.: Die kustodiale Psychiatrie in der Auseinandersetzung mit dem Prinzip der Therapeutischen Gemeinschaft, in: Lauter, H. u. Meyer, J.-E. (Hrsg.) Der psychisch Kranke und die Gesellschaft, Stuttgart, 1971.

Wolpe, J.: Praxis der Verhaltenstherapie, Bern, 1972.

B. Der Psychologe in der Rehabilitation Behinderter

Wilhelm Sänger

1 Probleme der Behinderung

In der BRD kommen im Jahr über 50000 Kinder mit Gesundheitsschädigungen zur Welt. Durch Erkrankungen und Unfälle erhöht sich die Anzahl der Behinderten jährlich um etwa die gleiche Größenordnung. Insgesamt müssen über 5 Millionen mit dem Handicap einer körperlich oder geistig-seelischen Behinderung leben. Es droht die Gefahr, daß diese Behinderten in eine Randlage des sozialen Lebens geraten und sie nicht die Rolle in der Gesellschaft spielen können, die sie sich wünschen und erhoffen.

Sie brauchen aber nicht Außenseiter oder Stiefkinder des Volkes zu sein, wenn ihnen Hilfen geboten werden, daß sie selbst ihr Handicap – auch seelisch – verkraften und wenn sie nicht auf äußere Widerstände und auf Unverständnis bei dem Versuch der Integrierung in die Gesellschaft stoßen.

Bei 80% aller Behinderten im berufsfähigen Alter könnte so eine Eingliederung ins Arbeitsleben erfolgen, möglichst unter Wahrung des sozialen Status, wenn nicht gar – nach Berufsförderung – mit sozialer Besserstellung. Bei 20% sind allerdings die Behinderungsauswirkungen so gravierend, daß sie ihr Leben mit einer Rente oder unter „beschützenden Verhältnissen" führen müssen.

Rehabilitationsbemühungen bei Behinderten sind in erster Linie eine humanitäre Aufgabe und Pflicht der Gesellschaft. Sie wirken sich aber auch zum materiellen Nutzen der einzelnen wie der Allgemeinheit aus. So haben Erhebungen gezeigt, daß z.B. in der beruflichen Rehabilitation Behinderter finanzielle Hilfen von Sozialleistungsträgern in relativ kurzer Zeit amortisiert werden, wenn ein Behinderter, der sonst auf soziale Unterstützung angewisen wäre, wieder ins Arbeitsleben integriert wird.

Um den erwünschten Erfolg von Rahabilitationsmaßnahmen zu gewährleisten, müssen viele Fachdienste Leistungen erbringen und im Zusammenwirken mit Behinderten „Hilfe zur Selbsthilfe" bieten, u.a. Ärzte, Pädagogen, Rehabilitationsberater und nicht zuletzt Psychologen. Mit den Mitteln und Methoden der angewandten Psychologie sind Rehabilitationspsychologen vorwiegend diagnostisch, beratend und therapeutisch tätig.

In der *Rehabilitation behinderter Kinder und Jugendlicher* findet der Psychologe seinen Wirkungskreis – neben freiberuflicher Tätigkeit (s. Abschnitt V, A)

inKliniken (s. Abschnitt II, A),
Erziehungsberatungsstellen (s. Abschnitt II, E).
Sondereinrichtungen, wie heilpädagogischen Heimen,
Sonderkindergarten und
Sonderschulen
und in Berufsbildungswerken (s. Abschnitt II, C).

Bei Kindern ist das möglichst frühe Erkennen von Art und Grad der Behinderung von besonderer Bedeutung. Noch gibt es keine gesetzlich geregelte Früherfassung von Gesundheitsschäden. Es muß immer wieder an die Vernunft der Eltern appelliert werden, keine Zeit zu versäumen, behinderte Kinder in fachliche Behandlung zu geben, um die Folgen der Schädigung auszuräumen oder so klein wie möglich zu halten.

In der *Rehabilitation von Erwachsenen* ist der praktisch tätige Psychologe neben freiberuflicher Tätigkeit (etwa als Psychotherapeut) vor allem
in Kliniken (insbesondere in Rehabilitationskrankenhäusern),
bei Familienberatungsstellen,
bei Arbeitsämtern,
Sozialleistungsträgern,
in Werkstätten für Behinderte
und in Berufsförderungswerken eingesetzt.

2 Aufgaben des Psychologen in der Rehabilitation erwachsener Behinderter

Wenn ein Berufstätiger krank wird oder einen Unfall erleidet, wird sich nach ärztlicher Behandlung, die möglichst unter rehabilitativen Aspekten erfolgen sollte, zeigen, wie gravierend die Schädigungsfolgen sind.

Nach relativer Gesundung bei geringfügigen gesundheitlichen Einbußen dürfte der Genesende in der Regel wieder an seinen Arbeitsplatz zurückkehren. Bei schwerwiegenderen Dauerschädigungen besteht aber die Gefahr, daß er aus seiner beruflichen Bahn geworfen wird. Es müssen dann Überlegungen angestellt werden, ob ein Verbleiben am früheren Arbeitsplatz (evtl. durch Einsatz von technischen Hilfen) noch möglich ist, ob eine Veränderung im Berufsbereich (nach Einarbeitung oder Anlernung) erfolgen kann oder ob ein Berufswechsel erwogen werden muß. In Fällen besonders schwerer Behinderungsauswirkungen wird sogar Berufs- oder Erwerbsunfähigkeit drohen.

Der gesundheitlich Geschädigte braucht in der Regel bei der Klärung der sich ergebenden Fragen fachlichen Rat und Hilfe. Möglichst schon am Krankenbett sollte das Team von Arzt, Psychologe und Rehabilitationsberater zusammen mit dem Rehabilitanden die sich ergebenden Probleme erörtern und ggf. einen Rehabilitationsplan aufstellen.

Die Frage, die dabei an den Klinikpsychologen und/oder den Psychologen des zuständigen Arbeitsamtes gestellt wird, ist die Frage nach der beruflichen Eignung des Behinderten. Nur mit den Mitteln und Methoden der angewandten Psychologie kann genügend sicher festgestellt werden, was nach Begabungsstruktur und Interessenlage beruflich möglich und ratsam ist. (Der Arzt wird Stellung nehmen zur Frage der körperlichen Belastbarkeit und damit Aussagen treffen, ob erwogene berufliche Tätigkeiten dem Behinderten noch zugemutet werden können; der Sozialarbeiter wird zu klären haben, wer die Kosten einer möglichen Ausbildung übernimmt und der Rehabilitationsberater des Arbeitsamtes wird die Frage der späteren Vermittlung auf dem Arbeitsmarkt erörtern).
Mit den Begutachtungen der Fachdienste kann dann, wenn Maßnahmen der beruflichen Rehabilitation durchgeführt werden sollen, eine Anmeldung, z. B. in einem Berufsförderungswerk, erfolgen.
Dort erfüllt der psychologische Dienst fachliche Aufgaben, wie sie in folgender Übersicht aufgeführt sind:

Tab. 3: Fachpsychologische Aufgaben in der Rehabihlation.

Fachpsychologische Aufgaben	im Bereich der Berufsausbildung	in der „Berufsfindung"*
a) Diagnostik	Psychol. Untersuchungen bei Schwierigkeiten u. Problemen während der Ausbildung (etwa bei Leistungsabfall, Desinteresse, Lernhemmungen, Unter- od. Überforderung).	Gruppeneignunsuntersuchungen (insbesondere mit Leistungs- u. Persönlichkeitstests).
	Die Untersuchungsverfahren können nach Art der Problematik vom Psychologen gewählt werden.	Einzeluntersuchungen (Exploration, praktische Untersuchung, Anwendung zusätzlicher Testverfahren, wie Interessentests, projektive Testverfahren).

* Maßnahmen zur Berufsfindung sind bei Grenz- und Problemfällen der Rehabilitation angezeigt, die trotz Bemühungen der mit der Rehabilitation befaßten Fachdienste im Heimatbezirk nicht geklärt werden können. So kann z. B. die Dauerbelastbarkeit des Probanden nicht sicher genug erfaßt werden, oder der Rehabilitand ist mit der in Erwägung gezogenen Berufsausbildung nicht einverstanden, oder er hat überhöhte Vorstellungen und Berufswünsche, die ihn nach Meinung der Fachleute überfordern würden und ähnl. mehr.
Berufsfindung erfolgt in Instituten, die einem Berufsförderungswerk angegliedert sind. Über einem längeren Zeitraum (zwischen 1 bis 6 Wochen, im Durchschnitt 14 Tage), werden ärztliche und psychologische Untersuchungen durchgeführt und der Rehabilitand wird über die Berufe, die nach Begabungsstruktur und Interessenlage für ihn in Frage kommen könnten, durch Berufspädagogen umfassend informiert und auch praktisch erprobt. Über die Ergebnisse der Berufsfindung und Arbeitserprobung werden Gutachten erstellt und der einweisenden Stelle (in der Regel dem Heimatarbeitsamt und dem Sozialleistungsträger) übermittelt.

Tab. 3: Fachpsychologische Aufgaben in der Rehabihlation.

Fachpsychologische Aufgaben	im Bereich der Berufsausbildung	in der „Berufsfindung"*
b) Beratung	Beratung des Rehabilitanden zur Überwindung von persönlichen Problemen, von Lernhemmungen, von Eingliederungsschwierigkeiten in die Ausbildungsgruppe usw. Beratung anderer Fachdienste, wie Pädagogen, Ärzte, Rehabilitationsberater aus psychol. Sicht.	Aufzeigen beruflicher Möglichkeiten nach Begabungsstruktur, Interessenlage und örtlichen Gegebenheiten. Hinweise zur Zielvorstellungsverwirklichung.
c) Therapie	Therapeutische Hilfen bei Konzentrations-, Schlaf- u. Arbeitsstörungen, bei neurotischem Fehlverhalten (z.B. phobischen Störungen, d.h. unangemessener Angst vor Personen und Objekten), bei psychosomatischen Krankheitsbildern (etwa Asthma bronchiale, Magengeschwüren), bei depressiven Erscheinungsbildern und bei Psychosen; in Form von Gesprächs- und Verhaltenstherapie wie psychoanalytischer Fokaltherapie im Einzel- und Gruppenverfahren.	Diagnose bei neurotischen und und psychotischen Störungen u. Aufzeigen eines Therapieplanes.
d) Methodische Entwicklung („Forschung")	Erforschung der psychologisch faßbaren Bedingungen des Rehabilitationserfolges („Bewährungskontrollen", Überprüfung von Bewertungsmaßstäben). Integrierung anfallender psychol. Daten in ein Informations- und Dokumentationssystem.	
e) Sonstige Aufgaben	Mitwirkung im Berufsausbildungsbereich (Unterricht in „Psychologie am Arbeitsplatz", „Grundlagen der Psychologie" o.ä.); Mitwirkung bei der Fortbildung von Dozenten und anderer Fachdienste; (Ziel: Schaffung eines „rehabilitationsgerechten Klimas"; cotherapeutische Einwirkung aller in der Rehabilitation Tätigen); Ausbildung und Anleitung von psychologisch-technischen Assistenten; Besucherbetreuung u.ä..	

C. Die Rehabilitation von körperbehinderten Kindern und Jugendlichen

Franz Knapp

1 Probleme der Behinderung

Die Rehabilitation von Kindern und Jugendlichen unterscheidet sich in ihrer Aufgabenstellung von der Rehabilitation Erwachsener. Während der erwachsene Behinderte in der Regel durch Unfall oder Erkrankung seinen bisherigen Beruf nicht mehr ausüben kann und daher rehabilitiert werden muß, geht es bei Kindern und Jugendlichen darum, sie mit der Umwelt und der Gesellschaft, in der sie leben vertraut zu machen. Im genauen Wortsinne heißt die Aufgabe hier nicht Rehabilitation, sondern *Habilitation.*

Aus der Vielzahl der damit entstehenden Aufgaben seien nur einige wesentliche herausgegriffen. Dabei ist von vornherein einzuräumen: In vielen Bereichen steht man mit den Bemühungen methodisch am Anfang.

1.1 Zur geistig-schulischen Entwicklung

Das körperbehinderte Kind ist in seinen Bewegungsmöglichkeiten eingeschränkt. Diese Einschränkung hat Folgen, die weit über Bewegungsabläufe und Bewegungsapparat hinausreichen. Ungehinderte Bewegungsmöglichkeiten sind eine wesentliche Voraussetzung, um sich ein Körperschema zu erwerben. Damit ist die Koordinierung von Armen und Beinen, sowie Hand – Auge gemeint. Ist es einem Kind aufgrund seiner Behinderung unmöglich ein solches Schema auszubilden, wirkt sich dies bis in seine intellektuelle Entwicklung hin aus. Im Sinne von Piaget (1947) sind bereits im Bereich der sensomotorischen Intelligenz erhebliche Ausfälle festzustellen. Man spricht nicht umsonst von „Begreifen". Ein Kind, was im ursprünglichen Wortsinne am Begreifen gehindert wird, hat später entsprechende Schwierigkeiten, von dem nicht mit von der Hand Begriffenen abstrakte Begriffe zu bilden. Dies führt zu typischen Ausfällen in einer Reihe von Intelligenzbereichen. Am häufigsten treten Gestalterfassungsschwächen sowie Schwierigkeiten bei Entfernungsvorstellungen auf.

1.2 Gestalt- und Formerfassen

Körperbehinderten Kindern fällt es daher oft schwer, Formen und Gestalten in ihrer differenzierten Ganzheit zu erfassen. Dies ist wohl darauf zurückzuführen, daß sie auf die visuelle Sinneserfassung beschränkt bleiben, während nichtbehinderte Kinder ihre Erfahrungen optisch und motorisch machen und so das visuelle Anschauungsbild mit Inhalt füllen. Es ist daher kein Zufall, wenn man bei behinderten Kindern überdurchschnittlich viele Gestaltauffassungsstörungen feststellen kann, die sich im Bereich der Kulturtechnik beim Lesen als Legasthenie und beim Rechnen als Zahlenblindheit auswirken (SCHMIDT, 1972).
Vielen Behinderten gelingt es, diese Ausfälle zu kompensieren. Sie eignen sich zum Beispiel die Worte an, ohne sie als Begriffe inhaltlich erfüllen zu können. Erst beim Hinterfragen wird sichtbar, daß es sich lediglich um „leere Worthülsen“ handelt, die geschickt gebraucht werden; eine Erfahrung, die fast allen Körperbehindertenpädagogen geläufig ist.

1.3 Raumerleben und Raumorientierung

Für den Nichtbehinderten ist es selbstverständlich, mit dem Raum umzugehen. Er kann sich kaum vorstellen, welche Schwierigkeiten gerade die Raumorientierung den Behinderten macht. Im Normalfalle wird der Raum „durchlaufen“; ein Tisch, ein Stuhl der im Raume steht umgangen und bald mit Begriffen des Zueinanders geordnet.
Erfahrungen wie 10 m, 20 m, 1 km, sind von einem Kind, das nicht gehen kann, nur schwer zu machen. Es überwindet Entfernungen meist auf so verschiedene Weise, daß es ihm kaum möglich ist, Größenordnungen miteinander zu vergleichen; 100 m im Rollstuhl zurückgelegt sind eine kurze Entfernung. Auf dem Arm der Mutter wird die gleiche Strecke wesentlich länger und muß sie gar kriechend oder mit einem Gehapparat überwunden werden, verlängert sie sich erlebnismäßig erheblich.

Die Behinderung verbietet es einem Kind oft, die alltäglichen Gegenstände im Raume zu umschreiten oder im Rollstuhl zu umfahren. So gewöhnt es sich daran, von den Dingen im Raum nur eine oder zwei Seiten zu sehen. Daraus resultieren später Schwierigkeiten im Umgang mit abstrakten Begriffen, wie „unten“, „oben“, „neben“, „rechts“, „links“. Was einem anderen Kinde selbstverständlich ist, muß sich das behinderte mühsam einprägen und oft durch gezielte Schulung erwerben.

1.4 *Zum Sozialerleben*

Von großer Bedeutung für eine gezielte (Re)habilitation bei behinderten Kindern und Jugendlichen ist die soziale Eingliederung.

Körperbehinderung bedeutet für ein Kind in der Regel zugleich soziale Behinderung. Die Ursache hierfür liegt einmal in der Reaktion der Gesellschaft auf das Ungewöhnliche, Fremde, zum anderen in der besonderen Problemsituation, in die eine Familie kommt, wenn in ihr ein behindertes Kind lebt.

Es ist menschliches Spontanverhalten, auf alles Ungewohnte mit Abwehr oder gar mit Abscheu zu reagieren (JANSEN u. SCHMIDT, 1968). Für viele, die sich nicht mit den Erscheinungsbildern einzelner Behinderungen vertraut gemacht haben, ist z. B. das Verhalten eines Spastikers völlig unverständlich und nicht einfühlsam. Die dadurch entstehende Verhaltensunsicherheit des Nichtbehinderten wird nur zu gerne in Ablehnung oder Vorurteil umgewandt; dies geht in Einzelfällen soweit, daß man nichtbehinderten Kindern verbietet, mit Behinderten zusammen zu spielen, „weil die Behinderung ja ansteckend sei".

Nicht nur das Unverständnis und die Ablehnung sind für ein behindertes Kind problemgeladen. Nur zu oft wird es zum Außenseiter und vereinsamt in einer Gruppe, die gar nicht spürt, wie sie durch ihr Verhalten ein Kind in die Isolierung drängt.

Kinder laufen, toben, machen Raufspiele usw. Der Behinderte kann in der Regel nicht daran teilnehmen. Dies führt dazu, daß man ihn – ohne dabei böswillig zu sein – am Rande des Lebens und Schulalltags stehen läßt. Da er nicht mittoben kann, wird er nur zu leicht zum uninteressanten Kameraden, mit dem man nichts anfangen kann.

1.5 *Zur schulischen Situation*

Es ist eine weit verbreitete Auffassung, man bräuchte Behinderte und Nichtbehinderte nur zusammenbringen und schon würden sie sich verstehen und über Verständnis und Sympathie vollziehe sich die Integration von selbst. Sicherlich sprechen viele Beispiele dafür, wie z. B. in Kindergärten nichtbehinderte Kinder auf ihre behinderten Spielkameraden spontan und unbefangen reagieren und diese, soweit wie es nur möglich ist, in ihr Gruppengeschehen einbeziehen.

Aufgrund dieser Erfahrung wird von vielen Pädagogen die Forderung nach totaler schulischer Integration des Körperbehinderten mit dem Nichtbehinderten erhoben. So wünschenswert diese Forderung nach totaler Integration ist, scheint sie mir in unserer jetzigen Schulsituation nicht verwirklichbar zu sein.

Meist sind bereits die Baulichkeiten für Behinderte völlig ungeeignet. Läßt sich diese Schwierigkeit überwinden, scheitert die schulische Förderbarkeit nur zu oft

an großen Klassen oder an Lernschwierigkeiten, die oben erwähnte Ursachen haben und einer besonderen zusätzlichen Förderung bedürfen.
Auch die soziale Integration bringt mehr Probleme als auf den ersten Blick sichtbar werden. Längst weiß man in der Pädagogik, daß es z.B. nicht genügt, verschiedene Sozialschichten einfach in einer Schulklasse zusammenzubringen. Es ist das integrierende Moment des Lehrers und seine gezielten Bemühungen für eine Eingliederung von entscheidender Bedeutung. Wenn es augenblicklich nicht gelingt, Verhaltensgestörte, Lernbehinderte, Sprachgestörte im normalschulischen Bereich zu integrieren und man Sondereinrichtungen für diese Schülergruppen fordert, so ist es noch weniger möglich, schwer und schwerst Körperbehinderte – und nur um diese geht es – in Normalschulen zu integrieren.
Die besonderen Behinderungsauswirkungen verlangen eine gezielte Sonderbeschulung mit krankengymnastischer, beschäftigungstherapeutischer und psychologischer Unterstützung sowie ständiger ärztlicher Betreuung. Dies kann im Augenblick nur in einer Sonderbeschulung garantiert werden (SCHMIDT, 1968).
Es ist aufschlußreich, daß in einem Land wie Schweden, in dem die Integration der Behinderten groß geschrieben wird und das überall mehr Rücksicht auf die Bedürfnisse seiner behinderten Mitbürger nimmt, bis heute eine Sonderbeschulung dieser Kinder durchgeführt wird. Die Erfahrung hat dort gezeigt, daß eine solche Beschulung Voraussetzung ist, um den Behinderungen gerecht zu werden.

1.6 Eltern und Behinderung

Da es im Augenblick in der Bundesrepublik noch keine Meldepflicht für Ärzte und medizinisches Hilfspersonal z.B. Gemeindekrankenschwestern oder Hebammen gibt, ist die Möglichkeit der Früherfassung und Frühbetreuung entsprechend ungenügend. Dieser Umstand wirkt sich nicht nur auf das Kind aus und nimmt ihm häufig die Chance, durch rechtzeitige Behandlung die Behinderungsfolgen teilweise aufzuheben oder zumindest stark zu vermindern; es führt auch dazu, daß Eltern oft lange im Ungewissen sind, bis sie die Behinderung ihres Kindes erfahren.
Liegen Behinderungen im Sinne der Dysmelien vor (bei den sogenannten Contergankindern), die sofort nach der Geburt sichtbar sind, werden die Eltern vom ersten Tage an gezwungen, sich mit ihrem behinderten Kind auseinanderzusetzen und die Behinderung zu akzeptieren. Nach dem ersten Schrecken über den unverdienten Schicksalsschlag wird es meist voll in die Familie aufgenommen und integriert.
Viel schwieriger ist es oft für Eltern, die erst nach einiger Zeit erfahren, daß ihr Kind sich nicht so entwickelt, wie sie durch den Vergleich mit den Geschwistern oder mit der Entwicklung anderer Kinder erwarten. Werden sie von ihrem Hausarzt zu einem Fachkollegen verwiesen, der ihnen eröffnet, ihr Kind sei z.B.

Spastiker, neigen sie nur zu häufig dazu, den Arzt zu wechseln, um sich von einem seiner Kollegen bestätigen lassen, es handle sich lediglich um einen Entwicklungsrückstand, der sich „auswachsen" werde. Bald zwingt sie die weitere Entwicklung, sich mit dem Gedanken abzufinden, ein behindertes Kind zu haben.
Eltern behinderter Kinder sind nach zwei Seiten hin gefährdet, sich dem Kinde gegenüber falsch zu verhalten:
Das eine Extrem ist Ablehnung. Man ist bemüht, das Kind möglichst bald in eine Institution abzuschieben und ihr die Verantwortung zu delegieren. Bald werden Besuche oder Wochenendheimfahrten seltener und am liebsten hätte man, das Kind würde auch über die Zeit der Ferien im Heim bleiben. Man beruhigt sich damit, „daß es das Kind ja dort viel besser habe".
Das andere Extrem des Elternverhaltens ist: das Kind wird übermäßig behütet und nur ungern in die Welt der Nichtbehinderten entlassen.
Damit ist nicht die natürliche Sorge der Eltern gemeint, die es vermeiden wollen, ihr Kind einer körperlichen oder seelischen Gefährdung auszusetzen. Dieses Verhalten hat einen anderen Hintergrund: Das behinderte Kind wird im Laufe der Zeit zur Lebensaufgabe. Die anderen Kinder werden erwachsen und verlassen das Haus, das behinderte Kind bleibt und wird seine Eltern immer brauchen, bis ins hohe Alter. Die Eltern sind dann unbewußt an Rehabilitationsmaßnahmen wenig interessiert und schieben viele rationale Gründe vor, warum vorgeschlagene Maßnahmen für ihr Kind nicht geeignet sind, nur um es bei sich behalten zu können.
Beide Extreme im Elternverhalten dürfen nicht den Eindruck entstehen lassen, Eltern behinderter Kinder ließen sich in zwei Kategorien aufteilen. Die weitaus größte Zahl der Eltern von behinderten Kindern tuen für ihr Kind alles, was in ihrer Macht steht. Es ist ihnen keine Mühe zu groß, kein Weg zu weit, um für ihr Kind eine geeignete Rehabilitationsmöglichkeit zu finden. Das Anliegen ist, ihrem Kinde durch Schule und Ausbildung Möglichkeiten zu schaffen, sich in der Welt der Nichtbehinderten zurechtzufinden und behaupten zu können.

2 Möglichkeiten der Rehabilitation Kinder- und Jugendlicher

2.1 Aufklärung der Gesellschaft

Eine wesentliche Voraussetzung für die Eingliederung des Behinderten in unserer Gesellschaft ist Information aller über Behinderungen, wie sie entstehen, wie sie der Behinderte erlebt und was er vom Nichtbehinderten erwartet.
Rehabilitation in diesem Sinne kann nicht Aufgabe von Fachleuten sein, sie ist Aufforderung an alle: wir müssen lernen, mit unseren Behinderten zu leben. Diese Öffentlichkeitsarbeit ist Voraussetzung, wenn eine Rehabilitation erfolgreich sein soll.

2.2 *Hilfen zur intellektuellen Förderung*

Wie bereits erwähnt, fehlen Behinderten oft die Möglichkeiten, mit anderen Kindern vergleichbare Erfahrung mit der Umwelt zu machen. Es stellt sich damit die Aufgabe, den Kindern zu helfen, diese Mängel zu kompensieren und auf anderem Wege auszugleichen, was sich nur in enger Zusammenarbeit der Fachdisziplinen Medizin, Psychologie und Pädagogik erreichen läßt.

Ehe man beginnen kann dem Kind Kulturtechniken zu vermitteln, muß es Grundfunktionen im Bereich der Sinneswahrnehmung, der Gestalterfassung und des Vorstellungsvermögens beherrschen. Da diese Voraussetzungen bei behinderten Kindern oft nicht gegeben sind, treten typische Schwierigkeiten beim Erlernen von Lesen, Schreiben und Rechnen auf (BLÄSIG u. SCHOMBURG, 1968).

Um solche Probleme gar nicht erst aufkommen zu lassen, ist ein gezieltes Wahrnehmungs- und Gestalterfassungstraining der erste Schritt, Ausfälle aufzufangen. Hier bieten sich Übungsprogramme wie FROSTIG oder die Bewegungstherapie von NAWILLE (1972) an. Da diese Übungsprogramme in der Regel für eine andere Behinderungsgruppe konzipiert wurden, z.B. für den sogenannten diskreten Hirnschaden, ist eine Übertragung auf die Situation des körperbehinderten Kindes erforderlich. In diesen Bemühungen steht man noch in den Anfängen (EGGERT u. KIPHARD, 1971).

Selbst wenn es gelingt durch solche Trainingsprogramme einen Teil der Ausfälle aufzuarbeiten, bedarf das Kind im schulischen Bereich einer gezielten Förderung, genau auf seine Behinderungsart abgestimmt. Der Lernstoff sollte behinderungsgerecht aufbereitet und vermittelt werden.

Es würde diesen Rahmen sprengen, wollte man sich eingehender mit der pädagogischen Problemstellung auseinandersetzen. Stellvertretend seien daher nur einige Beispiele gewählt, die den Problembereich beleuchten.

1. In jedem Rechenbuch sind Beispiele aus der Alltagswelt des Kindes beliebte Ausgangsspiele, wie z.B. kaufen und verkaufen, Murmeln gewinnen und verlieren. Die Alltagswelt des Behinderten sieht jedoch anders aus; daher müssen ihm Umweltbereiche, die für andere alltäglich sind, oft erst durch ein Heranführen an diese Alltagswelt nahegebracht werden.

   Eine Lehrerin der ersten Klasse käme wohl kaum auf den Gedanken, mit ihren Schülern ein Kaufhaus oder einen Supermarkt zu besuchen, um das nötige Anschauungsmaterial für ihren Rechenunterricht zu erhalten. Viele körperbehinderte Kinder waren jedoch noch nie in einem Kaufhaus oder nur so selten, daß erst ein Unterrichtsgang mit gezielten Beobachtungsanregungen die Voraussetzungen schafft, im Unterricht sich unter den Rechenaufgaben etwas vorstellen zu können.
2. Jeder Erstklasslehrer kennt die Schwierigkeiten, mit denen seine kleinen Anfänger zu kämpfen haben, um die feinmotorischen Anforderungen beim

Schreibvorgang zu bewältigen. Im Körperbehindertenbereich fehlen sehr oft die Voraussetzungen. Dem Kind stellt sich von Anfang an die Aufgabe, mit einer Schreibhilfe umgehen zu lernen, mit dem Fuße zu schreiben oder sich einer Schreibmaschine zu bedienen. Dadurch wird nicht nur der Unterricht geprägt, sondern auch der Lernvorgang beim Kinde beeinflußt. Es ist bedeutend schwieriger, sich ein Wortbild einzuprägen, wenn mühsam mit der Maschine Buchstabe für Buchstabe zusammengesetzt wurde, zudem verbraucht das Kind, um seine widerspenstigen Hände zu den Tasten zu zwingen, so viel an psychischer Energie, daß es sich oft die Bedeutung des Wortes oder die Schreibweise nur mangelhaft einprägen kann.

3 Hilfen bei der beruflichen Ausbildung

3.1 Zur beruflichen Rehabilitation

Anstrengungen zur beruflichen Rehabilitation finden sich augenblicklich öfters negativ dargestellt. Ständig begegnet man der Behauptung: Berufsausbildung und berufliche Eingliederung von Behinderten in den Produktionsprozeß würden nur vorgenommen, um dem kapitalistischen System Arbeitskräfte zuzuführen. Behinderte Menschen seien damit dem Leistungsdruck der Industrie ausgeliefert und nicht ihren Belangen, sondern nur den Interessen der Produktion Rechnung tragend.

Wer solche oder ähnliche Argumente vertritt, weist auf eine Gefahr hin, der jede Rehabilitation ausgesetzt sein wird. Er übersieht aber dabei, daß Leistung und Arbeitsfähigkeit für den Behinderten eine völlig andere Bedeutung haben wie für den Nichtbehinderten. Rehabilitation kann nur da gelingen, wo sich der Behinderte als vollwertiges Mitglied der Gesellschaft und nicht als Almosenempfänger empfindet.

Wer nicht darauf angewiesen ist, spricht leicht vom Recht auf Sozialhilfe, die jedem Behinderten gesetzlich zusteht und versichert, daß dies auf einem Rechtsanspruch beruht und keine Almosen sei. Wer nur auf andere angewiesen ist und sei dies noch so rechtmäßig, vermag kaum ein gesundes Selbstwertgefühl zu entwickeln. Hierzu ist das Gefühl nötig, nicht nur von anderen zu nehmen, sondern auch geben zu können.

Berufliche Arbeit ist daher für den jugendlichen Behinderten in der Regel nicht Frondienst in einer Leistungsgesellschaft, sondern Selbstbestätigung und Möglichkeit zur Selbstentfaltung.

3.2 Rehabilitationsberufe

Sieht man berufliche Rehabilitation unter diesem Aspekt, wird die Forderung der Rehabilitationsfachleute verständlich, Behinderte nur in modernen und zukunftsorientierten Berufen auszubilden. Die Ausbildung eines Behinderten zum Korbflechter oder zur Weißzeugnäherin ist vergangenheitsorientiert und damit ungeeignet ihm im Arbeitsfeld des Berufes Selbstbestätigung und Ichsicherheit zu vermitteln. Berufe jedoch wie *Datenverarbeitungskaufmann, Elektroniker* und *technischer Zeichner* sind nicht nur zukunftsorientiert und gesucht, sie ermöglichen auch – und das ist das Entscheidende – daß sich der Behinderte mit dem Nichtbehinderten messen und vergleichen kann. Damit wird nicht, wie man einwerfen könnte, der Behinderte in den Konkurrenzkampf mit einbezogen, sondern der Weg geebnet, dazuzugehören und Arbeitskollege zu sein wie jeder andere auch, weil man das Gleiche „leistet".
Dabei kann nicht übersehen werden, daß noch viele Fragen bei der beruflichen Rehabilitation offenstehen. Bisher haben die Berufsbildungswerke, bei denen Schwerbehinderte ausgebildet werden, nur die Möglichkeit, Berufe anzubieten, die von der Bundesanstalt für Arbeit anerkannt sind. Sicherlich gibt es Schwerbehinderte, die in diesen Berufen, und seien sie noch so modern, aufgrund ihrer Behinderung kaum ausgebildet werden können. Hier müssen neue, bisher ungewohnte Wege beschritten werden.

4 Schul- und Ausbildungsbegleitende Hilfen zur Rehabilitation

4.1 Medizinische Begleitmaßnahmen

Über die ärztliche Behandlung hinaus, die für alle Rehabilitationsbemühungen wesentlich ist, benötigt das behinderte Kind weitere flankierende ärztliche Maßnahmen. Die *Physiotherapie* (Krankengymnastik) verhilft dem Kinde zu Koordination und Beherrschung von Bewegungsabläufen und trägt das ihre bei, die körperlichen Behinderungsauswirkungen soweit wie möglich zu bessern.
Die *Ergotherapie* (Beschäftigungstherapie) macht dem behinderten Kind, z. B. durch Schreib- oder Prothesentraining, seine Umwelt wieder verfügbar und vermittelt durch Funktionstraining neue Bewältigungsmuster für das Alltagsleben.

4.2 Psychologische Begleitmaßnahmen

Neben der Diagnostik, die bei der Erstellung von individuellen Förderprogrammen eine besondere Bedeutung hat, stehen therapeutische Bemühungen in den Bereichen:

- pädagogisch-psychologische Therapie
- Psychotherapie zur Bewältigung individueller behinderungsspezifischer Probleme
- Gruppenpsychotherapie

4.2.1 Psychologisch-pädagogische Therapie

Die psychologisch-pädagogische Therapie macht es sich zur Aufgabe, dem Behinderten bei der Bewältigung von Schul- und Lernproblemen zu helfen. In diesem Bereich gehören Konzentrationstraining, Perzeptionsschulung sowie Legasthenietherapie. Hierbei lassen sich neben gezielten Übungsprogrammen verhaltenstherapeutische Methoden mit Erfolg ansetzen.

4.2.2 Einzeltherapie

Bei der Einzeltherapie steht das Kind oder der Jugendliche mit seinen persönlichen, zum Teil behinderungsbedingten Problemen im Mittelpunkt.
Es würde im Augenblick wenig bringen, sich über die Indikation der einzelnen Methoden und Therapieformen auseinanderzusetzen. Es ist auch nicht möglich, eindeutig abzugrenzen, wann eine Einzeltherapie erfolgsversprechender sein dürfte als eine Gruppentherapie.
In der Regel ist die Einzeltherapie angezeigt, wenn Probleme unabhängig von der jetzigen Bezugsgruppe vorliegen oder nicht kommunizierbar sind.
Hier ermöglichen Methoden der Einzeltherapie (KUNERT, 1967) Hilfsmöglichkeiten, seien sie *tiefenpsychologisch* (analytische Psychotherapie oder Psychagogik), *lerntheoretisch* (Verhaltenstherapie) oder *nondirektiv* (Gesprächstherapie im Sinne von Rogers und Tausch oder nichtdirektive Spieltherapie) fundiert. Die psychoanalytisch ausgerichtete Therapie scheint angezeigt, wenn psychosomatische Störungen oder eine neurotische Fehlentwicklung, die weit bis in die frühe Kindheit hineinreicht, vorliegt. Für eine Verhaltenstherapie spricht eine Verhaltensstörung, deren Ursache mit Schwerpunkt in einem Verhaltensdefizit zu suchen ist. Das ist bei behinderten Kindern oft der Fall, wenn sie nur geringe Kontakte mit Kindern in der Umwelt haben, sehr verwöhnt wurden oder lernten, sich über ganz bestimmte Verhaltensweisen durchsetzen oder zumindest Aufmerksamkeit zu erzielen (KUHLEN, 1973).

Gesprächstherapie ist bei Jugendliche angezeigt, die aktuelle, behinderungsspezifische oder entwicklungsbedingte Probleme haben und in ihrer augenblicklichen Situation allein keinen Weg finden können, ihr Problem richtig zu sehen und zu lösen.

4.2.3 Gruppentherapie

Gruppentherapie darf bei Behinderten nicht deshalb die Methode der Wahl sein, weil gleichzeitig eine Vielzahl von Therapiebedürftigen betreut werden können.

Gerade im Bereich der psychologischen Hilfen für körperbehinderte Kinder und Jugendliche, kommt der Gruppentherapie eine besondere Bedeutung zu. Eine Reihe von Kindern, durch Hausunterricht oder ungünstige Beschulung von Sozialkontakten isoliert, haben nie gelernt mit Gleichaltrigen umzugehen und entwickeln aufgrund dieses Mangels an Verhaltensmustern Auffälligkeiten und Verhaltensstörungen. In der Gruppentherapie wird die Möglichkeit geboten, sich mit anderen auseinanderzusetzen und Verhaltensmuster einzuüben, die auch außerhalb der therapeutischen Situation erfolgreich eingesetzt werden können (SLAVON, 1971). Ferner ist es in der Gruppentherapie möglich, Kommunikationsstörungen anzugehen und über gezieltes Training Formen aufzuzeigen, die es dem Behinderten erleichtern, Wünsche und Bedürfnisse sowie sein Erleben anderen mitzuteilen. Damit wird eine Voraussetzung geschaffen, ein gesundes Ichgefühl zu entwickeln. Ständiges Angewiesensein auf die Hilfe anderer, schwächt in der Regel das gesunde Selbstwertgefühl, auf das der Behinderte angewiesen ist. Nur so kann er in der Welt der Nichtbehinderten bestehen, z.B. die Hemmung überwinden, jemanden um eine Gefälligkeit zu bitten, wie den Rollstuhl bei einer Steigung zu schieben, eine Tür aufzuhalten usw. ...

Eine weitere Auswirkung der Gruppentherapie zeigt sich, wenn es dem behinderten Jugendlichen gelingt, Gefühle und Bedürfnisse auszusprechen; damit erschließt sich ihm auch eine Möglichkeit, leichter mit seiner Sexualität umzugehen. Die sexuellen Wünsche und Bedürfnisse körperbehinderter Jugendlicher sind vergleichbar mit denen ihrer nichtbehinderten Altersgruppe. Die Behinderung jedoch schließt den Jugendlichen meist aus und verwehrt ihm die alltäglichen Bewegungsmöglichkeiten wie Beatschuppen, Diskothek, Jugendlager usw. (s. *Schriftenreihe d. Bundesministers für Jugend, Familie u. Gesundheit*).

Die Rehabilitation von körperbehinderten Kindern und Jugendlichen ist eine komplexe Aufgabe. Es geht nicht darum, in Einzelaktionen den Behinderten schulisch oder beruflich zu ertüchtigen, ihn medizinisch zu versorgen und psychologisch zu stützen. Rehabilitation bei Kindern und Jugendlichen ist das Insgesamt aller Bemühungen, die auf das eine Ziel gerichtet sind: den Behinderten fähig zu machen in seiner Um- und Mitwelt zu leben, ein gleichberechtigtes Mitglied unserer Gesellschaft zu werden und so sein Anrecht auf Erfüllung und

Glück zu verwirklichen, das einem jeden zusteht, auch dem Behinderten (GOFFMANN, 1967).

Literatur

BLÄSIG W.; SCHOMBURG E.: Das cerebralparetische Kind Schriftenreihe: Geb. öffentliches Gesundheitsw. fasc 25, Stuttgart, 1968.

Schriftenreihe des Bundesministers für Jugend, Familie und Gesundheit.

EGGERT D.; KIPHARD E.: Die Bedeutung der Motorik für die Entwicklung normaler und behinderter Kinder, Stuttgart, 1971.

FROSTIG: Übungs- und Trainingsprogramme, Dortmund.

GOFFMANN E.: Stigma über Techniken der Bewältigung geschädigter Identität, Frankfurt, 1967.

JANSEN G. W.; SCHMIDT M. H.: Empirische Korrelate zwischen Einstellungen der Umwelt und dem Verhalten körperbehinderter Kinder; in: Jahrbuch des Landesamtes für Forschung des Landes NRW, Köln-Opladen, 1968.

KUHLEN, VERA: Verhaltenstherapie im Kindesalter, München, 1973[3].

KUNERT, S.: Verhaltensstörungen und psych. Maßnahmen bei körperbehinderten Kindern; phil. Bonn, 1967.

NAWILLE: Unveröffentliches Manuskript, 1972.

PIAGET J.: Psychologie der Intelligenz, Zürich, Stuttgart 1966.

SLAVON S. R.: Einführung in die Gruppentherapie von Kindern und Jugendlichen (Unveränd. Nachdr. v. „Einführung in die Gruppentherapie".), Göttingen, Zürich, 1971.

SCHMIDT M. H.: Klinisch-psych. Grundlagen der Didaktik und Methodik bei Körperbehindeten mit u. ohne frühkindliche Hirnschäden in: BLÄSIG W., JANSEN G. W., SCHMIDT M. H. (Hrsg.). Die Körperbehindertenschule. 1972.

D. Psychologie in der Erziehungsberatung

Gunter Höpel

Der Begriff „Erziehungsberatung“ ist seit langem in Diskussion geraten, weil er die Arbeit, die in dieser Institution geleistet wird, falsch oder zumindest äußerst unzureichend beschreibt und daher im Unkundigen falsche Erwartungen weckt. Der Arbeitsbereich einer Erziehungsberatungsstelle (EB) hängt im Einzelfall von den örtlichen Gegebenheiten, von der personellen Besetzung, von der Ausbildung und dem Selbstverständnis der dort tätigen Fachkräfte und vom Träger dieser Einrichtung ab.

1 Aufgaben der Erziehungsberatung (unvollständiger Katalog)

a) Hilfe bei Schulproblemen (Frage der Eignung bei der Einschulung; Wahl des Schultyps; allgemeine bzw. spezielle Leistungsschwächen und Störungen; Anpassungsschwierigkeiten; Kontaktschwierigkeiten in der Schule; Schulschwänzen, Schulverweigerung . . .)

b) Hilfe bei sogenannten Erziehungsschwierigkeiten (Trotz; asoziales Verhalten wie: Stehlen, Lügen, Streunen, Arbeitsunlust; Kommunikationsschwierigkeiten zwischen Eltern und Kindern, Destruktivität, Passivität . . .)

c) Hilfe bei Verhaltens- und Erlebnisabnormitäten (Bettnässen, Selbstmordversuche, depressive Gefühle, Vereinsamung, Einkoten, Weinkrämpfe, Ängste, Zwänge, Clownerien, Selbstwertprobleme, sexuelle Abnormitäten . . .)

d) Hilfe bei Problemen, die aus dem sozialen Zusammensein entstehen (Familien- und Ehekonflikte, Generationsprobleme, Konflikt innerhalb sozialer Gruppen)

e) Entscheidungshilfen für Institutionen (Jugendämter: Frage der Heimunterbringung, Pflegestellen- und Adoptionsvermittlungen; Gerichte: Frage der Strafmündigkeit, der Täterpersönlichkeit, der Tatmotivierung; spezielle Maßnahmen zur Resozialisierung auf dem Hintergrund des Persönlichkeitsbildes; Fragen der Rückfallprognose . . .)

f) Psychologische Beratung von pädagogischen und sonderpädagogischen Einrichtungen (Schulung und Supervision von Erziehungspersonal; praktische Hilfe bei Konfliktfällen innerhalb der Institution; Stellungnahme zu Heimverlegungen, Heimentlassungen; Aufnahmeuntersuchungen . . .)

Einen Teil der Aufgaben haben im Laufe der Zeit andere Institutionen mit Spezialeinrichtung übernommen, z. B. die Schulpsychologischen Beratungsstellen, die Psychologischen Dienste der Arbeitsämter, Psychologische Abteilungen der Kliniken und Krankenhäuser, Rehabilitationszentren, Heimpsychologische Dienste. Allerdings bestehen solche Einrichtungen nur in größeren Städten. In kleineren Städten und auf dem Lande muß die EB diese Arbeit übernehmen.
Die Abgrenzung des Arbeitsgebietes ist oft unmöglich – der Schulpsychologe z. B. betrachtet als sein Arbeitsgebiet Leistungs- u. Verhaltensstörungen in der Schule, Eignungsauslese, Laufbahnberatung, Lehrerschulung und Unterrichtsberatung. Während Eignungsauslese sowie Schullaufbahnberatung eine eindeutige Abgrenzung treffen läßt, ist dies im Bereich der Hilfe bei Leistungsstörungen nicht mehr möglich, da die Leistungsstörungen oft nur einen Teilaspekt einer generellen Verhaltensstörung darstellt, die sich auch in anderen Teilbereichen des Lebens – in der Familie, in der Freizeit usw. – manifestiert. Die Leistungsstörung in der Schule nur aus schulischer Sicht zu betrachten, kann dazu führen, daß die Störung nicht in ihrem wesentlichen Aspekten erfaßt wird. Ebenfalls kann bei der Leistungsstörung notwendig sein, die Haupttherapiearbeit außerhalb der Schule zu leisten (z. B. in der Familie).
Ebenso schwierig ist eine Bereichsabgrenzung gegenüber klinischen Institutionen zu treffen. Dort wird der erkrankte oder gestörte Klient stationär behandelt, obwohl es oftmals notwendig ist, Variablen seiner Umwelt (Familie, Schule, Arbeitsplatz) zu verändern, weil sie Bedingungen für die Störung darstellen.
Eine enge Zusammenarbeit mit den Institutionen Klinik, Schule, Jugendamt, Schulpsychologischer Dienst, Psychologischer Dienst des Arbeitsamtes, Arzt, Sozialbetreuer ist notwendig wegen der Parallelität, der gegenseitigen Ergänzung und der wechselseitigen Abhängigkeit der von den verschiedenen Stellen getroffenen Maßnahmen. So ist bei stationärer Behandlung des Klienten eine parallel laufende Familienberatung oder -Therapie oder nach Entlassung eine nachgehende Betreuung durch die örtliche Erziehungsberatungsstelle notwendig, wenn der Klient nach Entlassung aus der Klinik nicht wieder auf die pathogenen Umweltbedingungen treffen und der Heilerfolg aus diesen Gründen nur von kurzer Dauer sein soll.

2 Funktionsablauf der Erziehungsberatung

Die EB wird von unterschiedlichen Institutionen mit der Bitte um Hilfestellung angegangen: von den Eltern, von der Schule, vom Jugendamt, vom Jugendgericht, vom Arzt. Sie arbeitet auf der Basis der Freiwilligkeit. Nach Eingang der Anmeldung erfolgt ein erstes Clearing (Gespräche mit den Betroffenen: Eltern, Kindern, Sozialfürsorgern; Studium von Berichten, Verhaltensbeobachtung der

Klienten, Einsatz psychodiagnostischer Methoden.) Ziel dieses ersten Clearings wäre, festzustellen, ob der Klient an andere Institutionen (Klinik, Sprachtherapeut, Jugendamt, Sozialamt, Arbeitsamt) vermittelt werden soll oder ob die weitere Beratung bzw. Therapie in der EB stattfinden soll. Außerdem werden Fragen der Dringlichkeit, der Zuweisung zu einer bestimmten Fachkraft, der Terminplanung und des Vorgehens (zuerst Gespräch, Einzel- oder Gruppentest ...) geklärt. Ist die Entscheidung getroffen, daß der Klient weiterbehandelt werden kann, findet ein zweites Clearing statt.

Grundsätzlich werden dieselben Methoden angewendet wie beim ersten Clearing. Ziel des zweiten Clearings ist eine genaue Analyse der Störungsbedingungen. Nach diesem zweiten Clearing wird erneut die Frage entschieden, ob weiterverwiesen oder an Ort und Stelle beraten wird.

Die Abgrenzung zwischen Beratung und Therapie ist begrifflich sehr schwierig, mehrfache Gespräche können sowohl als Beratung als auch Therapie aufgefaßt werden. Den Begriff der Beratung sollte man nur benutzen, wenn reine Informationsvermittlung getätigt wird, z.B. über die Mitteilung der Ergebnisse eines Intelligenztests, Information darüber welche klinischen Institutionen zur Verfügung stehen, wo der Klient Aufnahme finden kann, usw. „Therapie" sollte ein Gespräch genannt werden, in dem Veränderungen von Verhalten und Einstellungen angestrebt wird.

Im Verlauf der Therapie werden Kontrollclearings durchgeführt, die den Verlauf und die Effektivität der Therapie überprüfen, zur Entscheidung führen, die Strategie oder Taktik beizubehalten bzw. zu verändern, die Therapie zu beenden oder die Therapie anderen Institutionen zu übertragen.

3 Unvollständiger Katalog von Therapiemethoden

a) *Individualtherapie:*
Übende Verfahren (Einzel- u. Gruppentraining), Gesprächsgruppen (freie Gesprächsgruppen, gerichtete Gesprächsgruppen: Einzelgespräche, freie oder gerichtete), Spielgruppen usw.

b) *Familientherapie:*
Elterngespräche, Eheberatung, therapeutische Elterngruppen, Elternschulung, soziale Hilfestellung für die Eltern etc.

c) *Soziotherapie:*
Anregung von Elterninitiativen, Projektgruppen, soziale Hilfestellung usw.

Im Laufe der Entwicklung psychologischer Therapien, die von der Individualtherapie ausging, sind die Grenzen rein individueller Therapie erkannt und die Notwendigkeit einer Therapie der Familie erkannt worden. Die Begrenztheit der

Familientherapie führte zu der Einsicht, daß eine Therapie des weiteren Milieus notwendig ist und von da sind Ansätze zu einer Gesellschaftstherapie sichtbar. An den Grenzen der Verwirklichung einer Soziotherapie ist der Erziehungsberatungsstelle heute ein neues Aufgabenfeld bewußt geworden, das der Prophylaxe, bisher meist nur ausgeübt als Aufklärung über psychologisch-praktische, „erzieherische“ Fragen, durchdringt sie heute weiter das Bewußtsein der Psychologen als Forderung, nicht nur die pathogenen familiären Bedingungen, sondern auch die pathogenen gesellschaftlichen Bedingungen verändern zu helfen. Damit erhält die Arbeit eine politische Dimension.

4 Das Team

Die Aufgabenbreite erfordert die Zusammenarbeit einer Reihe von Fachkräften verschiedenster Spezialisierung: Psychologe, Arzt, Pädagoge, Sozialarbeiter, Sozialpädagoge, Psychagoge, Psychotherapeut ... Im Idealfalle sollte die Entscheidung über die durchzuführenden Maßnahmen eine Gruppenleistung aller Teammitglieder sein. Der Psychologe tritt in der Regel als Koordinator der von den verschiedenen Teammitgliedern geleisteten Arbeit auf. Die Tätigkeiten der Teammitglieder ergänzen oder überschneiden sich gegenseitig. Durch die Beurteilung eines Sachverhaltes durch verschiedene Beobachter wird die Objektivität der Beurteilung erhöht, die Gefahr von „blinden Flecken“ und persönlichkeits- oder fachbedingten Urteilsverzerrungen wird gemildert.
Der Psychologe hat im Gesamtteam einer EB eine dreifache Funktion:

a) wie andere Teammitglieder tritt er als Spezialist auf mit Spezialaufgaben und speziellen Fachkenntnissen,
b) Weiter ist er Supervisor und überträgt einen Teil seiner Aufgaben auf andere Teammitglieder und schließlich hat er
c) die Aufgabe, die verschiedensten Teamaktivitäten zu koordinieren.

Der selbständige Bereich des Arztes ist die medizinische Diagnostik, des Sozialarbeiters die Diagnostik der sozialen Umweltbedingungen, des Psychologen die individuelle Verhaltens- oder Eigenschaftsdiagnostik, wobei Psychologe, Arzt oder Sozialarbeiter Teile dieser diagnostischen Aufgaben an andere Teammitglieder übertragen können. So überträgt der Psychologe eventuell Verhaltensbeobachtung, psychologische Exploration, anamnestisches Gespräch an andere Teammitglieder. Bei der Therapie arbeiten alle Mitglieder des Teams mit. Die Therapieplanung, Therapiekontrolle ist gewöhnlich Spezialaufgabe des Psychologen, während die Therapiedurchführung von allen Teammitgliedern geleistet wird.

Zusammenfassung: Der Psychologe ist einerseits Spezialist und hat Aufgaben, die nur er übernimmt:

1. Als Psychodiagnostiker
2. als Psychotherapeut eines oder mehrerer spezieller Therapieverfahren
3. als Supervisor verschiedenster diagnostischer und therapeutischer Aktivitäten, die er Mitarbeitern übertragen hat.
4. als Koordinator aller Teamaktivitäten
   Die Teamarbeit beinhaltet
   a) Zusammenfassung aller Informationsdaten
   b) Bedingungsanalyse der Störungen
   c) Entscheidungen über Beratungs- oder Therapievorgehen
   d) Beratungs- oder Therapiekontrolle
5. als Stellenleiter hat der Psychologe außerdem eine Reihe von Verwaltungsaufgaben und muß als Betriebspsychologe des eigenen Betriebs für eine gute Teamarbeit, für ein gutes Betriebsklima sorgen, das sehr wichtig für die Effektivität der Gesamtarbeit ist.

5 Methoden psychologischer Diagnostik und Therapie innerhalb der Erziehungsberatung

Welche Therapieform und Diagnostikmethoden der Psychologe anwendet, hängt vor allem von seinem theoretischen Grundstandpunkt ab. Eine Vielzahl theoretischer Ausrichtungen, hat eine Vielzahl psychologischer Untersuchungs- und Behandlungsmethoden hervorgebracht. Im folgenden sollen die in der EB-Arbeit hauptsächlich vertretenen und praktizierten Richtungen besprochen werden:

5.1 Tiefenpsychologische Orientierung

Was an Verhaltensauffälligkeit imponiert, ist nur als Symptom, als Ausdruck einer „dahinterliegenden" Störung der Persönlichkeits- oder Triebstruktur aufzufassen.
Störungen der Triebstruktur sind Folgen fehlerhaft verlaufener Triebentwicklung. Die Gründe späterer Fehlentwicklungen liegen meist in der frühen Kindheit.
Unser Handeln und Denken ist nicht nur von rationalen Einsichten, sondern hauptsächlich von unbewußten Trieben und Vorstellungen, von unbewußten Motiven gesteuert.
Die Aufgabe der Diagnostiker ist es, die dem Symptom zugrunde liegende Triebstörung zu erkennen und deren Entstehungsgeschichte in der frühen

Kindheit aufzuspüren. Diagnostische Methoden sind daher vor allem „aufdeckende“ Methoden, wie tiefenpsychologische Exploration und Anamnese – wobei der Schwerpunkt in der Erfassung der frühkindlichen Entwicklung, besonders der Sexualentwicklung liegt –. Weiterhin sogenannte Projektive Tests – dabei legt man die Hypothese zu Grunde, daß sich bei Darbietung von unstrukturierten, mehrdeutigen Reizmaterial (diffuse Bilder) usw. unbewußte Vorstellungen symbolhaft darstellen.
Bekannte Tests: Thematischer Apperzeptionstest (TAT) von Murray, Triebdiagnostik von Szondi.
Die Therapie besteht darin, unbewußte Inhalte durch Deutung ins Bewußtsein zu heben, verdrängten Triebneigungen in symbolischer Form zur Befriedigung zu verhelfen, unbewußte Konflikte bewußt nacherleben zu lassen ...
Techniken: Psychoanalyse Freuds, psychoanalytische Spielgruppen (deutend bzw. ausagierend) nach Melanie Klein Zulliger und Anna Freud, psychoanalytische Gesprächsgruppen, Ballintgruppen ...

5.2 Individualpsychologische Orientierung

Auch hier werden unbewußte Regungen und Vorstellungen als handlungsrelevant angenommen.
Das Symptom ist Folge eines unbewußten neurotischen Lebensplanes. Gründe für Störungen sind Fehlkompensationen von erlebten Minderwertigkeitsgefühlen. Die Aufgaben des Diagnostikers ist, die Minderwertigkeitsgefühle und den verborgenen Lebensplan aufzuspüren. Therapeutische Intention: Die Beseitigung der erlebten Minderwertigkeit durch Ermutigung, die realistische Gestaltung des Lebensplanes und das Anbieten von realisierbaren Kompensationsmöglichkeiten.

5.3 Persönlichkeitstheoretische Orientierung

Das auffällige Verhalten wird nicht als Störung, sondern als spezielle Ausprägung einer Struktur von Persönlichkeitseigenschaften interpretiert. Die Diagnostik betreibt die Messung von Persönlichkeitseigenschaften bzw. Persönlichkeitszügen hinsichtlich ihrer Art und ihres Ausprägungsgrades und die Erhellung der gesamten Persönlichkeitsstruktur (Persönlichkeitsbild). Eine Therapie gibt es in diesem Modell nicht. Die Diagnostik dient der Prognose von Verhalten in bestimmten Situationen, z. B. in der Schule, im Beruf, der Gemeinschaft usw. und der darauf aufbauenden Beratung.
Diagnostische Techniken: Verhaltensbeobachtung mit dem Ziel, charakteristische Persönlichkeitseigenschaften zu erfassen; Persönlichkeitsfragebogen (z. B. FPI), Persönlichkeitstests (Leistungstests – z. B. Intelligenztest i. S. v. HAWIK-,

Wissentests, Fähigkeitstests und Persönlichkeitstests im engeren Sinne z. B. Rorschach-Test). Die Hauptmethode der Hilfe besteht hier nicht in Therapie sondern in der Beratung (Eignungsberatung, Laufbahnberatung, Eignungsauslese).

5.4 *Lerntheoretische Orientierung*

Das auffällige Verhalten ist nicht Symptom einer Störung sondern die Störung selbst.
Das Verhalten ist gelernt und wird durch Umweltbedingungen (Auslöser und Konsequenzen) gesteuert.
Aufgabe der Diagnostik ist, herauszufinden, durch welche Bedingungen (äußere und innere) ein bestimmtes Verhalten (R) ausgelöst (S = Reiz = Auslöser) und durch welche Konsequenzen (C) es am Leben erhalten wird (Verhaltensanalyse).
Als Techniken der Diagnostik stehen zur Verfügung:
Verhaltensbeobachtung (Tonbandkontrolle, Videoaufnahmen), – Ziel der Beobachtung ist, typische Reiz-Reaktions-Konsequenz-Ketten (Verhaltensketten) auszuspüren, – weiterhin verhaltenstherapeutisch-orientierte, symptomzentrierte Exploration; verhaltensorientierte Anamnese zur Aufhellung der Lerngeschichte der Störung; verhaltensorientierte Fragebogen zur Erfassung des Verhaltensrepertoirs. Therapieform ist die sogenannte Verhaltenstherapie, die sich als Anwendung experimental-psychologischer und allgemein-psychologischer Methodik auf die Therapie versteht. Das Verhalten wird verändert durch Manipulation der Variablen in der Verhaltenskette (Änderung der Reizsituation, Änderung der Konsequenzen auf ein Verhalten, Unterbrechen von Verhaltensketten usw.).
Im Gegensatz z. B. zur psychoanalytischen Therapie, die hauptsächlich in einer kognitiven Umstrukturierung (Gesprächstherapie) besteht, liegt der Akzent der Verhaltenstherapie auf der Änderung des beobachtbaren Verhaltens. Der Verhaltenstherapeut benutzt oft technische Hilfsmittel bei der Therapie (Elektroschockgeber, Belohnungsmaschinen). Einige Techniken: Systematische Desensitivierung, Reizüberflutung, Shaping, Sensitivierung, Modelling, operantes Konditionieren.

5.5 *Klientenzentrierte Orientierung*

Über die Ursachen oder Bedingungen der zu behandelnden Störungen werden keine Aussagen getroffen. Eine diagnostische Erhellung der Störung gibt es in diesem Modell nicht. Die Diagnostik beschränkt sich auf eine phänomenologische Beschreibung der Störung, diagnostische Methoden werden weiterhin bei der Therapiekontrolle angewendet. Die Grundannahme ist:

Der Mensch ist fähig, wenn ihm bei der Kommunikation mit anderen günstige Bedingungen geboten werden, seine Probleme selbst zu lösen. Diese günstigen Bedingungen werden entweder in einer Gesprächssitutation (Gesprächstherapie) oder in einer Spielsituation (Klientenzentrierte, nicht-direktive Spieltherapie bei Kindern) geschaffen. Hauptbedingungen, die als therapeutisch wirksam für die selbsttätige Lösung von Problemen erkannt worden sind: Emotionale Wärme; Akzeptieren von Gedanken, Handlungen und Gefühlen – auch, wenn sie normalerweise sozial tabuisiert sind –, Verbalisierung von Gefühlsinhalten, einfühlende Bemühung und Echtheit des Therapeuten. Der Therapeut verfolgt in der Therapie außer der Herstellung dieser Bedingungen keine weiteren Ziele; der Gesprächsverlauf bzw. der Spielverlauf wird vom Klienten oder den Klienten selbst bestimmt.

5.6 Kommunikationstheoretische Orientierung

Die Störung wird als Folge unzureichender oder ungeeigneter Kommunikation zwischen dem Klient und seinen nächsten Bezugspersonen aufgefaßt (Ehepartner, Eltern usw.). Die Diagnostik besteht im Aufsuchen von Bedingungen, die eine optimale Kommunikation verhindern (Hauptmethode: Verhaltensbeobachtung). Die Therapie besteht im Einüben von optimalen Kommunikationsverhalten durch Gruppentherapie wie:
Sensitivity Groups, Encounter Groups, Marathon, Aggression Labs, in Kommunikationsübungsprogrammen für Eltern, Kind und Ehepaare; in Übungsprogrammen zum Training verbalen und nonverbalen Kommunikationsverhaltens.

5.7 Familientherapeutische Orientierung

Der Klient ist nur Symptomträger, die Ursache der Störung liegt in der neurotischen Familienstruktur. Bewußte und unbewußte unreife, unrealistische Einstellungen, Ziele und Wünsche, latente Feindseligkeiten usw., die in der Familie herrschen, führen zur Erkrankung eines Mitglieds der Familie. In der Familie stellt sich ein neurotisches Gleichgewicht her. Die Aufrechterhaltung des Symptoms liegt im Interesse der ganzen Familie, die dadurch ihr inneres neurotisches Gleichgewicht aufrechterhalten kann. Die Diagnostik dient der Erhellung der Einstellungen, Ziele und Wünsche der einzelnen Familienmitglieder und der gesamten Familie.
Die Behandlung beschränkt sich hier nie auf den Symptomträger, sondern stets auf die gesamte Familie. Die Familientherapie ist eine Weiterentwicklung der tiefenpsychologischen Orientierung, nur ist der Klient nicht das Individuum, sondern die ganze Familie.

5.8 Milieutherapeutische Orientierung

Die Ursachen der Störung liegen hauptsächlich im pathogenen Milieu und in pathogenen gesellschaftlichen Bedingungen. Begriffe wie: Ausbeutung, Chancenungleichheit, Bildungsmängel, soziale Randständigkeit gehören zu dieser Richtung. Die Diagnostik besteht in der Erhellung der krankmachenden Milieubedingungen bzw. in gesellschaftskritischer Analyse (Systemkritik). Therapiert wird nicht das Individuum oder die Familie sondern eine bestimmte soziale Gruppe (Arbeit bei bestimmten sozialen Gruppen: Anregung von Bürgerinitiativen, Bau von Kindergärten, Schaffung von Freizeitmöglichkeiten, Schaffung von Arbeitsplätzen) und in noch radikalerer Form: Versuch, das gesamte Gesellschaftssystem zu reformieren oder zu revolutionieren (Systemüberwindung).

5.9 Andere Orientierungen

An manchen EB-Stellen werden auch andere theoretische Ansätze praktisch verwirklicht, z.B. Logotherapie, Daseinsanalyse, Heilpädagogische Ausrichtung usw.

6 Probleme der Erziehungsberatungs-Arbeit

6.1 Zusammenarbeit der Vertreter verschiedener Richtungen

Der Psychologe in der praktischen EB-Arbeit wird sich keinem bestimmten Modell verpflichten können, da die Mannigfaltigkeit der Phänomene kaum von einem einzigen Modell abgedeckt werden kann. Diese Einsicht ist zwar theoretisch recht unbefriedigend, zumal jedes Modell zugleich ein unterschiedliches Begriffssystem impliziert und die Übersetzung der verschiedenen Begriffe von einem Modell in ein anderes oft nicht möglich ist.
Durch diese Schwierigkeit wird auch die fachliche Kommunikation der Teammitglieder untereinander erschwert, sofern sich Teammitglieder unterschiedlicher fachlicher Ausrichtung, Ausbildung oder unterschiedlicher theoretischer Auffassung über die Beschreibung oder Erklärung eines Fehlverhaltens und die Therapie verständigen und theoretisch begründete Entscheidungen treffen wollen. Soll die Arbeit des Teams eine Gruppenleistung sein, so muß ein Kompromiß getroffen werden zwischen zwei sich ausschließenden Forderungen: Einerseits soll eine möglichst präzise, theoretisch fundierte Beschreibung und Analyse des Problems in einem bestimmten theoretischen Modell erreicht werden, dabei ist jedoch die

Verständigungsmöglichkeit zwischen Vertretern unterschiedlicher Modelle sehr gering; andererseits soll maximale Verständigung zwischen den Teammitgliedern über einen bestimmten Fall, das Zusammentragen unterschiedlichster Aspekte und Blickweisen geleistet werden, was jedoch zu unpräziser Beschreibung und eklektischem Vorgehen führt.

6.2 Ausbildung des Psychologen

Der Psychologe ist, wenn er die Universität verläßt, nicht genügend für die praktische Arbeit an einer Erziehungsberatungsstelle ausgebildet. Durch Zusatzausbildung in bestimmten Therapieformen erreicht er erst die für die praktische Arbeit notwendigen Voraussetzungen.

6.3 Arbeitsüberlastung

Die Arbeit in der EB ist wegen ihrer Mannigfaltigkeit für den Psychologen sehr interessant, eine starke Belastung stellt jedoch die geringe Zahl der EB-Stellen und die oft unzureichende personelle Besetzung dar. Durch das geringe Angebot an Beratungsstellen und die große Nachfrage nach den Dienstleistungen (Beratungen, Therapie und Begutachtung) wachsen die Wartezeiten auf einen Beratungstermin teilweise auf über ein Jahr nach der Anmeldung an. Viele Probleme bedürfen aber einer sofortigen Hilfestellung. So sieht sich der Psychologe in einem ständigen, schwer belastenden Dilemma: Auf der einen Seite der moralische Druck, den die Hilfserwartungen der Klientel auf ihn ausübt und der ihn nötigt, möglichst viele Fälle in kürzester Zeit zu behandeln. Gibt er diesem Druck nach, bleibt ihm keine Zeit mehr für exakte Diagnostik, Analyse, Therapieplanung und -kontrolle. Rezeptverteilen und Erfahrungsdiletantismus machen sich breit. Auf der anderen Seite steht die Forderung nach möglichst exakter wissenschaftlicher Arbeit und theoretisch begründbarem Vorgehen die im Interesse des Klienten liegt. Gibt er dieser Forderung nach, wird er sich Vorwürfe machen müssen, daß viele dringende Hilfserwartungen nicht erfüllt werden konnten.

6.4 Hilfe für Unterschichtklientel

Ein weiteres großes Problem liegt in der Tatsache, daß die mittelständische Klientel an den Erziehungsberatungsstellen überrepräsentiert ist. Die Klientel der Unterschicht findet von selbst kaum zur Erziehungsberatungsstelle, wohl aus Mißtrauen gegenüber Institutionen. Die oben beschriebenen Methoden sind auch nur in Ausnahmefällen tauglich zur Behandlung unterschicht-spezifischer Probleme, da sie, vielleicht mit Ausnahme der Verhaltenstherapie, sehr abhängig sind vom sprachlichen Verständnis der Klienten. (Sprachbarrieren zwischen Unterschichtangehörigen als Klienten und den Mittelschichtsangehörigen als EB-Mitarbeiter). Als Forderung wäre deshalb zu stellen, die Arbeit zu entinstitutionalisieren, die EB-Arbeit aus ihrem Elfenbeinturm zu befreien, – notwendig wäre das Hineingehen in die Familien und Arbeit direkt im Milieu des Klienten. Das würde jedoch erhöhten Zeitaufwand und die Ausweitung der Arbeit bedeuten, die nur bewältigt werden könnte, wenn die Zahl der EB-Stellen wesentlich erhöht würde.

7 Ausblick

Eine Veränderung der EB-Arbeit ist sowohl quantitativ (Erhöhung der EB-Stellen, bessere finanzielle Ausstattung, bessere personelle Ausstattung) als auch qualitativ nötig: Bei der Vielzahl der Probleme ist es notwendig, Spezialisierungen vorzunehmen, da der Psychologe als Allround-Könner nicht die notwendige fachliche Ausbildung und notwendige Zeit zur Weiterbildung hat, um jedes Problem optimal und adäquat zu behandeln. Das würde eine Spezialisierung entweder in bestimmte Therapierichtungen oder Spezialisierung auf bestimmte Störungsbereiche, (z. B. Leistungsstörungen, Sprachstörungen . . .) notwendig machen. Wünschenswert wäre die Entwicklung der Institution zu einer Art psychologischen Poliklinik, in der Spezialisten verschiedenster Therapietechniken, bzw. Spezialisten für die Behandlung spezieller Verhaltensstörungen arbeiten würden. Zum anderen ist es notwendig, aus dem Mittelstandsghetto der EB auszubrechen, die Prophylaxe und Arbeit in sozialen Brennpunkten zu verstärken. Möglicherweise kann das eine Institution nicht leisten, es wäre denkbar, daß sich aus der Institution EB zwei verschiedene Institutionen mit unterschiedlicher Ausrichtung entwickeln könnten.

E. Forensische Psychologie

GÜNTER SCHMITT

1 Statistische Angaben über das Berufsfeld

Psychologen im forensischen Bereich arbeiten zumeist im Strafvollzug, sind aber auch im Polizeidienst und in kriminologischen Forschungsstellen sowie Instituten für Gerichtspsychologie tätig. Nicht eingegangen wird hier auf die Tätigkeit der Polizeipsychologen (s. Abschn. I).

Tab. 1:

Land	Selbständige JVA	Inhaftierte am 31. 12. 1972	Psychologen 1969	1972	1973	Beamtentitel
Baden-Württemberg	15	5 754	7	14	13	Reg.-Psychologe
Bayern	13	7 792	9	14	13	Regierungsrat
Berlin	6	3 001	4	10	11	Verwaltungsrat
Bremen	5	921	0	1	2	Psychologierat
Hamburg	12	2 576	8	9	10	Wissenschaftl. Rat
Hessen	14	3 530	8	11	11	Reg.-Psychologe
Niedersachsen	11	4 544	7	4	7	Psychologierat
Nordrhein-Westfalen	30	13 814	8	20	19	Regierungsrat
Rheinland-Pfalz	9	2 366	2	3	5	Regierungsrat
Saarland	2	694	0	0	1	–
Schleswig-Holstein	3	1 506	0	0	2	–
Summe	123	46 498	53	86	94	

Die in kriminologischen Instituten und privaten Gutachterstellen tätigen Psychologen sind im forensischen Bereich hauptsächlich mit der Erstellung von Gutachten beschäftigt. Über ihre Tätigkeit informiert eingehend Bd. 11 des Handbuchs der Psychologie (Forensische Psychologie; s. Abschn. I). Aus diesem Grund beschränke ich mich im folgenden auf die Darstellung der Aufgaben und der Probleme der im Strafvollzug tätigen Psychologen.
In folgender Tabelle sind die in den Jahren 1969 (Umfrage der „Bundesarbeitsgemeinschaft der Ärzte und Psychologen in der Straffälligenhilfe e. V."), 1972 (Umfrage der „Sektion Forensische Psychologie" im Berufsverband Deutscher Psychologen) und 1973 (Umfrage durch Altenstein) im Justizvollzugsdienst tätigen Psychologen aufgeführt.
Ferner wurde aufgenommen der in den einzelnen Bundesländern verwendete Beamtentitel für Diplom-Psychologen im Justizvollzugsdienst, sowie die Anzahl der Justizvollzugsanstalten (JVA) und die Zahl der Inhaftierten am 31. 12. 1972.
Aus Tabelle 1 ist zu ersehen, daß in 123 selbständigen (und etwa gleichviel unselbständigen) Justizvollzugsanstalten mit zusammen 46 498 Straf- und Untersuchungsgefangenen z. Zt. 94 Diplom Psychologen tätig sind. Das Verhältnis von Inhaftierten zu Psychologen beträgt 1 : 495.
Von den am 31. 12. 1972 Inhaftierten waren 1213 Frauen (= 2,6% der Inhaftierten) und 45 285 Männer.
Die Verteilung der Delikte zeigt, daß 64% der Inhaftierten wegen Diebstahls, wegen Straßenverkehrsdelikten 18%, Betrugs- und Untreuedelikten 16%, Straftaten gegen Körper und Leben 7% und 7% wegen Sexualdelikten einsitzen (Mehrfachnennungen).
Die Alterszusammensetzung der Anstaltsinsassen war am 31. 3. 1968 folgendermaßen: (Christ, 1972, S. 17):

Tab. 2:

Alter:	14 – 18	18 – 21	21 – 25	25 – 30	30 – 35	35 – 40	über 40
prozentualer Anteil	1,8	7,9	16,3	25,4	17,9	11,8	18,7

2 Ziele und Personalstruktur des Strafvollzugs

Kein deutsches Gesetz gibt Auskunft darüber, welche Aufgaben der Strafvollzug hat oder haben soll. Stattdessen wird ein Strafvollzug praktiziert, der aufgrund einer Ländervereinbarung auf einer Dienst und Vollzugsordnung (DVollzO) basiert. Nach Nr. 57 I DVollzO soll der Vollzug der Freiheitsstrafe dazu dienen, „die Allgemeinheit zu schützen, den Gefangenen zu der Einsicht zu verhelfen, daß

er für begangenes Unrecht einzugestehen hat und ihn wieder in die Gemeinschaft einzugliedern. Der Vollzug soll den Willen und die Fähigkeit des Gefangenen wecken und stärken, künftig ein gesetzmäßiges und geordnetes Leben zu führen".
Hier kommen als tragende Gesichtspunkte des Vollzuges zuerst die Sicherung der Allgemeinheit, weiterhin der Sühnegedanke, ferner die Vergeltungsidee und als Anhängsel der Erziehungsgedanke zum Ausdruck.
Entsprechend diesem Katalog von Prioritäten ist eine Justizvollzugsanstalt in der Regel auch personell ausgestattet.
Anhand der genauen untersuchten Situation des Landes Nordrhein-Westfalen (CALLIESS, 1970) soll die personelle Situation beispielhaft dargestellt werden. Für 20 untersuchte Justizvollzugsanstalten mit einer Population von 9015 Strafgefangenen ergab sich, daß ein Psychologe 1789 Inhaftierte zu betreuen hat, jedoch nur einen Anteil von 0,24% am gesamten Personal ausmacht.

Tab. 3: Verhältnis von Personal zu Gefangenen

Personal	Personal : Gefangenen	Prozentuale Verteilung des Personals
Aufsichtsbeamte	1 : 5,4	80,61
Verwaltungsbeamte	1 : 84	9,98
Werkbeamte	1 : 138	3,14
Sozialarbeiter	1 : 289	1,49
Pfarrer, haupt- und nebenamtlich	1 : 263	1,64
Lehrer	1 : 426	1,01
Anstaltsleiter	1 : 706	0,62
Ärzte, haupt- und nebenamtlich	1 : 407	1,06
Psychologen	1 : 1 789	0,24

In der Dienst- und Vollzugsordnung sind vier Personalgruppen vorgesehen, denen unterschiedliche Aufgaben zugedacht sind:

1. Personal, das Aufsichts-, Versorgungs- und Produktionsaufgaben übernimmt;
2. Verwaltungsdienst;
3. ärztlicher Dienst und
4. Angestellte und Beamte, deren Aufgabensetzung primär unter dem Blickwinkel der Resozialisierung gesehen wird: Sozialarbeiter, Psychologen, Lehrer und Geistliche.

Nach WAGNER (1972, S. 16) läßt sich der aus der Dienst- und Vollzugsordnung ergebende Personalaufbau aus dem untenstehenden Schema ersehen. Die Kästchen zeigen die einzelnen Dienststellen oder beruflichen Funktionen. Ihre Höhe zeigt die ungefähren Rangverhältnisse der Funktionsträger bzw. Dienststellenleiter:

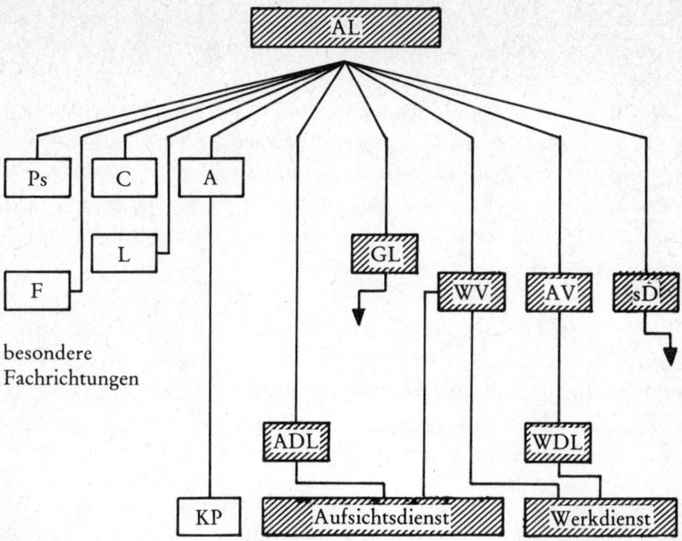

AL = Anstaltsleiter
GL = Geschäftsstellenleiter (u. a. Personalw.)
WV = Wirtschaftsverwaltung
AV = Arbeitsverwaltung
sD = sonstige Dienststellen

WDL = Werkdienstleiter
ADL = Aufsichtsdienstleiter
A = Arzt
KP = Krankenpfleger
▨ Liniensystem

Ps = Psychologe
G = Geistlicher
L = Lehrer bzw. Sozialpädagoge
F = Fürsorger

Abb. 1

„Im Hinblick auf die allgemeine Zielsetzung des Strafvollzugs nach Nr. 57 DVollzO wird auffällig, daß zumindestens eines der darin aufgeführten Hauptziele, nämlich die persönlichkeitsorientierte kriminalpädagogische Aufgabensetzung ohne Eingliederung der primär dafür in Frage kommenden Bediensteten besonderer Fachrichtungen in die Linienorganisation der Strafanstalt erreicht werden soll. Überspitzt formuliert ist diese Planung mit einer Schulordnung vergleichbar, in der die Befugnisse von Verwaltungskräften und Pädagogen vertauscht sind" (Wagner, 1972, S. 16–17).

Zählt man nun in der Dienst- und Vollzugsordnung aus, welche Ziele und Aufgaben geregelt sind, ergibt sich folgendes Bild (in Klammern die Anzahl der Nennungen in der DVollzO):

Entsprechend der vorher dargestellten ausgegliederten Funktion des Sozialstabes erfährt die Resozialisierung des Inhaftierten eine nur geringe Beachtung. Persönlichkeitsförderung allgemeiner Art (34), soziale Vorsorge (27), Methoden der Persönlichkeitserforschung (8) und Kriminalpädagogik (4) sind relativ bedeutungslos, wenn man sie vergleicht mit den von den anderen Personalgruppen in der Anstalt wahrgenommenen Aufgaben: Versorgung und Betreuung

(129), Kontroll- und Sicherungsmaßnahmen (109), Anpassung der Insassen an das Anstaltsleben (71), Schutz der Allgemeinheit (39) und Arbeit der Gefangenen (27).

Zum einen kann diese geringe Reglementierung der Tätigkeit des Sozialstabes begrüßt werden, da hierdurch eine größere Freiheit im Arbeitsbereich ermöglicht ist. So geben 29% der von AMELANG u. TIEDEMANN (1971, S. 172) befragten, im forensischen Bereich tätigen Psychologen an, daß ihnen die Entscheidung über Form und Inhalt ihrer Tätigkeit völlig überlassen ist, wogegen nur bei 5% eine sehr geringe Entscheidungsbefugnis hierüber vorliegt.
Demzufolge rangieren auch Autonomie (42%) und abwechslungsreiche Tätigkeit (16%) an der Spitze der als besonders befriedigend erlebten Gesichtspunkte der Tätigkeit im forensischen Bereich (AMELANG u. TIEDEMANN, 1971, S. 176). Zum anderen behindert jedoch oftmals diese geringe Verankerung, daß die Tätigkeit des Psychologen wie des gesamten Sozialstabes von der Anstaltsleitung und den anderen Bediensteten anerkannt und unterstützt wird.

3 Stellung und Aufgabenbereiche des Psychologen

Die Aufgaben des Psychologen sind in der Nr. 26 DVollzO wie folgt beschrieben:

„Den in den Anstalten tätigen Psychologen liegt die Mitarbeit an der Persönlichkeitserforschung ob sowie die Zusammenfassung und Auswertung ihrer Ergebnisse. Sie wirken mit beim Aufstellen und Durchführen des Vollzugsplanes, bei der Freizeitgestaltung, bei der Aus- und Fortbildung der Bediensteten sowie möglichst bei der gruppen- und einzeltherapeutischen Behandlung."

Demzufolge bleibt dem Psychologen nach Nr. 26 DVollzO als ihm eigener Aufgabenbereich lediglich die „Zusammenfassung und Auswertung" der Ergebnisse der Persönlichkeitserforschung. Alle weiteren Aufgaben sind als Mitarbeit bzw. Mitwirkung formuliert, überschneiden sich also mit den Aufgaben anderer. Dies hat für die berufliche Praxis oftmals zur Folge, daß die Tätigkeit des Psychologen ein äußerst geringes Maß an Etabliertheit aufweist. Man kann daher den Psychologen als echten „Mitarbeiter" charakterisieren, nicht jedoch als eine Person, die ausdrückliche Weisungsbefugnisse hat, wie sie etwa von der Fachkompetenz des Psychologen her erwartet werden könnte. Beachtet man ferner, daß der Psychologe sich mit Aufgaben beschäftigt, die im Zielkatalog des Strafvollzugs (nach der DVollzO) erst an letzter Stelle rangieren und er zudem in der Regel keine Hilfskräfte zur Verfügung hat, so kann er keinesfalls als verantwortlicher Mitgestalter im personellen Gefüge der Vollzugsanstalt angesehen werden.

Gelingt es dem Psychologen jedoch, ein psychologiefreundliches Klima zu schaffen, kann er – allerdings erst nach Einigung mit dem Anstaltsleiter – einen größeren Einfluß und Handlungsspielraum in der Anstalt finden.
Dem Psychologen wird jedoch in einem auf Resozialisierung ausgerichteten Vollzug eine Schlüsselstellung zukommen, wenn der im Januar 1973 vom Bundesministerium der Justiz vorgelegte Entwurf eines Strafvollzugsgesetzes im Parlament verabschiedet sein wird. Nach diesem geplanten Gesetz wäre die Resozialisierung des Inhaftierten oberstes Ziel des Strafvollzugs: „Im Vollzug der Freiheitsstrafe soll der Gefangene fähig werden, künftig in sozialer Verantwortung ein Leben ohne Straftaten zu führen" (§ 2).
Im Moment jedoch gestaltet sich die Eingliederung in die Anstaltsarbeit oftmals sehr schwierig, weil die anderen in einer Anstalt Tätigen die Psychologen als Protagonisten der Aufweichung des Strafvollzugs ansehen und auch über die Aufgaben der Psychologen nicht immer zureichend informiert sind. Aus der Praxis berichtet STARK (1968, S. 16):

„Der Psychologe ist angenehm in einer Anstalt, wenn er sich um schwierige Gefangene kümmert, um diese zu beruhigen, und wenn er bei Besichtigungen als Alibi gezeigt werden kann, um zu demonstrieren, daß die Anstalt modern ist und daß auch für die Strafgefangenen etwas getan wird. Sonst wird er nicht sonderlich geschätzt, weil durch ihn der Dienstbetrieb gestört werden könnte, weil er evtl. sogar in Vollzugsangelegenheiten hineinreden könnte, und weil er eigentlich in den überlieferten Verwaltungsvollzug schlecht hineinpaßt. Allein die Tatsache, daß es heute noch größere Strafanstalten und auch Jugendstrafanstalten gibt, die keine Planstellen für Psychologen haben, weist zumindest auf eine ambivalente Einstellung gegenüber dem Psychologen hin. Vielleicht hängt diese Ambivalenz auch mit der Meinung zusammen, psychologische Kenntnisse könnten gleichsam nebenbei erworben werden, sodaß eine geschickte Unterhaltung eine diagnostische Untersuchung erübrigen würde."

Will ein Anstaltspsychologe den Vollzug mehr in Richtung Resozialisierung beeinflussen, dann muß er in der Regel die anderen in der Anstalt Tätigen, ebenso wie die Insassen für seine Arbeit vorbereiten.
Dies bedeutet, daß er zunächst eine psychologiefreundliche Atmosphäre schaffen und diese auch aufrechterhalten muß. Dies zu tun bedeutet aber, Vorurteile und Ängste der anderen Vollzugsbediensteten abzubauen, wodurch schon ein großer Teil der Arbeitskraft des Psychologen gebunden wird.
Aus der ambivalenten Einstellung dem Psychologen gegenüber ist verständlich, daß 26% der von AMELANG u. TIEDEMANN (1971, S. 173) befragten, im forensischen Bereich tätigen Psychologen meinen, daß nicht – psychologisch vorgebildete Kollegen des unmittelbaren Arbeitsbereiches die Bedeutung der Tätigkeit des Psychologen mit „niedrig" und „sehr niedrig" und nur 4% der Kollegen die Bedeutung mit „sehr hoch" einschätzen. Demgegenüber halten aber 58% der gleichen Befragten ihre Tätigkeit für andere als wichtig und sehr wichtig und nur 13% als für andere unwichtig.

Der demzufolge bestehende Widerspruch zwischen beruflicher Akzeptierung durch andere und dem eigenen Anspruch ist aufgrund der heutigen Struktur des Strafvollzugs kaum aufzulösen und wird wohl am ehesten durch eine neue Zielsetzung des Strafvollzugs und der damit notwendig werdenden Kompetenzvermehrung der Psychologen zu erheben sein.
Welche beruflichen Tätigkeiten üben nun Psychologen in einer Anstalt z. Zt. aus? Es können zwei Hauptarbeitsbereiche voneinander getrennt werden:
Zum ersten die auf die Inhaftierten gerichtete Tätigkeiten und zum zweiten die Auswahl und Schulung von Justizvollzugsbeamten.

1. Aufgrund vorheriger Absprache mit dem Anstaltsleiter nehmen Psychologen im Justizvollzugsdienst mehrere der folgenden Aufgaben wahr:
   a) Erstellen einer Zugangsbeurteilung und Ausarbeiten eines Vollzugsplanes, in dem Stellung genommen wird zu der Zuweisung des Probanden von Wohn- und Behandlungsgruppen, zum Arbeitseinsatz bzw. einer beruflichen Aus- oder Fortbildung, der Teilnahme an Weiterbildungsveranstaltungen sowie der Frage der Unterbringung in einem offenen oder geschlossenen Vollzug und den notwendigen Maßnahmen zur Vorbereitung der Entlassung.
   b) Stellungnahmen zu:
   Anträgen der Gefangenen auf Ausgang, Ausführung oder Urlaub, auf Unterbrechung der Strafvollstreckung und Gesuchen um vorzeitige Entlassung.
   c) Gelegentlich nehmen Psychologen auch Stellung zu Verhaltensauffälligkeiten von Gefangenen gegenüber Bediensteten oder Mitgefangenen, zu Selbstbeschädigungen, zu Selbstmordversuchen oder zu Disziplinarmaßnahmen, die durch Fehlverhalten der Inhaftierten notwendig erscheinen, sowie zu Spannungen und Konflikten innerhalb der Anstalt.
   d) In zunehmendem Maß werden außer den oben genannten Stellungnahmen und diagnostischen Untersuchungen auch Behandlungen der Inhaftierten durchgeführt. Das Fernziel besteht hier darin, eine erneute Straffälligkeit des Probanden nach Möglichkeit zu verhindern. Die zu beschreitenden therapeutischen Wege sind allerdings je nach persönlicher Problematik des Inhaftierten oder der zu behandelnden Probandengruppe unterschiedlich und entsprechen den jeweiligen therapeutischen Vorerfahrungen des Psychologen. Die Nahziele einer Behandlung bestehen oftmals darin, haftbedingte Symptome anzugehen. Die Mehrzahl der vollzugserfahrenen, therapeutisch tätigen Psychologen bescheidet sich mit dem Ziel, in Zusammenhang mit Haftschäden stehende Symptome zu behandeln und die Beeinträchtigungen des Sozialverhaltens und der Einstellungen, die der momentane und die frühere Anstaltsaufenthalte bewirkt haben, aufzuheben oder jedenfalls zu mildern. Bereits dieses Ziel jedoch, nämlich die

negativen Folgen der Haft aufzuheben, läßt sich unter der ständigen Bestätigung des Inhaftiertseins nur eingeschränkt erreichen.

Spezifische Therapiemethoden für den forensischen Bereich wurden bislang nicht entwickelt. Aus diesem Grund werden von Psychologen im Vollzug die gängigen therapeutischen Verfahren wie analytische Psychotherapie oder Gesprächstherapie oder Verhaltenstherapie in der Einzelbehandlung neben der Durchführung von Gruppenpsychotherapien praktiziert.

2. Außer mit den Inhaftierten beschäftigen sich die Psychologen mit der Auswahl und der Aus- und Fortbildung der Justizvollzugsbeamten.

   a) Aus der Erkenntnis, daß nicht jeder Mensch für die Erfüllung der sozialen und pädagogischen Aufgaben des Strafvollzugs geeignet ist, wurden erst vor wenigen Jahren die nötigen Konsequenzen gezogen. Früher war den Anstaltsleitern die Werbung und Auswahl von Bewerbern für den Strafvollzug überlassen. Daher waren die Auswahlmaßstäbe von Anstalt zu Anstalt unterschiedlich. Inzwischen neigen die Justizbehörden jedoch zu der Meinung, daß der Eignungsgrad von Bewerbern für den Justizvollzugsdienst am sichersten aufgrund einer psychodiagnostischen Untersuchung zu ermitteln ist.

      Aufgrund der jedoch nur geringen Anzahl von Bewerbern für den Justizvollzugsdienst kann in der Regel keineswegs immer eine „Bestauslese" durchgeführt werden, sondern meist eine „Schlechtauslese", d.h., die nicht mindestens durchschnittlich intelligenten und psychisch stabilen Bewerber werden ausgeschieden. Aber selbst wenn man nur solche Minimalanforderungen einer Untersuchung zugrunde legt, beträgt die Ablehnungsquote ca. 60% (vgl. ROTTHAUS, 1968, S. 225).

      Außer diesem unbefriedigenden Verfahren der „Schlechtestauslese" ist es bislang nicht gelungen, die wirklich relevanten Ausleseanforderungen (d.h. die Eignungsdispositionen, die ein Anwärter vor dem Berufsantritt mitbringen sollte) zu ermitteln, aufgrund deren eine spätere erfolgreiche praktische Tätigkeit vorausgesagt werden kann. So gilt auch für den forensischen Bereich, was CATTELL allgemein sagt: „Der Praktiker arbeitet mit dem, was er über die Anwärter weiß und über die Anforderungen zu wissen glaubt."

   b) Die Aus- und Weiterbildung des Vollzugspersonals wird entweder in Strafvollzugsschulen oder innerhalb der Anstalten vorgenommen. Der Anteil des Psychologieunterrichts in der Ausbildungsphase ist hierbei von Bundesland zu Bundesland unterschiedlich. In Hamburg werden z.B. bei 430 Doppelstunden in dem Ausbildungslehrgang 200 Stunden Psychologieunterricht erteilt. Dieser relativ hohe Anteil der Psychologie am Gesamtunterricht ist ermutigend, steht doch dahinter der Gedanke, den Beamten Kenntnisse in den Fragen der Gefangenenbehandlung und

-beurteilung zu vermitteln, die Gefahr von Vorurteilen gegenüber inhaftierten zu reduzieren und insbesondere situationsangepaßtes Verhalten der Bediensteten in Konfliktsituationen zu fördern. Dies liegt nicht nur im Interesse der Inhaftierten sondern auch im Interesse des Personals, das im Vollzug einer erheblichen Belastung ausgesetzt ist.

Entsprechend der individuellen Vorbildung und fachlichen Präferenz kann kein typischer Tagesablauf der im Vollzugsdienst tätigen Psychologen dargestellt werden. Im Durchschnitt beschäftigen sich Psychologen mit der Einzelbetreuung von Inhaftierten zu 22% ihrer Gesamtarbeitszeit, mit Zugangsbeurteilungen von Gefangenen zu 19%, mit Gutachten über Insassen zu 15%, mit dienstlichen Besprechungen zu 11%, mit Gruppenarbeit mit Gefangenen zu 7%, mit Aus- und Fortbildung der Justizvollzugsbeamten zu 5,5% und Eignungsuntersuchungen von Bewerbern für den Justizvollzugsdienst mit 3%. Psychotherapie bei Inhaftierten nimmt – mit Ausnahme der 7 Sozialtherapeutischen Einrichtungen im Bundesgebiet – im Normalvollzug mit 1,5% einen relativ bedeutungslosen Raum ein. Schriftverkehr und anderes beansprucht die restliche Zeit. (WAGNER, 1972, S. 37)
In den Zugangsbeurteilungen und den Gutachten über Insassen, sowie Eignungsuntersuchungen bei Bewerbern kommen hauptsächlich folgende Testverfahren zur Anwendung: Rorschachtest, HAWIE, TAT, IST, Rosenzweig-P-F-Test, MMPI, LPS, Wartegg-Zeichen-Test und MMQ.
Es muß gesagt werden, daß in der Praxis diese Testverfahren oftmals sehr unkritisch zur Anwendung kommen. Dementsprechend wird auch das anfallende Datenmaterial nur selten publiziert, was aber auch auf die berufliche Überlastung der wenigen im Strafvollzug tätigen Psychologen zurückgeführt werden muß. Psychologisch-wissenschaftliche Untersuchungen liegen im Vergleich zu anderen Tätigkeitsfeldern von Psychologen in relativ geringer Zahl vor. Wissenschaftliches Vorgehen ist im Strafvollzug nur selten anzutreffen und somit wurde bislang die Möglichkeit noch nicht realisiert, aufgrund experimenteller Untersuchungen den Bereich Strafvollzug zu modifizieren.

4 Die Interaktion mit anderen Berufsgruppen

Aufgrund des in Tabelle 3 dargestellten Personalaufbaus einer Anstalt, des häufig beobachtbaren Mißtrauens von Vollzugsbeamten gegenüber Psychologen und der Kompetenzlosigkeit der Psychologen gestaltet sich der Kontakt mit anderen, in einer Anstalt tätigen Berufsgruppen oftmals recht schwierig. Zwar bestehen regelmäßig informelle Kontakte zu den anderen Mitgliedern des Sozialstabes (Sozialarbeitern, Lehrern, Pfarrern und Ärzten), in der praktischen Arbeit ist jedoch häufig mehr ein Nebeneinander- denn ein Miteinanderarbeiten festzustellen. Während in der Regel der beste Kontakt noch zu Sozialarbeitern und Lehrern besteht, ist die berufliche Kommunikation mit im Vollzug tätigen Ärzten oftmals erschwert. Erklärt werden kann dies mit der Skepsis vieler Ärzte gegenüber der Psychologie, die HUBER (1972, S. 665) darstellt: „Die Abgrenzung psychologischer gegenüber psychiatrischer Kompetenz in der forensischen Arbeit ist eine wichtige, bis heute noch nicht bewältigte Aufgabe. Nicht nur von psychiatrischer Seite wird in Frage gestellt, ob die Psychologie die forensischen Erwartungen, die man in sie setzt, zu erfüllen vermag ... Die klinische Psychologie, d.h. die klinischeAnwendung der Psychologie sollte sich ihrer Grenzen bewußt sein".

5 Berufliche Probleme

Welche Gründe werden nun von den im forensischen Bereich tätigen Psychologen für auftredende Schwierigkeiten genannt? Der Arbeitsanfall (z.B. zeitliche Belastung, fehlende Hilfsmittel, geringer Personalbestand) scheint mit 21% das größte Problem darzustellen, woran sich anschließt der Bereich Aus- und Fortbildung (z.B. Ausbildungsstand des Anstaltspsychologen, psychologisch-motorische Probleme wie z.B. Tests) mit 17% ebenso wie Status und zwischenmenschliche Probleme mit 17%, die mangelnde Effizienz der Tätigkeit mit 13% und die durch die Bürokratie hervorgerufenen Probleme mit 13% (AMELANG u. TIEDEMANN, 1971, S. 174–175).
Eine Lösung dieser Schwierigkeiten würde zum Teil durch eine Stellenvermehrung für Psychologen zu erreichen sein. Deswegen wohl sind 88% der im forensischen Bereich tätigen Psychologen der Ansicht, daß es dringend erforderlich ist, daß in ihrem unmittelbaren Arbeitsbereich weitere Stellen für Psychologen errichtet werden – gleichzeitig wird jedoch eine Resignation deutlich, wenn man sieht, daß nur 39% der Befragten es für wahrscheinlich halten, daß in den nächsten 3 Jahren weitere Stellen für Psychologen in ihrem unmittelbaren Arbeitsbereich errichtet werden (AMELANG u. TIEDEMANN, 1971, S, 181). Danach befragt, inwieweit eine berufliche Fortbildung möglich ist (AMELANG u. TIEDEMANN, 1972, S. 171), gaben 67% der im forensischen Bereich tätigen Psychologen an, daß eine Fortbildung nicht im ausreichenden Maß möglich sei (in vollem Ausmaß möglich bei 13% und in ausreichendem Ausmaß bei 21%). Diejenigen, die die Möglichkeit einer ausreichenden Fortbildung verneinen, begründen dies in 80% mit zu großem Arbeitsausfall, in 13% mit Angebotsmangel und in 7% mit finanziellen Gründen. Aufgrund der hohen Arbeitsbelastung ist auch verständlich, daß der prozentuale Anteil ausgesprochener Forschungstätigkeiten an der Gesamtarbeitszeit nur mit 5% angegeben wird (AMELANG u. TIEDEMANN, 1971, S. 172).

6 Psychologen in der Sozialtherapie

Ein neues Betätigungsfeld hat sich für die im Strafvollzug tätigen Psychologen ergeben: die Sozialtherapeutische Anstalt. Im 2. Gesetz zur Reform des Strafrechts (2. StRG) vom 4. 7. 1969 ist in § 65 die Unterbringung und Behandlung bestimmter Gruppen von Straftätern in Sozialtherapeutischen Anstalten vorgesehen.

Das Gesetz nennt 4 Gruppen von Straftätern, die in diese Sozialtherapeutischen Einrichtungen eingewiesen werden können:

1. Ältere Rückfalltäter mit schwerer Persönlichkeitsstörung und ungünstiger Prognose
2. Junge Rückfalltäter mit Hangtäterprognose
3. Triebtäter und
4. Nicht oder nur beschränkt zurechnungsfähiger Täter.

Nach diesem 2. StRG ist die Einrichtung von Sozialtherapeutischen Anstalten in sämtlichen Bundesländern zwingend vorgeschrieben, wenn auch dieser Paragraph erst zum 1. 1. 1978 in Kraft treten wird. Daneben sollen nach § 9 des Referentenentwufs eines Strafvollzugsgesetzes auch Inhaftierte in den Sozialtherapeutischen Anstalten behandelt werden können, „wenn die besonderen therapeutischen Mittel und sozialen Hilfen einer solchen Anstalt zu seiner Resozialisierung angezeigt sind".

Somit stellt die Einrichtung einer Sozialtherapeutischen Anstalt einen ersten und ernstzunehmenden Versuch dar, die Haftzeit dazu zu nutzen, straffällig Gewordene systematisch und gezielt mit Hilfe spezieller Therapieformen auf die Zeit nach der Entlassung vorzubereiten.

Zur Zeit bestehen im Bundesgebiet 7 Sozialtherapeutische Einrichtungen:

1. Vollzugskrankenhaus Hohenasperg bei Stuttgart
2. Bad Gandersheim
3. Berlin
4. Düren
5. Erlangen
6. Hamburg
7. Ludwigshafen.

In diesen sieben Sozialtherapeutischen Anstalten stehen zusammen 240 Behandlungsplätze zur Verfügung. Hauptamtlich tätig sind hier 118 Aufsichtsbedienstete, 17 Psychologen, 12 Sozialarbeiter, 10 Ärzte, 5 Lehrer, 1 Jurist und 1 Soziologe. Demzufolge sieht das Verhältnis von Personal und Probanden auch wesentlich anders als im Normalvollzug aus.

Tab. 4: Verhältnis von Personal zu Probanden

Aufsichtsbeamte	1 : 2,03
Psychologen	1 : 14,11
Ärzte	1 : 24,00
Sozialarbeiter	1 : 20,00
Juristen	1 : 240,00
Lehrer	1 : 48,00
Soziologen	1 : 240,00

Aus Tabelle 5 (aus SCHMITT, 1973, S. 81) ist zu ersehen, daß sämtliche zur Zeit entwickelten Therapiemethoden in der Sozialtherapie zur Anwendung kommen. Die Diagnostik nimmt einen relativ kleinen Raum ein und kommt nur bei der Aufnahme von Probanden zur Anwendung.

Tab. 5: Therapie in Sozialtherapeutischen Einrichtungen

	Methode	Einzeltherapie	Gruppentherapie	somatische Behandlung	chirurgische Kastration	Therapie
ASBERG	Analytische Psychotherapie, Sensitivity Training	keine	hauptsächl. Gruppenpsychotherapie (analyt.) 2–3mal wöchentlich 1–3 Stunden	Antiandrogene bei Sex.-Delinquenten	seit 1965 ü. 50 Kastrationen n. Antiandrogenbhdlg. Anschl. 6 Mon. psychol. Nachbetreuung	überwiegend außerhalb der Arbeitszeit
BAD GANDERSHEIM	Gesprächstherapie; Verhaltens- und analytische Therapie	2×60 min. wöchentl. pro Pb.	Rogers, Gruppendynamik, Gruppenarbeit	bisher nicht	–	in und außerhalb der Arbeitszeit
BERLIN	Analytische Psychoth. Nichtdirektive Therapie, social case work. Sensitivitity, Training; Verhaltenstherapie	jeder Pb. in Gruppen-	Einzel und therapie	1 Pb. Antiandrogene	–	1. Einzeltherapie i. d. Arbeitszeit 2. i. d. Freizeit Gruppenther.
DÜREN	Non-direktiv	nur in Ausnahmefällen	fast ausschließlich Gruppentherapie	Gelegentl. sedierende Medikamante, z. Zt. keine Verwend. v. Antiandrogenen	–	außerhalb der Arbeitszeit
ERLANGEN	Gesprächspsychotherapie in Anlehnung an Rogers	jeder Pb. 1mal wöchentlich 1 Stunde	2mal wöchentl. Kleingruppe (7 Pb.)	keine – gelegentl. sedierende Medikamente (Vertragsarzt)	–	Einzelth. i. d. Arbeitszeit Gruppenth. i. d. Freizeit
HAMBURG	Gesprächstherapie Gruppenarbeit	Psychiater: hauptsächlich Einzeltherapie Psychologen: Einzel- u. Gruppentherapie		Antiandrogenbehandlung Dauer 1 Jahr	in Eppendorf: ja, anschließend 6 Mon. Nachbetreuung vor Entlassung	nachmittags
LUDWIGSHAFEN	Verhaltenstherapie	2×60 min. Einzeltherapie wöchentl. pro Pb.	2×90 min. wöchentlich	bislang keine sedierenden Medikamente oder Antidrogene	–	i. d. Arbeitszeit. Therapie wird entspr. d. Leistung i. Arbeitszeit bezahlt

Entsprechend der andersartigen Strukturiertheit sozialtherapeutischer Einrichtungen im Vergleich zum Normalvollzug ist in der Sozialtherapie eine Teamarbeit unerläßliche Voraussetzung therapeutischer Tätigkeit. Diese zu verwirklichen ist der Mehrzahl der sozialtherapeutischen Einrichtungen gelungen, woraus sich auch ein anderes Selbstverständnis aller Beteiligten ableitet: Der frühere Aufsichtsbeamte wurde zum Co-Therapeuten, der Psychologe nimmt ebenso wie der Sozialarbeiter primär therapeutische Funktionen war. Therapeutische Gesichtspunkte werden höher gewichtet als Sicherheits- und Ordnungsdenken. Aus alldem resultiert eine größere berufliche Zufriedenheit der in der Sozialtherapie Tätigen, wenn auch aufgrund der auch für die Sozialtherapie geltenden DVollzO dem therapeutischen Arbeiten immer wieder Barrieren gesetzt werden.

Literatur

Altenstein, H.: Über die Tätigkeit von Psychologen im Strafvollzug der BRD und West-Berlins. Diplomarbeit TU Berlin, 1974.

Amelang, M.; Tiedemann, J.: Psychologen im Beruf: I. Studienverlauf und Berufstätigkeit. Psychologische Rundschau, 1971, 22, 151–186.

Amelang, M.; Tiedemann, J.: Psychologen im Beruf: II. Kritik an Studium und Fortbildungsmöglichkeiten. Psychologische Rundschau, 1972, 23, 155–182.

Arntzen, F.: Psychologie der Zeugenaussage. Göttingen, 1970.

Calliess, R. P.: Strafvollzug-Institution im Wandel. Stuttgart, 1970.

Christ, H.: Sozialisationsbedingungen und Strafvollzug, in: Kleinert, U. (Hrsg.): Strafvollzug-Analysen und Alternativen, München, 1972.

Eberhard, K.; Kohlmetz, G.: Verwahrlosung und Gesellschaft. Göttingen, 1973.

Friedrichs, J. u.a.: Resozialisierungsziele und Organisationsstruktur, teilnehmende Beobachtung in einer Strafanstalt, in: Friedrichs, J. (Hrsg.): Teilnehmende Beobachtung abweichenden Verhaltens, Stuttgart, 1973.

Grossmann, H. P.: Die Tätigkeit des Psychologen auf dem Gebiet der Kriminalpsychologie, in: Benesch, H.; Dorsch, F. (Hrsg.): Berufsaufgaben und Praxis des Psychologen. München, 1971.

Grossmann, H. P.: Die Persönlichkeitserforschung des inhaftierten Rechtsbrechers. Stuttgart, 1972.

Huber, G.: Forschungsrichtungen und Lehrmeinungen in der Psychologie, in: Göppinger, H.; Witter, H. (Hrsg.): Handbuch der forensischen Psychiatrie I, 1972, 663–772.

Rotthaus, R.: Die Ausbildung der Beamten des Aufsichtsdienstes. Justizverwaltungsblatt, 1968, 222–228.

Schmitt, G.: Synopsis der Sozialtherapeutischen Einrichtungen im Bundesgebiet, in: Sozialtherapie und Sozialtherapeutische Anstalt. Bundeszusammenschluß für Straffälligenhilfe, Bonn, 1973, Heft 14, 77–87.

Stark, H. D.: Wie kann der Strafvollzug aus psychologischer Sicht seiner Aufgabe gerecht werden, in: Nass, G. (Hrsg.): Strafvollzug und Jugendkriminalität, Berlin, 1968.

Statistisches Bundesamt: Bevölkerung und Kultur. Fachserie A, Reihe 9 Rechtspflege: III. Strafvollzug 1972. Best.-Nr.: 200930–720000.

Wagner, G.: Psychologie im Strafvollzug. München, 1972.

III. Der Psychologe in der schul- und berufsbezogenen Beratung

Während in Kapitel II mögliche Berufsfelder beschrieben werden, in denen der praktisch arbeitende Psychologe einem individuellen Therapieanspruch Ratsuchender im weitesten Sinne gerecht werden muß, soll im folgenden Abschnitt die Arbeit von Fachkollegen näher beleuchtet werden, die in der Regel sowohl individuellen (vorrangig) – als auch institutionellen Belangen dient.
Es handelt sich dabei um eine psychologische Einflußnahme, die die Steuerung individueller Verhaltensweisen bzw. persönlicher Wahl-entscheidungen – meist unter gleichzeitiger Berücksichtigung über- oder gleichgeordneter Gruppeninteressen zum Ziel hat. Z.B.: Optimales Funktionieren eines Klassenverbandes (Schulpsychologie), Vereinbahrung persönlicher Bildungsvorhaben mit dem realen Angebot an Bildungseinrichtungen (Bildungsberatung), Entscheidungshilfen bei der individuellen Berufswahl unter Berücksichtigung der gesamtwirtschaftlichen – und Arbeitsmarktlage (Berufsberatung).
Die Schulpsychologie im engeren Sinne hebt sich dabei von den beiden anderen Berufszweigen insofern ertwas ab, als sie noch am ehesten klinisch orientiert ist und oft von der möglichen Klientel z.T. zurecht in einen Topf mit der Erziehungsberatung geworfen wird. Dies ist leicht nachzuvollziehen, da sich – in Verhaltensstörungen aller Art manifestierende Schulschwierigkeiten im allgemeinen ohne eine Beleuchtung des familiären Hintergrundes eines Schülers nicht psychologisch beeinflussen lassen. Wie aus dem Beitrag deutlich wird, ist die Schulpsychologie im weitesten Sinne auch gleichzeitig das komplexeste dieser drei Fachgebiete, da es die – in sich – unterschiedlichsten Tätigkeitsbereiche einschließlich geforderter psychischer Anforderungen beinhaltet. Auch ist der Kreis von Ratsuchenden beim Schulpsychologen vielschichtiger als in den anderen praktischen Berufszweigen. Immerhin hat der Schulpsychologe unter Umständen Eltern-, Lehrer-, Schüler- und institutionelle Interessen zu vereinbaren.
Historisch gesehen müßte die Berufsberatung einschließlich der psychologischen Dienste gerade durch ihre Nähe zur betrieblichen Personalauslese und zur Wehrpsychologie an erster Stelle genannt werden. Die reine Schullaufbahnberatung ist das jüngste der drei Berufsfelder.
Berufs- und Bildungsberatung haben aus der Natur ihrer Arbeitsaufträge heraus eine Vielzahl von Berührungs- und Überschneidungspunkten. Bei beiden steht die Prognose zukünftigen Funktionierens bei gleichzeitigem subjektiven u. objekti-

ven Erfolgserlebnis des Klienten im Vordergrund. Beide verstehen sich als Entscheidungshelfer, aber nicht als Entscheidungsträger. Beide stützen sich überwiegend auf ein methodisches Instrumentarium, das für die einzelnen Fragestellungen relativ standardisiert ist (Tests – oder Testbatterien). Allen Arbeitsgebieten gemeinsam ist eine notwendige Einarbeitung – über das Maß dessen hinaus, was der Anwärter an beruflichen Kenntnissen und Fertigkeiten aus dem Studium bereits mitbringt. Unterschiede bestehen hier nur bezüglich der Art der Informationen, die neu erworben werden müssen. Einmal beziehen sie sich auf erziehungswissenschaftliche und schulorganisatorische Inhalte, zum anderen auf Kenntnisse des Arbeits-, Sozial- und Tarifrechts etc.
Die allgemeinen Prinzipien der Berufsausbildung, nämlich der Zwang nach beruflicher Fortbildung, gelten für die genannten Bereiche in gleichem Maße. Die Verflechtung von praktischer Erfahrung im beruflichen Alltag und gleichzeitigen Ausbau theoretischer Fachkenntnisse dürfte eine notwendige Voraussetzung für personliche Berufszufriedenheit und für Karrierechancen sein.
Alle drei im folgenden näher gekennzeichneten Tätigkeitsbereiche diplomierter Psychologen zeigen mehr oder weniger starke Expansions- und Entwicklungstendenzen, so daß v.a. in Anbetracht der wachsenden gesamtgesellschaftlichen Bedeutung des allgemeinen – wie des beruflichen Bildungsprozesses zumindest in naher Zukunft das Stellenangebot noch zufriedenstellend sein wird.

A. Schulpsychologie

GÜNTHER KOHL

1 Definition, Entwicklung und Aufgabe der Schulpsychologie

Nach INGENKAMP (1966) läßt sich der Begriff Schulpsychologie unter zwei Gesichtspunkten sehen. Er meint zum einen das Teilgebiet der pädagogischen Psychologie, das sich mit psychologischen Fragen des Unterrichts und der Erziehung im Raum der Schule auseinandersetzt, zum anderen kennzeichnet er ganz allgemein den Bereich der angewandten Psychologie im Raum der Schule, der durch einen Fachmann, eben dem Schulpsychologen, vertreten wird. In der Regel wird unter „Schulpsychologie" die weitergefaßte letztgenannte Umschreibung verstanden, jedenfalls werden sich die weiteren Ausführungen darauf beziehen.

Innerhalb des Rahmens wies besonders LIPPERT (1966) auf die Vermittlungsfunktion der Schulpsychologie hin. Diese sei so zu verstehen, daß die über eine angewandte Psychologie – Schulpsychologie – verstärkte Wissenschaftlichkeit des pädagogischen Handelns bzw. die verstärkte Hereinnahme wissenschaftlicher Normen in die Pädagogik die Schule in die Lage versetzt, sich besser den Erfodernissen der modernen Gesellschaft anzupassen.

Durch die Verbindung von Psychologie und Pädagogik in der Schulpsychologie war gleichzeitig ein Modell für die Integration wissenschaftlicher Disziplinen und die Kooperation verschiedener Fachvertreter geschaffen worden. Bezeichnend wurde in diesem Zusammenhang von einer Institutionalisierung der Innovation gesprochen.

Der Wunsch nach einer unter diesem Aspekt verstärkten psychologischen Arbeit in der Schule ist keineswegs neu. Er führte 1913 beim Londoner County Council unter C. BURT zu einer Einrichtung, die als erster schulpsychologischer Dienst bezeichnet werden kann.

BURT entwickelte Schulleistungstests, erforschte die statistische Verteilung bestimmter Fähigkeiten und beschäftigte sich bereits mit Schullaufbahnberatung.

In Deutschland liefen analoge Bemühungen seinerzeit noch unter den Bezeichnungen „Pädagogisches Laboratorium" oder „Experimentelle Pädagogik".

Die Pädagogische Beratungsstelle in Bern unter HECK im Jahre 1920 kann als Frühform des Schulpsychologischen Dienstes im deutschsprachigen Raum gesehen werden.

Obwohl WILLIAM STERN schon 1917 den Einsatz von Schulpsychologen forderte, gab es in Deutschland erst 1922 in Mannheim mit LÄMMERMANN den ersten schulpsychologischen Berater, dessen Aufgabe vor allem in der Bereitstellung wissenschaftlicher Grundlagen zur Lösung psychologisch-pädagogischer Fragen bestand.
Erst nach 1945 kam es zu einer wesentlich schnelleren Entwicklung und Verbreitung schulpsychologischer Einrichtungen.
Die Voraussetzung dafür wurde durch die Entwicklung der wissenschaftlichen Kinder- und Jugendpsychologie, Verbesserung der psychologischen Diagnostik und die Reformbewegung in der Schule selbst geschaffen. Hinzu kam, daß sich auch die Lehrerschaft immer mehr der möglichen Hilfen einer wissenschaftlichen Psychologie bewußt wurde, zumal umfassende psychologische Erkenntnisse eine zunehmende Schulrelevanz aufwiesen.
Die Schulpsychologie wird im Bildungsbereich als praxisorientierte Beratung wirksam, die sich vor allem in Schulpsychologischen Beratungsdiensten institutionalisiert hat.
So empfahl der Deutsche Städtetag 1961 in seinen Hinweisen zur Sorge für die körperliche und seelische Gesundheit der Schuljugend die Förderung der Schulpsychologie bzw. die Einrichtung Schulpsychologischer Dienste. Diese Gedanken sind 1969 durch eine zweite Empfehlung zum Beratungswesen weitergeführt und konkretisiert worden.
Der Bericht der Bundesregierung von 1970 zur Bildungspolitik hält ebenfalls den Ausbau eines koordinierten Systems von schulpsychologischer Beratung, Bildungsberatung und Berufsberatung für eine wichtige Aufgabe.
Der Deutsche Bildungsrat hat in seinem Strukturplan eine entsprechende Forderung nach einer Beratung im Bildungswesen gestellt. Nach intensiven Beratungen hat auch die Kultusministerkonferenz in einem Beschluß vom 14. 9. 1973 zur Beratung in Schule und Hochschule Stellung genommen. Dieser Beschluß stellte fest, daß eine Beratung in der Schule die Aufgabe hat, Information über das Bildungsangebot zu liefern, über individuelle Bildungsmöglichkeiten zu beraten sowie Hilfen bei Lern- und Verhaltensstörungen zu geben. Als Schullaufbahnberatung habe sie Rat bei der Wahl des schulischen Bildungswesens zu erteilen, als individualpsychologische Beratung müsse sie sich mit der Untersuchung, Beratung und Behandlung von Schülern befassen. In dieser Form könne sie den Lehrer im Unterricht und bei der erzieherischen Arbeit unterstützen.
Als Schwerpunkte der Beratung wurden die Beratung über Förderungsmöglichkeiten im Elementar- und Primarbereich, die begleitende Beratung in der Orientierungsstufe bzw. beim Übergang in weiterführende Schulen, die Beratung bei Entscheidungen über die Wahl bestimmter Fächer sowie über Schwerpunktbildung und anzustrebende Abschlüsse genannt.
In der Einleitung zur Empfehlung des Deutschen Bildungsrates heißt es, daß die

Beratung dem Einzelnen in der Gesellschaft diene, indem sie die sinnvolle Wahrnehmung der Bildungsangebote anstrebt, individuelle Fehlentscheidungen vermeiden oder korrigieren hilft und schließlich die aus der Praxis gewonnenen Erkenntnisse auf die Weiterentwicklung des Bildungswesens zurückwirken läßt.
Die Möglichkeit der Realisierung dieser Vorstellungen sah auch der Deutsche Bildungsrat in einer Schulberatung, die einmal aus einer Schullaufbahnberatung und zum anderen aus einer psychologischen Einzelhilfe besteht. Übereinstimmend wurde sowohl vom Deutschen Städtetag, von der KMK als auch vom Deutschen Bildungsrat auf die Bedeutung der Schulpsychologie bzw. auf die Notwendigkeit einer darauf basierenden Beratung als Bildungshilfe hingewiesen.
Ein bildungspolitischer Aspekt der schulpsychologie ist gegeben, indem sie dem Schüler hilft, von den vielen möglichen Wegen den einzuschlagen, der die Entfaltung seiner Persönlichkeit am ehesten gewährleistet und somit zu Wahrung der Gleichheit der Bildungschancen beiträgt.
Entsprechend diesem umfassenden Auftrag schließt die Schulpsychologie in ihrem Arbeitsfeld die verschiedensten Ansätze ein, so die Hilfe für den einzelnen Schüler, die Mitarbeit in der Sozialorganisation Schule, damit einen forschenden und planenden Aspekt, eine schulbezogenere therapeutische und heilpädagogische Orientierung der Lehrer.
Bedingt durch die Bildungshoheit der Bundesländer wurden je nach Dominanz eines dieser Aspekte leicht unterschiedliche Vorstellungen entwickelt. Trotz der gemeinsamen Grundlage aller Bemühungen im Hinblick auf Notwendigkeit und generelle Aufgaben des Schulpsychologen liegen somit voneinander abweichende Konzeptionen vor, je nachdem, ob die Arbeit mit dem Schüler oder aber der Bezug auf die Sozialorganisation Schule im Vordergrund steht. Unter dem erstgenannten Aspekt wird vielerorts von Schülerhilfe, Einzelberatung oder individualpsychologischer Arbeit, im letztgenannten Falle von Unterrichtshilfe, Bildungsberatung und Systemberatung gesprochen.

2 Der Tätigkeitsbereich des Schulpsychologen

Die Schulpsychologie kann nach dem im ersten Abschnitt umrissenen Auftrag als eine umfassende Bildungshilfe verstanden werden und nicht nur, wie es an anderer Stelle einmal formuliert wurde, als pädagogischer Pannendienst oder als sogenannter Verstärker, der den Eltern bestimmte Dinge besser und neutraler sagen kann, als die Schule.
Bach (1972) hat in einem Referat über „Grundsatzprobleme im Schulalltag" deutlich darauf hingewiesen, daß auch in der Schulpsychologie analog der Entwicklung im Schulwesen ständig neue Akzente gesetzt werden müssen. Wenn die Schule im Verlauf ihrer Reform neu gesehen werden müsse, wenn Lernprozeß,

Schulerfolg und Fehlverhalten oder Leistungsversagen als auch eine Funktion der derzeitigen Schul- und Entwicklungswirklichkeit zu interpretieren sei, dann müsse auch die Schulpsychologie diese Akzente stärker reflektieren bzw. sollte sie – wie TENT es einmal formuliert hat – ihre schulreformerische Potenz stärker nutzbar machen.
Anläßlich einer UNESCO-Tagung wurde dieser Gesichtspunkt folgendermaßen formuliert:

„Da die Schulreform eine permanent sich korrigierende Reform darstellt, in der Bildungspolitik, Bildungsplanung und Bildungsforschung in einem deuernden „feed back" sich befinden, gewinnt die praxisorientierte Beratungsforschung ein besonderes Gewicht. Vor allem aber kommen in einem zukünftigen, durch flexiblere Bildungsgänge charakterisierten Bildungssystem neue Aufgaben auf uns zu. In einem derartigen zukünfigen System, in dem die Schwierigkeiten an den Verzweigungsstellen der Schulbahn an Bedeutung verlieren dürften, wird notwendigerweise eine Akzentverlagerung der zu lösenden Probleme eintreten: Individuelle Stützung und Förderung des Schülers („Counseling"), Verbesserung der schulischen Leistungsbeurteilung, der Unterrichtmethoden und Lernmittel (Unterrichtsforschung), Verbesserung der Technik bei der Bewältigung von Lern- und Verhaltensstörungen werden dann die wichtigsten Erfordernisse darstellen".
Das Konzept der Sektion Schulpsychologie im Berufsverband Deutscher Psychologen versucht, diesem weiten Aufgabenbereich Rechnung zu tragen. Es heißt darin u. a.:

„Davon ausgehend bemüht sich der Schulpsychologe, das grundgesetzlich verankerte Recht des einzelnen auf Bildungs- und Chancengleicheit in die Praxis umzusetzen. Dies geschieht über die psychodiagnostische Erfassung der personalen Gegebenheiten und über die Reflektion erziehlicher, methodischer und didaktischer Aspekte mit dem Ziel, durch Beratung zweckdienliche Veränderungen für das Individuum in seinem sozialen Bezugssystem zu erreichen und gleichzeitig verändernd auf das Schulsystem einzuwirken. Die Beratung muß somit auch Konfliktquellen im Bildungssystem erfassen und rückwirkend zu Veränderungen in diesem System führen, d. h., die Beseitigung der Konfliktquellen anstreben. Daher kommt der Berater von Schul- und Unterrichtsversuchen sowie der Mitarbeit an curricularen Projekten besondere Bedeutung zu".

Im einzelnen ergeben sich entsprechend diesem Auftrag folgende Tätigkeitsbereiche: (Nach d. Konzept d. Sek. Schulpsychologie im BdP, 1972)

a) *Aspekt der Einzelberatung*
Im Mittelpunkt steht hier die psychologische Untersuchung einzelner Schüler, die wegen ihrer Leistungs- oder Verhaltensschwierigkeiten einer besonderen

Hilfe bedürfen, sowie die Beratung von Eltern, Lehrern und Schülern. Die Beratungen umfassen konkrete Empfehlungen für die Veränderung der Schul- und Erziehungssituation. Die Zusammenarbeit mit Pädagogen, Ärzten, Heilpädagogen usw. ist dabei unerläßlich und ermöglicht zudem eine Früherfassung schädigender Entwicklungen sowie eine Prophylaxe.

b) *Weitergehende Betreuung*
Dieser Bereich umfaßt die Förderung und Betreuung schulpsychologisch orientierter Einrichtungen für Schüler, die zeitweilig einer besonderen Hilfe außerhalb des Klassenverbandes bedürfen. Dazu gehören Einzel- und Gruppentherapie, Förderkurse, Kleinklassen, Schulkindergärten, Vorklassen, psychologisch gelenkte Beschäftigungsgruppen und schulpsychologisch aktivierte Eltern- und Lehrerhilfe. Eigenart und Umfang dieser Arbeit machen es notwendig, mit Fachpersonal und Einrichtungen auch außerhalb der Schule koordinierend zusammenzuarbeiten.

c) *Aspekt der Schullaufbahn- und Bildungsberatung*
Diese Aufgabe umfaßt die Untersuchung, Diagnose und Beratung als Entscheidungshilfe im Hinblick auf Einschulung, Umschulung, Übergänge zu weiterführenden Schulen und die innere Differenzierung des Unterrichts. Sie erfolgt in Zusammenarbeit mit den Lehrern sowie bei Berufsbildungs- und Studienzielen mit den entsprechenden Fachberatern. Die allgemeine Bildungsberatung hat das Ziel, das Informationsniveau des zu Beratenden zu heben und ihn entscheidungsfähig zu machen. Beide Beratungsformen gehen ineinander über. Sie setzen den sachkundigen Einblick in das Schulsystem voraus und können gleichzeitig nur aufgrund der Kenntnis der Individualität des zu Beratenden erfolgen. Die psychologische Diagnostik ist daher auch hier ein wesentliches Element.
Die Schullaufbahnberatung muß insbesondere an den Nahtstellen unseres Bildungssystems ansetzen, daneben im Sekundarbereich bei Entscheidungen über die Wahl von besonderen Kursen und Fächern und zur Orientierung über weitere Ausbildungswege nach Abschluß der Sekundarstufe. Die Schullaufbahnberatung erfolgt im Hinblick auf bestimmte Bildungswege und geht dabei von den festgestellten Persönlichkeitsvariablen des zu Beratenden aus.

d) *Aspekt der Unterrichtshilfe*
Durch Untersuchungen im Raum der Schule sollen Lernvorgänge, Lernerfolg und soziale Interaktion unter lernpsychologischen, motivationspsychologischen und sozialpsychologischen Aspekten erfaßt werden, wodurch sich wichtige Hinweise für die didaktisch-methodischen Konzeptionen ergeben können.

e) *Aspekt der Fortbildung*
Eine nicht unbedeutende Rolle spielt die Mitwirkung in Arbeitsgemeinschaften, Seminaren und Elternkursen, um über die in der schulpsychologischen Praxis gewonnenen Erfahrungen, insbesondere der Pädagogischen Psycholo-

gie zu informieren. Nicht unwesentlich ist dabei die schulpsychologische Arbeit im Bereich der Lehreraus- und Lehrerweiterbildung.

Die vorgenannten vielfältigen Tätigkeitsbereiche führen leicht zu einer Spezialisierung, d.h., die Rolle des Schulpsychologen ist noch nicht einheitlich zu sehen. So gibt es den Schulpsychologen mit Schwerpunkt in einzelnen Schulgattungen, etwa im Elementar-, Primar- oder Sekundarbereich. Andererseits kann aber auch eine Spezialisierung im Hinblick auf bestimmte Arbeitsschwerpunkte erfolgen, so u.a. auch Schulfragen (z.B. Legasthenie), curriculare Probleme oder differentiellpädagogische bzw. psychotherapeutische Arbeitsformen. Dabei kann es für die Schwerpunktbildung in seiner Arbeit bedeutsam sein, ob der Schulpsychologe Mitarbeiter in einer regionalen Zentrale oder aber unmittelbar als Berater in einer Schule tätig ist.
Die sehr unterschiedlichen Aufgaben des Schulpsychologen können durchaus zu einem Konflikt führen, z.B. wenn er in ungenügend ausgebauten Diensten nicht die Möglichkeit hat, sich zu spezialisieren, sondern sich – analog dem praktischen Arzt – mit allen anstehenden Fragen beschäftigen muß. Die durch die unterschiedlichen Aufgaben herbeigeführte Rollenüberlastung kann dann zu einer Bevorzugung bestimmter Aufgaben, d.h., zu einer Einseitigkeit führen, was in der Vergangenheit auch zu einer Kritik an der Schulpsychologie geführt hat.

3 Ausbildung und rechtliche Stellung des Schulpsychologen

Die Stellung des Schulpsychologen wird durch die im zweiten Abschnitt beschriebenen Aufgabenbereiche bestimmt, d.h., er muß innerhalb des Bildungsbereiches als „Spezialist" in Fragen der Diagnostik, der pädagogischen Psychologie und Sozialpsychologie, aber auch in bestimmten Bereichen der klinischen Psychologie (behinderte Kinder) und der Schulpädagogik gesehen werden (s. Abschnitt II B, C).
Er ist in dieser Funktion entweder Mitarbeiter eines zentralen Beratungsdienstes eines Schulbezirks bzw. einer städtischen oder ländlichen Region (Stadt oder Landkreis), Beauftragter eines Schulbezirks oder Mitarbeiter in einem Schulsystem selbst, z.B. in einer Gesamtschule.
Es darf in Anbetracht des umfassenden schulpsychologischen Aufgabenbereiches nicht verwundern, daß über die Ausbildung des Schulpsychologen noch keine endgültige Klarheit herrscht. Als Koordinator zwischen Psychologie und Pädagogik wurde von ihm lange Zeit die Doppelausbildung gefordert, d.h., sowohl das Diplom in Psychologie als auch das 1. *und* 2. Pädagogische Staatsexamen. Grundsätzlich läßt sich derzeit nach den in den einzelnen

Bundesländern unterschiedlichen Einstellungsvoraussetzungen folgende Unterscheidung treffen:

1. Schulpsychologen, die – wenn auch nur mit wenigen Stunden – noch im schulischen Bereich unterrichtend tätig sind und von denen sowohl die psychologische als auch die pädagogische Vollausbildung gefordert wird;
2. Schulpsychologen ohne Unterrichtsverpflichtung, die jedoch als Koordinator zwischen Psychologie und Pädagogik möglichst die Doppelausbildung aufweisen sollten. Diese wird zumindest bei der Besetzung von Leiterstellen in einigen Ländern gefordert;
3. Schulpsychologen ohne pädagogische Ausbildung bzw. entsprechendes Staatsexamen, bei denen jedoch gewisse praktisch-pädagogische Erfahrungen vorausgesetzt werden.
   Diese müssen nicht durch eine pädagogische Ausbildung gegeben sein, sondern können durch entsprechende Tätigkeiten in den verschiedensten pädagogischen Institutionen nachgewiesen werden. In einem Bundesland werden diplomierte Psychologen bereits über ein sogenanntes In-Service-Training, d.h., in einer Art Refendariat mit pädagogischen Fragen vertraut gemacht. Der Beschluß der Kultusministerkonferenz von 1973 unterscheidet ebenfalls den im schulischen Bereich noch unterrichtend tätigen Psychologen, bei dem eine volle Ausbildung in einem Unterrichtsfach vorliegen muß, wobei an die Stelle eines vertieften zweiten Unterrichtsfaches das mit der Diplomprüfung abgeschlossene Studium der Psychologie treten kann, und den Schulpsychologen, der nicht mehr im Unterricht tätig ist, dessen mit der Diplomprüfung abgeschlossenes Studium der Psychologie jedoch den Schwerpunkt in pädagogischer Psychologie haben sollte. Im letzteren Falle wird zudem angeregt, die Ausbildung durch eine Einweisung in schulpraktische Tätigkeiten zu ergänzen.

Die Sektion Schulpsychologie im Berufsverband Deutscher Psychologen hat in ihrem Konzept dazu folgende Vorstellungen entwickelt:
„Träger der in dem vorangegangenen Abschnitt genannten Aufgabe ist der Schulpsychologe. Er sollte

a) eine Doppelausbildung haben, d.h., diplomierter Psychologe mit 1. und 2. Pädagogischen Examen oder
b) diplomierter Psychologe mit einer zusätzlichen mindestens zweijährigen Einarbeitungszeit in einem voll ausgebauten Schulpsychologischen Dienst unter tutorieller Führung eines Schulpsychologen sein.

Die Einarbeitungszeit sollte mit der Anerkennung als Schulpsychologe abschließen“.

Derzeit wird die Einstellung von Schulpsychologen in den einzelnen Bundesländern noch sehr unterschiedlich gehandhabt. Der Schulpsychologe ist in der Regel Beamter des Höheren Dienstes, in einigen Bundesländern ist er im Laufbahnrecht als Beamter besonderer Fachrichtung verankert.
Entsprechend der Bildungshoheit der Länder ist die rechtliche Stellung des Schulpsychologen unterschiedlich geregelt, je nachdem, ob es sich um einen Dienst auf kommunaler oder Landesebene handelt. Im erstgenannten Fall liegt die Fach- und Dienstaufsicht beim Oberstadtdirektor bzw. dem zuständigen Dezernenten, im letztgenannten auf einer Ebene der staatlichen Schulaufsicht (Landesdienst). Die Bestrebungen gehen in diesem Falle dahin, die Dienstaufsicht allenfalls auf die mittlere, besser auf die oberste, nicht aber auf die untere Schulaufsicht zu delegieren.
Die Empfehlung der Kultusministerkonferenz vom September 1973 versucht eine einheitliche Regelung indem sie anregt, bei den Diensten auf Landesebene Fach- und Dienstaufsicht in die Landeskultusverwaltungen zu verlegen und die Richtlinienkompetenz einem Fachreferat für Schulberatung zu übertragen.

4 Zahlenangaben zur Situation der Schulpsychologie

Nach einer Befragung vom 30. 9. 1973 von seiten der Sektion Schulpsychologie im BdP arbeiteten zum genannten Zeitpunkt im Bundesgebiet 250 Schulpsychologen bzw. Bildungsberater. Da die Entwicklung in den einzelnen Bundesländers sehr zügig verläuft, soll auf eine Aufschlüsselung der Zahlen nach Ländern verzichtet werden. In einigen Bundesländern liegen, entsprechend den Empfehlungen der Kultusministerkonferenz, bereits konkrete Planungen für den weiteren Ausbau vor. Als Zielvorstellung für das Jahr 1985 gilt der Einsatz eines Schulpsychologen für jeweils 5000 Schüler. Im einzelnen sieht die Planung nach dem KMK-Papier vor:

	Jahr		
	1975	1980	1985
ein Psychologe pro Schüler:	15 000	5 000	5 000
ein Beratungslehrer pro Schüler:	3 000	1 000	500
ein Berufsberater pro Schüler:	30 000	20 000	20 000

5 Kooperation mit anderen Einrichtungen

Der Schulpsychologe arbeitet zur Erfüllung seiner Aufgaben mit nebenamtlichen Mitarbeitern, wie z.B. Beratungslehrern und Heilpädagogen eng zusammen. Die Art der Tätigkeit erfordert darüber hinaus eine möglichst enge Kooperation mit benachbarten Beratungsdiensten, so mit der Berufsberatung bzw. dem Psychologischen Dienst des Arbeitsamtes, der Erziehungsberatung, dem Gesundheitsdienst usw. Die typischen Tätigkeitsbereiche setzen jedoch eine enge Zusammenarbeit vor allem mit den Pädagogen voraus.

Eine besondere Bedeutung kommt dabei der Zusammenarbeit mit den Beratungslehrern zu. Der Status des Beratungslehrers wird in den einzelnen Bundesländern unterschiedlich gesehen, auch ist er in einigen Bundesländern noch nicht geschaffen.

In der Regel handelt es sich um Lehrer, die über eine zusätzliche Ausbildung in bestimmten psychologischen und pädagogischen Bereichen eine besondere Qualifikation erworben haben. Diese Beratungslehrer gelten als Mitarbeiter des Schulpsychologischen Dienstes unmittelbar im Lehrerkollegium selbst, d.h., sie verbleiben im Schuldienst, geben auch weiter Unterricht und erhalten für ihre Beratungsaufgaben eine angemessene Unterrichtsbefreiung. Die Ausbildungspläne bzw. Einsatzmöglichkeiten für die Beratungslehrer sind in den einzelnen Bundesländern sehr unterschiedlich geregelt. Eine übergreifende Regelung, die vor allem auch die Zusammenarbeit mit den Schulpsychologen definiert, steht bislang noch aus.

In Anbetracht der engen Berührungspunkte zu Nachbarinstitutionen muß bei den Schulpsychologen neben der fachlichen Qualifikation auch Teamfähigkeit bzw. kooperatives Verhalten vorausgesetzt werden. Unter diesen Voraussetzungen ist die Anerkennung des Schulpsychologen im Bildungsbereich gegeben. Er wird als Partner des Lehrers gesehen und in die pädagogische Arbeit entsprechend einbezogen.

Der geheimnisvolle „Medizinmann“, der mit noch geheimnisvolleren Methoden Sachverhalte zu klären sucht und aufgrund einer falschen Überlegenheit nur belehren will ist insofern völlig fehl am Platze.

Die Schulpsychologen selbst sind in Arbeitsgemeinschaften auf Landesebene organisiert und zum großen Teil in der Sektion Schulpsychologie des BdP zusammengeschlossen.

Sinn dieser Zusammenschlüsse ist es, Fortbildungsveranstaltungen zu ermöglichen, Erfahrungen auszutauschen und gemeinsame Projekte – z.B. zu Fragen der Schulreife, spezieller Leistungsschwächen, von Begabungsreserven oder der unterschiedlichen Nutzung des Bildungsangebotes – durchzuführen.

6 Wissenschaftliche Arbeit

Im pädagogischen Feld ergeben sich auch unter dem Aspekt der Schulpsychologie vielseitige Möglichkeiten wissenschaftlicher Arbeit. Diese kann entweder allein von der jeweiligen Dienststelle, überregional auf Landesebene oder in Verbindung mit den begleitenden Untersuchungen der Hochschulen bei Schulversuchen durchgeführt werden. Ein Spiegel dieser wissenschaftlichen Arbeiten sind die regelmäßig erscheindenden Berichte in der Reihe „Theorie und Praxis der Schulpsychologie". Diese Untersuchungen bezogen sich einmal auf das konzentrationsgestörte und kontaktgestörte Kind, zum anderen aber geben sie als erweiterte Tagungsberichte der Sektion Schulpsychologie einen Einblick in die pädagogische Feldforschung.

Literatur

Bach, W. (Hrsg.): Der Auftrag der Schulpsychologie für die Schule von morgen. Theorie und Praxis der Schulpsychologie – Band XIV. Weinheim, 1972.

Bundesregierung: Bericht der Bundesregierung zur Bildungspolitik. Drucksache VI/925 v. 8. 6. 1970. Bonn, 1970.

Deutscher Bildungsrat: Empfehlung der Bildungskommission. Bonn, 1973.

Ingenkamp, K. H. (Hrsg.): Schulaufsicht und Schülerhilfe. Theorie und Praxis der Schulpsychologie – Band III. Weinheim, 1965.

Ingenkamp, K. H.: Die schulpsychologischen Dienste in der Bundesrepublik Deutschland. Weinheim, 1966.

Kirchhoff, H.; Wiese, H.: Schulpsychologie und Schuljugendberatung, in: Handbuch der Psychologie, Band 10, Göttingen, 1959.

Lippert, E.: Der Aufgabenbereich der Schulpsychologie, in: Allgemeine Deutsche Lehrerzeitung, 14/15, 1966.

Müller, M.: Die Schulpsychologische Beratungsstelle München. München, 1973.

Sektion Schulpsychologie Im BdP: Beratung im Bildungswesen. Dortmund, 1972.

Siersleben, W. D. (Hrsg.): Lernen heute. Theorie und Praxis der Schulpsychologie – Band X. Weinheim, 1969.

Wall, W. D.: Die Psychologie im Dienste der Schule. Weinheim, 1956.

B. Bildungsberatung

Jürgen Osterland

1 Entwicklung und Ziele der Bildungsberatung

Im Jahre 1966 wurden die ersten 5 Bildungsberatungsstellen in Baden-Württemberg eingerichtet. Abgestimmt mit dem ersten Auftrag an die Bildungsberatung – nämlich der Beratung aller Schüler der 4. Klasse Grundschule in den Regionen geringer Bildungsdichte – wurden diese Stellen in ländlichen Gebieten eröffnet. Heute – 1974 – arbeiten *15 Beratungsstellen* (Balingen, Biberach, Mosbach, Villingen, Schwäbisch-Hall, Stuttgart, Freiburg, Karlsruhe, Mannheim, Tübingen, Ulm, Konstanz, Offenburg, Ludwigsburg, Heidelberg); 3 weitere werden noch in diesem Jahr eingerichtet (Aalen, Tauberbischofsheim, Heilbronn).
Die Zahl der wissenschaftlichen Mitarbeiter in den Bildungsberatungsstellen beläuft sich auf derzeit 32. Laut „Erstem Stufenplan zum Ausbau der Bildungsberatung in Baden-Württemberg" sollen jährlich 3 weitere Bildungsberatungsstellen eingerichtet werden, so daß im Jahre 1980 insgesamt 37 Beratungsstellen (Minimalprogramm) mit 112 wissenschaftlichen Mitarbeitern arbeiten werden. Das geschätzte Zahlenverhältnis Bildungsberater zu Schülerzahl (einschl. Schüler in den beruflichen Schulen) wird dann 1 : 17000 lauten. Die Bildungsberatungsstellen sind Außenstellen des Instituts für Bildungsplanung und Studieninformation Stuttgart. Diese Zentrale ist dem Kultusministerium Baden-Württemberg unmittelbar nachgeordnet; Fach- und Dienstaufsicht über die Beratungsstellen übt das Kultusministerium aus.
Das Ziel der Bildungsberatung: „Die Bildungsberatungsstellen sollen dazu beitragen, das verfassungsmäßig garantierte Recht des jungen Menschen auf eine seiner Begabung entsprechende Erziehung und Ausbildung zu verwirklichen. Die Arbeit der Bildungsberatungsstellen soll neben individueller und kontinuierlicher Beratung über optimale Ausbildungswege zu Innovationen im gesamten Bildungswesen beitragen" (Richtlinien für die Beratungsstellen in Baden-Württemberg).
Die Notwendigkeit zur Einrichtung von Bildungsberatungsstellen ergibt sich u. a. aus folgenden Überlegungen (s. Stufenplan):

- angesichts der zunehmenden *Differenzierung* der Ausbildungsgänge verlangen Schüler, Eltern und Lehrer nach Orientierungshilfen

- die Möglichkeiten, die die Durchlässigkeit des Schulsystems bietet, sollen vom Schüler genutzt werden, damit Fehlentscheidungen für einen bestimmten Ausbildungsgang korrigiert werden können; eine gezielte Beratung soll dabei helfen.
- Erfahrungen aus der begleitenden Beratung von Schulmodellen und Schulversuchen sollen unmittelbar in Hilfen für den Einzelnen und mittelbar in Rückmeldungen zur Korrektur von Reformen umgesetzt werden (Bildungsberatung als integrativer Bestandteil der *Bildungsreform*)
- eine Bildungsinformation dient dann der *Förderung des Einzelnen*, wenn bei der Beratung Hinweise über die Entfaltungsmöglichkeiten einer Schülerbegabung im individuellen Fall gegeben werden *(individual-psychologischer Aspekt)*
- Fehlentscheidungen bei der Wahl von Ausbildungsgängen führen – in ökonomischer Betrachtungsweise – zu *Mehrausgaben*, die durch Beratung zum rechten Zeitpunkt vermeidbar sind.

Diese Ausführungen sowie die Darstellung der einzelnen Aufgaben der Bildungsberatungsstellen auf den nächsten Seiten zeigen die starke Erweiterung des herkömmlichen schulpsychologischen Ansatzes, der sich ja in der Regel auf die Einzelfallhilfe bei schulschwierigen Kindern beschränken muß.

2 Aufgaben der Bildungsberatungsstellen

Vor Beginn des Schuljahres erhalten die Bildungsberatungsstellen vom Kultusministerium Baden-Württemberg Untersuchungs- und Beratungsaufträge. Eine Grundlage der Aufträge sind Vorschläge der Zentrale der Bildungsberatungsstellen, des Instituts für Bildungsplanung und Studieninformation in Stuttgart. Diese Vorschläge werden auch von den Bildungsberatungsstellen angeregt.
Die Aufträge decken derzeit folgende Arbeitsbereiche ab:

- Untersuchungen und Beratungen in der Sekundarstufe II der allgemeinbildenden Gymnasien (Gymnasien mit Versuchen zur Oberstufenreform)
- Untersuchungen und Beratungen vor Beginn der Orientierungsstufe
- wissenschaftliche Begleitung von Modellschulen des Landes
- Untersuchungen und Beratungen in einzelnen Fällen (psychologische Einzelfallhilfe).

Hinzu kommen Aufträge, die die Mitarbeit einzelner Bildungsberatungsstellen an Sonderprojekten regeln. Die Auftragsabwicklung für die drei erstgenannten Bereiche wird von der Zentrale organisiert. Damit ist auch eine Festlegung der

Untersuchungsmethoden verbunden. Hinsichtlich der Wahl der Beratungsmethoden sowie bei der differenzierten Testinterpretation ist der Bildungsberater frei (u.a. Gruppen- und Einzelberatung, Teamberatung). Bei der psychologischen Einzelfallhilfe entscheidet allein der Bildungsberater über Untersuchungs- und Beratungsmethode.

Bei den Untersuchungen und Beratungen in der *Sekundarstufe II* werden alle Schüler der 10. Klasse in Gymnasien mit Versuchen zur Oberstufenreform erreicht. Die Schüler werden an einem Vormittag im Klassenverband in der Schule mit Verfahren zur Bestimmung des kognitiven Profils, der Interessenstruktur und der persönlichen Eigenschaften untersucht.

Etwa 4–5 Wochen danach werden die Schüler beraten:

- individuelle Beratung zur Wahl von Leistungskursen in der Oberstufe sowie zur Abwahl von Fächern. Beides soll im Hinblick auf eine spätere Studienwahl geschehen.
- individuelle Beratung auf Wunsch der Schüler, die schulische und persönliche Schwierigkeiten haben bzw. nach der 10. Klasse von der Schule abgehen werden.

In der Regel werden pro untersuchtem Pb 15–20 Min. Beratungszeit eingeplant; eine Zeitspanne, die auf den ersten Blick unzureichend erscheint. Jedoch liefert Beratung in vielen Fällen nur eine bestätigende Information für die Leistungskurswahl der Schüler, so daß in den problematischen Fällen effektiv mehr Beratungszeit zur Verfügung steht.

Gegen Ende der 12. Klasse werden dieselben Schüler in einem zweiten Untersuchungs- und Beratungsanstoß erreicht. Wiederum werden Gruppenuntersuchungen im Klassenverband durchgeführt. Bei der Beratung zu Beginn des 13. Schuljahres steht die Studienberatung auf der Grundlage der Testungen in 10. und 12. Klassen im Vordergrund. Der Bildungsberater erarbeitet Empfehlungen für den einzelnen Schüler auf dem Hintergrund seiner potentiellen Studieneignungen und -interessen aus. Im individuellen Beratungsgespräch werden die Empfehlungen diskutiert. Je nach örtlichen Verhältnisse wird eine Kooperation zwischen Bildungs- und *Berufsberater** besonders in Fragen der Studienberatung praktiziert. Diese kooperative Tisch-an-Tisch-Beratung wird erfahrungsgemäß von allen Beteiligten begrüßt. Durch die Zusammenarbeit gelingt es leichter und sicherer, die psychologischen Befunde in begründete Berufs- und Studienempfehlungen umzusetzen.

Die Einzelberatung dauert im Durchschnitt 20–30 Min. Bei der Beratung der Schüler werden folgende Gesichtspunkte berücksichtigt (Ergebnis einer Arbeitssitzung von Bildungsberatern):

---

* Berufsberater für Abiturienten und Hochschüler

- die Entscheidung des Pb soll nicht vorweggenommen werden
- es soll dem Pb ermöglicht werden, sich kritisch mit den Informationen der Berater auseinanderzusetzen
- die Beratung soll dazu beitragen, daß bisherige falsche Vorstellungen über den Inhalt eines Studienfaches korrigiert werden und daß damit einem möglicherweise während des Studiums auftretenden Konflikt *prophylaktisch* entgegengewirkt werden kann
- die in der Beratung vermittelten Informationen müssen in bestimmte Studienbereiche und – ggf. in Zusammenarbeit mit der akademischen Berufsberatung – in entsprechende Berufsbereiche eingeordnet werden.

Eine Kooperation mit einer weiteren Beratungssituation findet in einem anderen Arbeitsbereich statt. Die Schüler der 4. Klassen Grundschule, die in eine weiterführende Schule mit *Orientierungsstufe* wechseln, werden klassenweise von Beratungslehrern in Zusammenarbeit mit Bildungsberatern untersucht und bezüglich der geeigneten Schule (bei schulabhängiger Orientierungsstufe) beraten. Auch in der Orientierungsstufe werden wiederholt Untersuchungen und Beratungen durchgeführt, um Empfehlungen zu Umstufungen einzelner Schüler abgeben zu können.
Während bei den bisher genannten Aufträgen die Bildungsberater in die Schule gehen, also ein Beratungsangebot machen, kommen bei der *psychologischen Einzelfallhilfe* ratsuchende Eltern mit ihren Kindern in die Bildungsberatungsstelle (Nachfrage). In der überwiegenden Anzahl der Fälle handelt es sich um Grundschulkinder und Schüler der Sekundarstufe I. Die tatsächlich auftretenden Fragestellungen reichen von der Schulreifediagnose bis zur Studienberatung. Der Schwerpunkt liegt bei der Schullaufbahnberatung sowie bei der Beratung in Problemfällen wie Legasthenie, Leistungsabfall, Schulversagen, Konzentrationsstörungen und anderen partiellen Leistungsstörungen. Soweit es möglich ist, werden die Untersuchungen in Kleingruppen durchgeführt. In der Regel ist dies bei Kindern über 10 Jahren bei Fragen der geeigneten Schullaufbahn möglich. In allen übrigen Fällen ist eine Einzeluntersuchung vorgesehen. Die Untersuchungen finden in den Vormittagsstunden statt. Die Einzelberatungen – in Problemfällen möglichst mit beiden Elternteilen – werden auf den Nachmittag gelegt. Durchschnittlich 1 Stunde wird für eine Beratung veranschlagt. In einigen Fällen werden Gutachten – in der Regel für die Schulleitung – erstellt (bei Legasthenie immer). In den Fällen, in denen eine nachgehende Bildungsberatung angezeigt erscheint, wird mit dem zuständigen Beratungslehrer kooperiert. Entsprechend werden bei Fragen der Berufswahl die Ratsuchenden an die Berufsberatung überwiesen; in Fällen von erheblichen Verhaltensstörungen werden Erziehungsberatungsstellen bzw. andere Institutionen, die eine Therapie anbieten können, eingeschaltet. Unter relativ geringem Zeitaufwand werden Informationsanfragen über mögliche Schullaufbahnen, Aufnahmebedingungen u.ä. beantwortet.

In unterschiedlichem Ausmaß sind Bildungsberatungsstellen an verschiedenen *Projekten* beteiligt. Das Spektrum der Aufgaben reicht von der Mitwirkung bei Schulversuchen über die Mitarbeit bei der wissenschaftlichen Begleitung von Modellschulen bis zur Beteiligung an der Entwicklung von Methoden für die Bildungsberatung.

Durch die Beteiligung an diesen Sonderprojekten sind gute Möglichkeiten für *wissenschaftliche Arbeiten* gegeben. Ebenso bieten sich die Untersuchungsdaten aus den Zentralaufträgen zur Bearbeitung unterschiedlicher Fragestellungen an.

Die unmittelbare Verwertung der Erfahrungen der Bildungsberatung für die Schule ist durch die Teilnahme von Bildungsberatern an *Lehrgängen für Lehrer* gesichert (Themen sind u.a. Probleme der Leistungsmessung, curriculare Arbeiten, Gruppendynamik, Differenzierung, micro-teaching).

Die Arbeiten der Bildungsberatungsstellen werden zentral im Institut für Bildungsplanung und Studieninformation ausgewertet. Sie stellen einen Beitrag zu Innovationen im gesamten Bildungssystem Baden-Württembergs dar.

Künftige zusätzliche Schwerpunkte der Bildungsberatung zeichnen sich ab: auf der einen Seite Beratung im beruflichen Schulwesen: die Verlagerung des bildungspolitischen Interesses auf berufsausbildende und berufsbegleitende Bildungsgänge führt zum Einsatz der Bildungsberatung an den Nahtstellen dieses Schulsystems; auf der anderen Seite eine Intensivierung der psychologischen Einzelfallhilfe: eine Ausweitung der Aufgaben in diesem Bereich in Richtung auf Angebot einer Therapie ist bei einem verstärkten Ausbau der Bildungsberatung geplant.

3 Personal der Bildungsberatung

Die in Punkt 2 angeführten Aufgaben zeigen, daß eine effektive Beratungsarbeit nur im Team geleistet werden kann. Daher sind an den Bildungsberatungsstellen in der Regel mindestens *zwei Planstellen für Diplom-Psychologen* eingerichtet worden. Das Team der Psychologen wird durch zwei Verwaltungsangestellte ergänzt. Die Ausstattung der Beratungsstellen ist – verglichen mit verwandten Institutionen – als sehr gut zu bezeichnen (Etat für Bücher, Zeitschriften, Tests und andere Sachmittel, Etat für die Bezahlung von Hilfskräften). Gegenwärtig sind noch keine spezifischen Ausbildungsgänge für den Beruf des Bildungsberaters entwickelt. Voraussetzung zur Einstellung als Bildungsberater ist die abgeschlossene Diplom-Prüfung, wobei besonderes Gewicht auf Kenntnisse in pädagogischer Psychologie gelegt wird.

Eine *Einarbeitung* neu eingestellter Kollegen erfolgt in der Zentrale (ca. 3 Monate) oder in der Bildungsberatungsstelle.

Mitarbeiter werden zunächst als *wissenschaftliche Angestellte* eingestellt (BAT

II a); frühestens nach 3 Jahren erfolgt eine Übernahme in das *Beamtenverhältnis* auf Probe (Studienrat zur Anstellung, Besoldungsgruppe A 13 + Zulage); nach weiteren 3 Jahren Probezeit kann die planmäßige Anstellung und „Verbeamtung" auf Lebenszeit (Studienrat), wiederum 1 Jahr danach eine Beförderung zum Oberstudienrat (A 14) erfolgen. *Nebentätigkeiten* (z. B. einschlägige Lehraufträge) sind nach Genehmigung durch das Kultusministerium möglich.
Die Vielfalt der angesprochenen Aufgaben stellen spezifische Anforderungen an den Bildungsberater. Die gegenwärtige *Ausbildung der Psychologen* in den Universitäten ist in bezug auf einen Teil der Anforderungen mangelhaft. Unmittelbar verwertbar für die Berufspraxis sind jedoch die Kenntnisse in Diagnostik, in der Befund- und Gutachtenerstellung sowie in der Methodenlehre. Ein z. T. eklatanter Mangel im Lehrangebot der Universitäten ist für die Pädagogische Psychologie zu beklagen; es fehlt im allgemeinen eine konkrete Ausbildung zur Bearbeitung praktischer pädagogischer Probleme wie z. B. Differenzierungsproblem, Problem der lernzielorientierten Messung (kaum ein Institut vermittelt Kenntnisse über kriteriumsbezogene Messung, Techniken zur Ableitung von Lernzielen u. a., Unterrichtstechnik und -stil).
Als Ausweg aus diesem Dilemma bietet sich die – schon an einigen Universitäten praktizierte – Verzweigung der Ausbildungsgänge nach der Vordiplom-Prüfung an, die einen *Schwerpunkt „Pädagogische Psychologie"* vorsehen sollte. In diesem Zusammenhang sei auf die Spezialisierung der angehenden Diplom-Pädagogen verwiesen; es besteht ein eigener Ausbildungsgang – Bildungsberatung. Eine zweite Möglichkeit bietet ein *Post-graduierten-Studium* im Bereich Bildungsberatung/Schulpsychologie.
Eine *Weiter- und Fortbildung* der Bildungsberater ist nur teilweise durch Veranstaltungen des Instituts für Bildungsplanung und Studieninformation gesichert; eine Freistellung zur Teilnahme an Kongressen geschieht in der Regel ohne Schwierigkeiten. Die *Kommunikation* zwischen Bildungsberatern ist durch Fachbesprechungen, projektbezogene Arbeitsbesprechungen und regionale Treffen (in Planung) gesichert. Dagegen sind Kontakte mit Kollegen anderer Bundesländer eher zufällig, was z. T. auch auf die strukturelle und inhaltliche Unterschiedlichkeit der Beratungsinstitutionen in den verschiedenen Bundesländern zurückzuführen ist.
Weitere Informationen über Bildungsberatung sind folgenden Schriften zu entnehmen:

- Erster Stufenplan zum Ausbau der Bildungsberatung in Baden-Württemberg, Landtagsdrucksache V-6667 (1972)
- Strukturplan für das Bildungswesen, herausgegeben vom Deutschen Bildungsrat, Bonn 1970
- Gleiche Chancen im Bildungsgang, Schriftenreihe des Kultusministeriums Baden-Württemberg, Reihe A Nr. 9 (1968)

– Forschungsergebnisse und Materialien zum Hochschulgesamtplan I Baden-Württemberg, Schriftenreihe des Kultusministeriums Baden-Württemberg, Reihe A Nr. 20 (1969)
– Ermittlung und Erschließung von Begabungen im ländlichen Raum, Schriftenreihe des Kultusministeriums Baden-Württemberg, Reihe A Nr. 2 (1966)
– Rahmenplanung für einen differenzierten Hochschulbereich, Schriftenreihe des Kultusministeriums Baden-Württemberg, Reihe A Nr. 15 (1969).

C. Der Psychologe in Arbeits- und Berufsberatung

Edeltrud Jendritza

Arbeits- und Berufsberatung ist eine soziale Dienstleistung, die in der Bundesrepublik durch die Bundesanstalt für Arbeit vertreten wird. Ausführende Kräfte sind Arbeits- und Berufsberater, die in der Regel durch fachpraktische Anleitung und zusätzlichen theoretischen Unterricht für diese Tätigkeit ausgebildet werden; mit dem Wintersemester 1972/73 begann daneben eine zweite, mehr wissenschaftlich orientierte Ausbildung solcher Fachkräfte. Für die Bewältigung besonderer Problemsituationen stehen diesen Beratungskräften verschiedene wissenschaftliche Fachdienste zur Verfügung: Der Psychologische Dienst, der Ärztliche Dienst und der Technische Beratungsdienst. Aufgabe, Stellung und allgemeine Situation dieser Dienste sind von der Gesamtkonzeption der Beratungsarbeit der Bundesanstalt für Arbeit mitbestimmt; für die in diesem Psychologischen Dienst arbeitenden Psychologen sollen sie mit den nachfolgenden Ausführungen beschrieben werden.

1 Aufgabengebiet

1.1 Die Aufgabenstruktur eines wissenschaftlichen Fachdienstes

Die Konzeption des Psychologischen Dienstes als wissenschaftlicher Fachdienst, der von psychologischen Laien von Fall zu Fall im Rahmen seiner Fachkompetenz eingeschaltet wird, stellt einige prinzipielle Bedingungen für Arbeitsweise und Aufgabenverständnis. Erstens bedeutet die Tatsache, daß der Psychologe bei bestimmten Problemlagen oder von einem bestimmten Kompliziertheitsgrad an beansprucht wird, eine besondere Verpflichtung für die fachmännische Sicherung seiner Arbeit. Zweitens muß er seine Ergebnisse so darzustellen vermögen, daß sie der Arbeits- und Berufsberater in sein Vorgehen einbeziehen kann. Drittens hat er aber auch dafür Sorge zu tragen, daß Grad und Art seiner Einschaltung im direkten Zusammenhang mit seinen fachlichen Möglichkeiten stehen. Viertens schließlich muß er *die* Gebiete seines psychologischen Wissens anderen zugänglich machen, die für eine personorientierte Beratung durch Nichtpsychologen bedeutsam sind.

1.1.1 Begutachtung

Im Rahmen der psychologischen Fachaufgaben kommt der beruflichen Eignungsdiagnostik besondere Bedeutung zu. Aufgrund psychologischer Untersuchungen, in einem niedrigen Prozentsatz auch aufgrund von Fallbesprechungen mit Beratern oder durch Auswertung von anderen Unterlagen, gewinnt der Psychologe Aussagen über Persönlichkeitsfaktoren, wie Leistungs-, Lern- und Sozialverhalten sowie Motivationskomponenten, die er in Beziehung zu Ausbildungsmöglichkeiten und Berufsfeldern setzt und dann als Gutachten zur Verbesserung des Selbstverständnisses des Klienten und zur Hilfe bei der Berufsentscheidung in das weitere Beratungsgeschehen einbringt.
Für die Untersuchung steht ihm ein breites Instrumentarium zur Verfügung, das sich aus einer Vielfalt auf dem allgemeinen Testmarkt verwendeter Verfahren (wenn diese bestimmten wissenschaftlich anerkannten Kriterien über Testgüte entsprechen, was jeweils von einer zentralen Forschungsgruppe überprüft wird) und einigen bundesanstaltseigenen Testserien zusammensetzt. Dabei kommt es darauf an, solche Verfahren zu besitzen, welche die für eine Bewährung in Ausbildung und/oder Beruf in besonderer Weise relevanten Leistungsmöglichkeiten und Verhaltenseigenarten eines Individuums möglichst exakt erfassen und ihren Vorhersagewert abschätzbar machen; in dieser Hinsicht sind die bisher speziell für die Bundesanstalt erarbeiteten Verfahren schon insofern anderen überlegen, als sie unter dieser Zielsetzung konstruiert und validiert sind. Bei der Durchführung der Untersuchung stehen dem Psychologen zwei Kräfte zur Verfügung: Eine unmittelbar hierfür ausgebildete Kraft, deren Wissenstand etwa der Zielsetzung des geplanten Berufsbildes des psychologisch-technischen Assistenten entspricht, und eine Hilfskraft, die der Psychologe auf routinemäßig durchzuführende Auswertungsarbeiten praktisch anlernt. Eine technische Unterstützung hat er bei den bundesanstaltseigenen Verfahren auch noch insofern, als diese über eine zentrale maschinelle Auswertung laufen (für die nächsten Jahre sind darauf aufbauende maschinelle Interpretationshilfen geplant).
Das konkrete diagnostische Vorgehen bei seiner Untersuchung bestimmt der Psychologe wesentlich vom Einzelfall und seiner Problematik her. Als allgemeine Untersuchungsgrundsätze gelten daneben die generelle Durchführung einer für die jeweilige Personengruppe konzipierte Grundserie, das heißt die Anwendung einer Testbatterie, die Aussagen über das allgemeine intellektuelle Leistungsniveau und eine mehr oder minder grobe Strukturierung der verschiedenen Bereiche liefert, und die eine derartige Basisuntersuchung erweiternde Verwendung spezieller Verfahren zur Klärung gezielter Fragen, wie z.B. nach Interessen, Selbsteinschätzung, Arbeitsverhalten, Konzentration und Kontaktverhalten.
Durch die verschiedenartigen Beratungsaufgaben der Bundesanstalt ergeben sich für die Begutachtung unterschiedliche Personengruppen. Von der Alterszugehörigkeit her umfaßt das Klientel des Psychologen den Bereich der etwa 14- bis

65jährigen. Von der Vorbildung her gesehen reicht es vom Geistigbehinderten über Lernbehinderte, Volks-, Real- und Oberschüler bis hin zu Studenten und – allerdings in seltenen Fällen – Inhabern akademischer Abschlüsse. Der Problemzusammenhang, in dem er seine Begutachtung abzugeben hat, ist zum einen personenkreisgebunden abhängig vom Beratungsanlaß – z.B. Schüler in der Situation erstmaliger Berufswahl, Rehabilitanden mit der durch gesundheitliche Schäden erzwungenen beruflichen Neuorientierung, Fortbildungs- oder Umschulungswillige mit dem auf Eigeninitiative beruhenden Vorhaben beruflicher Bildungsmaßnahmen, ältere Arbeitnehmer in der Situation abnehmender beruflicher Leistungsmöglichkeiten –, zum anderen individuell abhängig vom Stand des Berufswahlprozesses des Klienten – z.B. subjektiv noch nicht akzeptiertes Konfrontiertwerden mit der Wahl- und Entscheidungssituation, reflektierende Auseinandersetzung mit der eigenen Konfliktsituation, überprüfungsbereites Fällen von Vorentscheidungen, objektiv nötiges Überprüfen der Richtigkeit subjektiver Vorhaben.

Die z.T. sehr großen Schwierigkeiten bei der Bewältigung der individuellen Problemsituation lassen eine einfache Zwischenschaltung des psychologischen Begutachtungsvorganges nicht in jedem Falle zu. Häufig ist es nötig, daß sowohl die Vorbereitung auf diesen Vorgang, als auch die nachherige Einbeziehung der Ergebnisse nur unter der Beteiligung des Psychologen selbst vollzogen werden muß.

1.1.2 Beratung

Berufliche Beratung zielt darauf ab, dem in der beruflichen Wahlsituation Stehenden bei dem auf hinreichender Information beruhenden überlegten – und insofern gleichermaßen realistischen und realisierbaren – Entscheiden fachmännische Hilfe zu geben. Der dazu nötige differenzierte Kommunikations- und Interaktionsvorgang ist besonders dann leicht störbar und im Erfolg gefährdet, wenn die individuelle Eigenart eines zu Beratenden dessen sachliche Informationsverarbeitung und kritische Auseinandersetzung mit der eigenen Person erschwert oder verhindert. In derartigen Fällen wirkt der Psychologe – auch unabhängig von der oben angesprochenen Einschaltung in das Beratungsgeschehen im Zusammenhang mit Begutachtung – bei der Beratung mit. Dabei verfolgt er das Ziel, besondere person-gebundene Schwierigkeiten zu überwinden, die den Fortgang der üblichen Beratung behindern oder berufliche Entwicklung stören können. Methodisch ist diese Aktivität als Zwischenglied zwischen psychologischer Begutachtung und psychologischer Behandlung zu sehen.

Wesentlich für den Erfolg derartiger psychologischer Beratung ist das nahtlose Ineinandergreifen des Vorgehens von Beratungsfachkraft und Psychologen. Hierzu ist neben einem gemeinsamen Verständnis von „Beratung“ ein fundiertes, verarbeitetes psychologisches Wissen der Berater notwendig.

1.1.3 Aus- und Fortbildung

Die Aufgabe des Psychologen im Rahmen von Aus- und Fortbildung besteht darin, psychologische Kenntnisse und Einsichten zu vermitteln, die für Kräfte aus den verschiedenen Arbeitsbereichen – insbesondere aus den Beratungsabteilungen – für eine fachgerechte Aufgabenbewältigung bedeutsam und notwendig sind. Sie ist insofern eine Querschnittsaufgabe und unterscheidet sich damit von anderen in der Bundesanstalt üblichen Schulungsmaßnahmen, bei denen jeweils der einem bestimmten Fachgebiet angehörende Unterweiser über sein eigenes Arbeitsgebiet mit der Zielsetzung lehrt, daß der Beschulte das gleiche Gebiet mehr oder weniger sicher zu bewältigen lernt. Der schulende Psychologe hingegen hat nicht sein fachliches Tun und Wissen unmittelbar an die aus- oder fortzubildenden Kräfte heranzutragen und zur Beherrschung zu verhelfen, er muß vielmehr in einem zwischengeschalteten Prozeß die Aufgaben psychologischen Gehalts in anderen Fachbereichen analysieren und dann auf diese hin mehr aus seinem Wissen als aus seinem Tun nötige und vermittelbare Teile auswählen und für die zu Schulenden für ihre Arbeit einbeziehbar machen.
Die Durchführung seiner Schulungsmaßnahmen besteht nur zum geringen Teil im Halten von Referaten, überwiegend findet sie aber in einem erarbeitenden Unterrichtsstil und in Seminarform statt. Seine Zuhörerschaft setzt sich aus Angehörigen seines Arbeitsamtes oder aus überregional zusammengesetzten Gruppen fachlich gleicher Kräfte zusammen.

1.1.4 Wissenschaftliche Grundlagenarbeit

Die Tatsache, daß psychologische Arbeit in der Bundesanstalt unter dem Aspekt beruflicher Beratung und beruflicher Eignungsdiagnostik zu sehen ist, bringt es mit sich, daß viele der spezifischen Zielsetzungen für eine praxisorientierte Forschung von anderen sonst mit Forschung befaßten Stellen wie Universitätsinstituten nicht in ihre Projekte einbezogen werden. Das macht eigene wissenschaftliche Grundlagenarbeiten für den Psychologischen Dienst nötig. Einer zentralen Forschungsgruppe obliegen die Erstellung von Erarbeitungskonzepten, Planung und Koordination von Großprojekten und die wissenschaftliche Beurteilung praktischer Methodenanwendung. In Zusammenarbeit mit dieser Gruppe kann jeder einzelne im Fachdienst tätige Psychologe bei Aufgaben wie Testkonstruktion und -erprobung mitwirken.

1.2 Kritische Stellungnahme

Die historische Entwicklung des Psychologischen Dienstes in der Bundesanstalt hat es mit sich gebracht, daß die Begutachtungsaufgabe – meist dann auch noch einseitig gesehen als testdiagnostisches Vorgehen – im Bewußtsein vieler auch

heute noch zu stark im Vordergrund steht, stärker als es allein von der Sache her gerechtfertigt und an vielen Orten von der Realität her angemessen ist. Es muß als Ziel angesehen werden, die personelle Ausstattung des Psychologischen Dienstes so zu gestalten, daß etwa 60% seiner Gesamtarbeit auf Begutachtung verwendet werden müssen; eine solche Realkonzeption würde aber gleichzeitig bedeuten, daß von den Begutachtung anfordernden Abteilungen eine Schätzung des objektiven Begutachtungsbedarfs erarbeitet würde, was heute noch nicht gegeben ist. Zur Zeit richten sich – bereichsweise verschieden – ca. 70–90% aller Aktivitäten des Psychologischen Dienstes auf Begutachtung. Die Mitwirkung bei der Beratung sollte nicht dem Druck diagnostischer Arbeit unterliegen, sondern von jedem Psychologen in zunehmendem Maße betrieben werden; hier ist die erst zögernd anlaufende Entwicklung allerdings nicht nur als bundesanstaltsspezifisch zu sehen, sondern sie entspricht gleichen Trends in anderen Bereichen sozialer Dienste.
Dem individuellen Interesse und Können jedes einzelnen Psychologen sollte es – wie bisher – weiterhin vorbehalten bleiben, inwieweit er bei Schulung und Forschung mitarbeitet; Schulung im Sinne praktischer Supervisor-Tätigkeit im eigenen Amtsbereich sollte allerdings jeder nach einiger Zeit eigener Tätigkeit übernehmen können.

2 Die Situation des Berufsanfängers

2.1 Vorwissen und Einübung

2.1.1 Das Studium als Grundlage für die praktische Berufsausübung

In den letzten Jahren ist das Angebot theoretischen Wissens vor allem unter statistischen, methodenkritischen und systemanalytischen Aspekten in der Hochschulausbildung deutlich größer geworden. Die Beschäftigung mit Studenten als Praktikanten oder Absolventen als Berufsanfängern macht aber immer wieder eines deutlich, wenn sie mit der Aufgabe der Lösung konkreter menschlicher Probleme konfrontiert werden: Sie haben gelernt, Leistung als statistischen Wert, Verhaltenskomponenten als Umweltkorrelate, den Menschen als ein Stück Sozialstruktur zu sehen; es fehlt ihnen aber häufig der Realbezug zur oft drängenden Problematik menschlicher Lebenssituationen, es fehlt ihnen mitunter die Beherrschung konkreter Hilfsmöglichkeiten. *Der kritische Student und Absolvent merkt selbst schnell, daß er relativ viel weiß und relativ wenig tun kann.* Sehr deutlich zeichnen sich dabei universitätsabhängige Unterschiede ab. Wo aber „Übungen" zur Praxis des Diagnostizierens nur darin bestehen, fremd erarbeitete Unterlagen zu interpretieren und ein eigenständiges Vorgehen vom

Auffinden der individuellen Probleme über das Erstellen und Durchführen eines Bearbeitungsplanes bis zum Mitwirken bei der Problemlösung ausschließen, bleibt dem angehenden Psychologen das schwierigste, aber auch wirksamste Stück seiner Arbeit vorenthalten.

2.1.2 Das „Einweisungsjahr" in der Bundesanstalt

Der Psychologische Dienst der Bundesanstalt versucht, seinen Berufsanfängern die Einarbeitung in die anfallenden Aufgaben möglichst effektiv zu gestalten. Bei den finanziellen Bedingungen der vollen Anstellung bietet er ein Jahr lang eine planmäßige Einarbeitung, bei der während acht Monaten die fachliche Einweisung in das Arbeitsgebiet des Psychologen, in einem Zeitraum von vier Monaten eine Information über die Tätigkeit in den anderen Fachbereichen der Bundesanstalt vorgenommen wird. Im Rahmen der Einarbeitung innerhalb des Psychologischen Dienstes kommt es vor allem darauf an, daß er neben der Einübung in praktische Verfahrensanwendungen den Bezugsrahmen für berufliche Eignungsprognosen findet, d.h. er muß sich einen Wissenshintergrund über berufliche Anforderungen erarbeiten. Dazu gehört, daß ihm die in der Bundesanstalt allgemein verwendeten Informationen hierüber zugänglich gemacht werden, insbesondere muß er sich aber in ständiger Kommunikation mit einem versierten Psychologen in die fallangemessene Anwendung allgemeiner Beurteilungsmaßstäbe einarbeiten. Ein ebenfalls bedeutsamer Anteil seiner Einübung besteht darin, daß er sich das notwendige Können in einem empfängerbezogenen (beraterbezogenen) Formulieren seiner psychologischen Ergebnisse aneignet. Als immer wieder einmal recht schwierig erweist es sich, schon zu diesem Zeitpunkt dem einzuweisenden Psychologen die über Begutachtung hinausgehenden Aufgaben, wie Beratung und Schulung, nahezubringen.

2.2 Kritische Stellungnahme

Die kritische Einstellung zu einem zu praxisfernen Studium, durch einen Praktiker geäußert, könnte den Gedanken suggerieren, er scheue sich nur vor der so von ihm zu leistenden Einarbeitung des Absolventen in das gewählte Tätigkeitsfeld; möglicherweise könnte man sogar meinen, ihn mache „unterschwellig" nur die theoretische Überlegenheit junger Kollegen kopfscheu und lasse ihn sich selbst bestätigende Abwehrmechanismen finden. Dennoch zeigt zum Beispiel das deutlich formulierte Bedürfnis der Studenten nach besserer Information über die Praxis die Lücke in vielen Studienverläufen. Solange das Diplomzeugnis die Berechtigung einschließt, vom ersten Tage an selbstverantwortlich „am Menschen zu arbeiten", kann ein Lernen des theoretischen Umganges mit Menschen allein nicht genügen. Da in zunehmendem Maße

Praktikantenzeiten auch dann akzeptiert werden, wenn sie wiederum nur theoretische und vielfach dazu noch einseitige Arbeiten umschließen, kann von diesem Studienteil ebenfalls keine Hilfe für dieses Problem erwartet werden. Wie oben ausgeführt befindet sich der Psychologische Dienst in einem Prozeß der Ausweitung und Differenzierung der außer Begutachtung bedeutsamen Aufgaben. Diese Tatsache führt dazu, daß nicht an allen Orten gleichartig bei der Einweisung von Psychologen die Gewichte in zukunftsorientierter Weise verteilt werden. Hier eine ständige Anregung zu bieten, muß vermehrt Anliegen aller fachlichen Führungskräfte sein.

3 Die Stellung des Psychologen in der Bundesanstalt

3.1 Organisatorische Eingliederung

Der an einem Arbeitsamt tätige Psychologe ist von anderen Fachgebieten unabhängig eingegliedert. Dienstaufsicht übt der Arbeitsamtsdirektor unmittelbar aus, während die Fachaufsicht bei dem jeweiligen Fachreferat des zugehörigen Landesarbeitsamtes liegt, d.h. also von Psychologen überregional wahrgenommen wird. Damit erfüllt er in seinem Aufgabenbereich die Funktion eines Dienststellenleiters, der außer der Tatsache, daß er eine eigenständige Planung und Gestaltung seiner Facharbeit mit den dazu auch nötigen Entscheidungen in sachlicher und materieller Hinsicht vorzunehmen hat, für seine Mitarbeiter fachlich und organisatorisch Verantwortung trägt.

3.2 Soziale Anerkennung

Die jahrzehntelange Arbeit von Psychologen innerhalb der Bundesanstalt hat dazu geführt, daß ihre Tätigkeit von den mit ihnen zusammenarbeitenden Fachkräften in zunehmendem Umfang benötigt, genutzt und anerkannt wird. Daß diese Tatsache auch in den Führungsspitzen der Bundesanstalt gesehen und positiv gewertet wird, zeigt sich allein schon an dem personellen Ausbau des Psychologischen Dienstes in den letzten 10 Jahren, in denen allein die Zahl der Psychologen von ca. 100 auf ca. 300 erweitert wurde.

4 Fachliche Fortbildung

Der Psychologische Dienst besitzt als eine Möglichkeit zu ständiger fachlicher Fortbildung eine zentrale Dokumentations- und Informationsstelle, in der die Sammlung und Auswertung der in einschlägigen Wissensdisziplinen erstellten Dokumente erfolgt und von der in einem Abrufsystem von jedem Psychologen Literaturangaben, Auszüge und Auswertungen erhalten werden können, die über den jedem Psychologen automatisch zugehenden Literaturbericht hinausgehen. Über eine turnusmäßige – auf Dienstkosten erfolgende – Teilnahme an Kongressen und Fachtagungen hinaus ist der Besuch derartiger Veranstaltungen auf eigene Kosten prinzipiell jedem Psychologen möglich. Bundesanstaltsinterne Fortbildungsveranstaltungen mit zu eigenen Aufgaben in unmittelbarem Zusammenhang stehenden Inhalten werden regelmäßig, insgesamt gesehen aber zu selten veranstaltet. Auch hierbei wird in Zukunft eine Umstrukturierung von allein auf Diagnostik bezogenen auf beratungsorientierte Lehrziele hin erfolgen müssen.

IV. Der Psychologe in der Arbeits- und Wirtschaftswelt

Zwischen den Berufsbereichen, die in Abschnitt III behandelt wurden und den nun folgenden besteht insofern eine gewisse Gegensätzlichkeit, als der praktische Nutzen psychologischer Erkenntnisse oder Methoden zum einen – in erster Linie – wenn auch nicht ausschließlich dem Individuum dienen soll – zum anderen steht es unter dem Primat des Nutzens irgendeiner Institution resp. der Gesamtgesellschaft.

Die Probanden der Verkehrspsychologen sind i.d.R. Verkehrsteilnehmer, über deren Fahrtauglichkeit eine Aussage gemacht werden soll. Die Tätigkeit von Psychologen in diesem Bereich soll eine Negativauslese von Nicht-Führerscheinberechtigten gewährleisten und tangiert daher die forensiche Psychologie im weitesten Sinne.

Der Kundenkreis von Werbe- und Marktforschungsinstituten setzt sich aus Firmen, Industriebetrieben oder staatlichen Auftraggebern zusammen, denen daran gelegen ist, einem bestimmten Produkt bestmöglichen Absatz zu verschaffen, oder das Bewußtsein für die Notwendigkeit oder Brauchbarkeit eines Produktes mit psychologischen Mitteln zu wecken.

Die Steuerung des Personals von der Auslese über die bestmögliche Plazierung bis hin zur Aus- und Weiterbildung, bei der Psychologen beratend tätig sind, dient vorrangig einem günstigen Funktionieren des Gesamtbetriebes. Zweifellos ist mit der Optimierung eines solchen institutionellen Nutzens zumindest teilweise auch dem einzelnen gedient, wenn dies auch nicht der ursprüngliche Zweck des Einsatzes betriebspsychologischer Methoden ist. Auch andere Tätigkeitsbereiche des Betriebspsychologen wie betriebliche Grundlagenforschung, Arbeitsplatzanalysen, Untersuchungen der betrieblichen Organisationsform, Steigerung des innerbetrieblichen Klimas mit psychologischen Mitteln, Human engeneering, etc. streben über das Medium der individuellen Zufriedenheit und Leistungskraft eine Verbesserung des Gesamtgefüges an.

Die Aufgaben des Betriebspsychologen finden weitgehend ihre Entsprechung in denen des Wehrpsychologen. Beide Aufgabengebiete werden allerdings derart vielschichtig, daß es *den* Betriebspsychologen oder *den* Wehrpsychologen u.U. bald nicht mehr geben wird.

Tätigkeiten im Bereich der Personalsteuerung und der Betriebsorganisation lassen dem praktisch arbeitenden Psychologen oft keinen zeitlichen Spielraum mehr für

Fragen der Personalausbildung, der sozialpsychologischen Betreuung von Betriebsangehörigen oder der Beratung von Führungskräften.
Eine Einarbeitung in Inhalte von Wissensgebieten, die die jeweilige Tätigkeit berühren ist – wie bei so vielen anderen Psychologenberufen – auch im wirtschaftlichen und betrieblichen Bereich zwingende Notwendigkeit. Kenntnisse verwaltungstechnischer, betriebs- und sozialrechtlicher, sowie betriebswirtschaftlicher Art sind für Betriebs- und Wehrpsychologen Voraussetzung für persönliches Sicherheitsgefühl und Aufstiegschancen. Darüber hinaus sind Kenntnisse in elektronischer Datenverarbeitung zwar keine notwendige, aber eine brauchbare Hilfe.
Da die Arbeit von Psychologen im Arbeits- und Wirtschaftsbereich nicht in dem Maße wie etwa die klinisch-psychologische Arbeit von einem intensiven Training abhängig ist, ist hier die Chance, kurz nach Erhalt des Diploms allein aufgrund des im Studium erworbenen Wissens im Beruf recht schnell Fuß zu fassen etwas größer einzustufen.
Die finanzielle Entschädigung dürfte – je nach Beschäftigungsverhältnis ziemlich gleichgeschaltet sein. Zumeist wird ein Angestellter nach Gruppe II a vergütet. In der freien Wirtschaft wird häufig auch außertariflich bezahlt. Da die Einstellung von Betriebspsychologen oder Psychologen in Werbung und Marktforschung zum Teil auch durch die gesamtwirtschaftliche Lage mitbestimmt wird, sind Prognosen über den zukünftigen Stellenmarkt recht unsicher.

A. Arbeits- und Betriebspsychologie

MANFRED SPROTTE

Das Gebiet der Arbeits- und Betriebspsychologie umfaßt eine Vielzahl sehr unterschiedlicher Aufgaben und Tätigkeiten. Aus diesem Grunde ist der Versuch, ein geschlossenes Berufsbild des Arbeits- und Betriebspsychologen schlechthin zu entwerfen, wenig sinnvoll. Eine Aufzählung charakteristischer Tätigkeitsbereiche wird besser dazu geeignet sein, den Rahmen abzugrenzen, innerhalb dessen sich die tägliche Arbeit des Psychologen vollzieht. Je nach Art des Beschäftigungsverhältnisses (freiberuflicher Mitarbeiter oder Berater, Angestellter eines Industrieunternehmens, Angestellter bzw. Beamter in einer Behörde oder behördenähnlichen Einrichtung, Angehöriger eines Hochschulinstituts) und je nach Zuordnung zu einem bestimmten betrieblichen Organisationsressort (z. B. Personal- und/oder Sozialabteilung, Ausbildungsabteilung, Sicherheitswesen) stehen dabei im Einzelfall jeweils bestimmte Aufgaben im Vordergrund, während andere z. T. überhaupt nicht wahrgenommen werden.

1 Aufgaben und Tätigkeitsbereiche des Arbeits- und Betriebspsychologen

Diagnostik und betriebliches Beurteilungswesen, z. T. in Verbindung mit Fragen der Lohn- und Gehaltsfindung

Personalplanung, Personalbeschaffung, Personalentwicklung, Personalförderung

Ausbildungsplanung, Ausbildungskonzeptionierung, Ausbildungsberatung, praktische Ausbildungsarbeit

Vorschlagswesen

Public Relations, innerbetriebliches Informationswesen

Erarbeitung allgemeiner Führungsrichtlinien, Schulungsarbeit bei der Einführung von Führungskonzepten

Innerbetriebliche Forschungsaufgaben, z. B. Einstellungs- und Motivationsforschung, Betriebsanalysen, Fluktuationsuntersuchungen

Arbeits(platz)analysen, Arbeits(platz)gestaltung, Arbeits(platz)bewertung, Gestaltung von Arbeitsmitteln, z. B. Maschinen und Werkzeugen

Unfallursachenforschung und Sicherheitswesen

Beratungsaufgaben im weitesten Sinne, z. B. Beratung betrieblicher Vorgesetzter

Beratung der Mitarbeiter, Beratung bei Berufswechsel oder Umschulungsmaßnahmen, Beratung bei Rehabilitationsfällen.

2 Verwertung von Kenntnissen aus dem Studium

Die praktische Arbeit erfordert in vielen Fällen den Rückgriff auf Kenntnisse aus mehreren Bereichen der Angewandten Psychologie.
Mindestvoraussetzungen, die ein Berufsanfänger in jedem Falle erfüllen sollte:

a) Gute Kenntnisse der psychologischen Diagnostik und der gängigen Testverfahren, besonders im Hinblick auf Möglichkeiten und Grenzen ihrer Anwendung und Interpretation.
b) Gute Kenntnisse in Gutachtentechnik
c) Gute sozialpsychologische Kenntnisse. Betriebssoziologische Kenntnisse sind von Vorteil.
d) Gute Grundkenntnisse in pädagogischer Psychologie und Didaktik.
e) Gute Kenntnisse in experimenteller Psychologie.
f) Fundierte Kenntnisse in mathematischer Statistik und Testtheorie.

Neben diesen fachspezifischen Voraussetzungen sollten noch einige generelle Bedingungen erfüllt sein. Der junge Psychologe muß in der Lage sein, eine allgemeinverständliche Sprache zu sprechen und psychologische Sachverhalte aus der Fachsprache in Umgangsdeutsch zu übertragen. Vor allem aber muß er sein sprachliches Niveau auf seine Gesprächspartner, die aus den unterschiedlichsten sozialen Kreisen kommen, abstimmen können. Das sind – wie sich bei der Beschäftigung von Psychologiepraktikanten immer wieder zeigt – keine Selbstverständlichkeiten. Eine naturwissenschaftlich orientierte und nicht geisteswissenschaftlich ausgerichtete Denkweise wirkt sich besonders vorteilhaft aus. Man erwartet nämlich vom Betriebspsychologen, daß er (nachweisbare!) Fakten liefert und nimmt ihm jede Art von Spekulation übel.

3 Empfehlungen für die Ausbildung

Für einige der genannten Tätigkeitsbereiche bringt der Berufsanfänger ausreichende theoretische Kenntnisse mit, für andere wiederum ist er auch schon von der Theorie her schlecht vorbereitet, ganz abgesehen davon, daß er am Anfang vor der Schwierigkeit steht, dieses theoretische Wissen zweckmäßig in die Praxis umzusetzen. Letzteres gilt allerdings in mehr oder minder starkem Maße für alle akademischen Berufe.

Ein Teil dieser Schwierigkeiten bliebe dem Berufsanfänger erspart, wenn ihm die Möglichkeit gegeben wäre, sich gezielt auf die praktische Tätigkeit schon während des Studiums vorzubereiten. Das ist jedoch derzeit an deutschen Hochschulen nicht möglich, da das Angebot an betriebspsychologischen Lehrveranstaltungen im allgemeinen begrenzt ist. Hinzu kommt noch, daß manche Fachvertreter ausschließlich theoretisches Wissen vermitteln können, das häufig nicht den Bedürfnissen der Praxis entspricht, weil sie selbst noch nie in einem Industriebetrieb oder einer ähnlichen Einrichtung tätig waren und folglich auch nur unvollkommen beurteilen können, ob ein theoretisches Konzept überhaupt praktikabel ist. So fehlt dem Berufsanfänger fast immer alles das, was er vom ersten Tage an in seinem Beruf verwerten könnte und was man vielleicht am besten mit „Praktisches Erfahrungswissen" umschreiben könnte. Einige Beispiele sollen das verdeutlichen. Der junge Psychologe hat in seiner Ausbildung bestenfalls gelernt, die Ergebnisse einer Testuntersuchung zu einem Gutachten zu verarbeiten. In der betrieblichen Praxis sind seine Gutachten dann wenig brauchbar, weil sie aus einer Anhäufung psychologischer Fachbegriffe bestehen, die der Auftraggeber einer Untersuchung nicht versteht, weil er im Normalfalle keine psychologische Vorbildung besitzt. Ein anderes Beispiel: Der Beufsanfänger hat gelernt, Testuntersuchungen sachgemäß durchzuführen. Seine wenigen praktischen Versuche hat er oft ausschließlich mit Probanden durchgeführt, die ihm bildungsmäßig nahestehen, etwa Studenten und Gymnasiasten. In der Praxis muß er dann feststellen, daß viele, scheinbar unproblematische Testinstruktionen erst von einem bestimmten Bildungsniveau an begriffen werden. Oder er steht vor der Aufgabe, z.B. einen Hauptschulabgänger zu beraten im Hinblick auf seine Eignung für einen metallverarbeitenden Ausbildungsberuf. Da ihm die Anforderungen des betreffenden Berufs unbekannt sind, kann er weder eine zweckmäßige Testbatterie zusammenstellen, noch entscheiden, welchem der einzelnen Testresultate besondere Bedeutung zukommt. Man kann hier natürlich einwenden, daß in der Praxis immer Fragestellungen auftauchen werden, für deren Lösung die Hochschule nicht das notwendige Rüstzeug vermitteln konnte. Darum geht es aber gar nicht in erster Linie. Vielmehr handelt es sich darum, den Studierenden rechtzeitig darüber zu informieren, welche Aufgaben in einer bestimmten Berufsrichtung auf ihn zukommen. Heute gelingt ihm das allenfalls durch gezielte Auswahl seiner im Studiengang vorgeschriebenen Praktika. Auf diese Weise kann er noch während des Studiums Zugang zu diesen Problemen gewinnen und sich auch über das Selbststudium etwas besser auf die Praxis vorbereiten. Inwieweit eine zweigleisige Ausbildung, in der neben dem Theoretiker auch der Praktiker, der aus eigener Erfahrung mit den Anforderungen und Bedürfnissen des Betriebes vertraut ist, zu Wort kommen könnte, an den Hochschulen zu realisieren ist, muß dahingestellt bleiben. In Zukunft wird auch eine multifakultative Ausbildung in Betracht gezogen werden müssen. Neben dem psychologischen Fachstudium wäre schon heute ein Grundlagenstudium in ausgewählten Bereichen der Rechtswissenschaft (Arbeits- und Sozialrecht, Tarifrecht, Versicherungsrecht), der Betriebswirtschaft (Organisationslehre, Rechnungswesen) und der Soziologie (Betriebssoziologie) zu empfehlen. Das gilt in besonderem Maße, wenn eine leitende Position angestrebt wird. Ganz gleich aber, auf welcher Ebene der Betriebspsychologe letztlich tätig ist, kann es nicht schaden, wenn er wenigstens auch einige Kenntnisse auf technischem und naturwissenschaftlichem Gebiet mitbringt.

4 Rechtliche Stellung

Grundsätzlich ergibt sich die rechtliche Stellung aus der Art des Beschäftigungsvertrages und hängt davon ab, ob der Psychologe fest angestellt, beamtet oder freiberuflich tätig ist. Die Position, die er im Betrieb innehat, ist darüber hinaus von Einfluß. Ganz allgemein muß sich der Psychologe bis auf weiteres aber damit abfinden, daß seine rechtliche Stellung nicht klar umrissen ist. Entscheidende Änderungen werden sich erst ergeben, wenn es zur Schaffung eines Berufsrechts, eines „Psychologengesetzes“ bzw. einer Berufskammer kommt.
Psychologische Dienststellen im Betrieb haben im Normalfall Stabsstellenfunktion, d.h. sie geben Ratschläge und Empfehlungen, treffen aber selbst keine oder nur in begrenztem Umfange Entscheidungen. Das schränkt die Möglichkeit einer direkten Einflußnahme auf das Betriebsgeschehen zwar ein, doch ist das nicht unbedingt nur als Nachteil zu werten. Sobald der Betriebspsychologe – soweit das im Rahmen seiner Arbeit überhaupt möglich ist – selbst Direktiven gibt und für Entscheidungen verantwortlich zeichnet, liegt die Gefahr nahe, daß er zum betrieblichen Sündenbock wird.

5 Statistische und ergänzende Angaben zum Berufsfeld

Zur Zeit befinden sich etwa 250 Diplom-Psychologen auf dem Gebiet der Arbeits- und Betriebspsychologie in einem festen Beschäftigungsverhältnis.
Nach einer Umfrage unter Mitgliedern der Sektion „Arbeits- und Betriebspsy-

chologie“ im Berufsverband Deutscher Psychologen liegen die Schwerpunkte der beruflichen Tätigkeit auf dem Gebiet der Diagnostik und im Bereich der Ausbildung. Noch relativ häufig genannt sind Tätigkeiten unter den Zielsetzungen Arbeitssicherheit, Personalplanung, Fluktuations- und Krankenstandsuntersuchungen, Beurteilungswesen und Mitarbeiterbetreuung.

Die gestellten Aufgaben kann der Betriebspsychologe nur in seltenen Fällen im „Alleingang“ erledigen; vielmehr ergibt sich häufig zwangsläufig eine Zusammenarbeit mit Vertretern anderer Fachrichtungen, etwa Betriebswirtschaftlern und Soziologen, da das Psychologiestudium als alleinige Ausgangsbasis bei der Lösung praktischer Probleme oft nicht ausreicht. Auch aus anderen Gründen muß er zur Kooperation bereit sein. Das liegt einerseits an der Vielzahl seiner Auftraggeber, z.B. wenn er vorwiegend diagnostisch arbeitet, andererseits z.T. auch an der Art der Aufgaben, die er bearbeitet. So ist z.B. bei Fragen der betrieblichen Mitarbeiterbeurteilung nach dem Betriebsverfassungsgesetz eine enge Zusammenarbeit mit dem Betriebsrat unerläßlich. Die Kommunikation mit betriebsexternen Kollegen des eigenen Fachbereichs bleibt nicht allein auf die in jedem Jahr stattfindende Arbeitstagung der Sektion „Arbeits- und Betriebspsychologie“ im Berufsverband Deutscher Psychologen beschränkt. In einigen Regionen der BRD haben sich Arbeitskreise gebildet, in denen die dort tätigen Kollegen einen regelmäßigen Erfahrungsaustausch pflegen. In Einzelfällen kommt es auch zur Zusammenarbeit, weil eine vorgegebene Aufgabe anders nicht in einem vertretbaren Zeitraum gelöst werden kann. Ein Beispiel: Ein Testverfahren soll für eine bestimmte Berufsgruppe, die zahlenmäßig nicht sehr stark vertreten ist, neu erstellt oder bearbeitet werden. Um eine ausreichende Stichprobe von Probanden zu erhalten, muß hier von vornherein Kontakt zu Kollegen anderer Betriebe aufgenommen werden.

Berufliche Weiter- und Fortbildungsmöglichkeiten bieten die bereits erwähnten Arbeitstagungen der Sektion, daneben auch das Seminarangebot unabhängiger Ausbildungsinstitute. Selbstverständlich bleibt auch das – häufig wegen des geringen Bezugs zur Praxis – nicht immer befriedigende Studium der einschlägigen Fachliteratur. Auch der Kontakt zu jungen, noch in der Ausbildung stehenden Kollegen bietet dem Teil der Betriebspsychologen, der Praktikantenstellen vergeben kann, Anregungen.

Die Möglichkeit zum wissenschaftlichen Arbeiten beschränkt sich im wesentlichen auf solche Fragen, die in engem Bezug zum beruflichen Aufgabengebiet stehen, so z.B. die Entwicklung von Testverfahren.

Repräsentative Untersuchungen über Verdienstmöglichkeiten sind nicht bekannt. Das liegt daran, daß der in einem festen Beschäftigungsverhältnis stehende Betriebspsychologe im allgemeinen laut Vertrag zum Stillschweigen über die Gehaltshöhe verpflichtet ist, während der freiberuflich Tätige an einer Veröffentlichung seiner Einkommenshöhe nicht interessiert ist.

Soweit es sich um Stellen handelt, die nach dem Bundesangestelltentarif bezahlt

werden, liegt die Eingangsstufe für Berufsanfänger bei BAT IIb bis IIa. (Stand Ende 1973). Danach kann der junge Psychologe je nach Alter mit einem Anfangsgehalt in der Größenordnung von 1800–1900 DM rechnen. Industrieunternehmen müssen, wenn sie auf gute Bewerber Wert legen, eine um etwa 1/4 bis 1/3 höhere Bezahlung anbieten, also etwa 2300–2500 DM.
Bei behördlichen Dienststellen liegt die Besoldungsstufe bei Übernahme ins Beamtenverhältnis im allgemeinen bei A13/A14.
Die finanziellen Steigerungsmöglichkeiten wurden von vielen Kollegen in der Vergangenheit als nicht befriedigend bezeichnet. Hier ist aber inzwischen mancherorts ein günstigerer Trend zu beobachten. Relativ gute Entwicklungsmöglichkeiten sind dann gegeben, wenn es dem Betriebspsychologen gelingt, (was in letzter Zeit häufiger der Fall ist!), in eine leitende Position (Personalleiter, Ausbildungsleiter) aufzurücken. Der Übergang – besonders in die Funktion des Personalleiters – kommt aber beinahe einem Berufswechsel gleich und erfordert erhebliche Anstrengung, die Wissensbasis über die fachpsychologischen Kenntnisse hinaus zu verbreitern in Richtung der oben genannten fachfremden Disziplinen.
Möglichkeiten zum Nebenerwerb liegen vor allem im Bereich der Ausbildung. Hier sind eine Reihe von Kollegen als Lehrkräfte für ausgewählte psychologische Themenkreise u.a. an Fachschulen, Ingenieurschulen, Volkshochschulen und bei Industrie- und Handelskammern tätig.
Wer sich mit dem Gedanken trägt, auf dem Gebiet der Arbeits- und Betriebspsychologie ein festes Beschäftigungsverhältnis einzugehen, muß von vornherein damit rechnen, daß ihm Fachfremde aus Unkenntnis seines Ausbildungsgangs und seiner Arbeitsweise mit einer Fülle von Vorurteilen begegnen. Das beginnt damit, daß man ihn mit Psychotherapeuten, Psychoanalytikern, Psychiatern, schlechthin mit praktisch allem, was mit den Silben „Psycho" zu tun hat, in einen Topf wirft. Am Anfang ist daher eine Menge Informationsarbeit in eigener Sache zu bewältigen, was aber keineswegs ausschließt, daß man seiner Arbeit weiterhin mit einerseits vollkommen übersteigerten, andererseits abwertenden Erwartungen begegnet. Eine Korrektur dieser falschen Erwartungen läßt sich nur durch methodisch einwandfreie, nach dem derzeitigen Stand der Wissenschaft als gesichert geltende Arbeit erreichen.
Die Arbeits- und Betriebspsychologie ist m.E. in besonderem Maße dazu geeignet, das falsche Bild vom Psychologen in der Öffentlichkeit zu korrigieren. Hier läßt sich relativ leicht aufzeigen, welches „normale" methodische Rüstzeug der Psychologe anwendet. Er kann deutlich machen, daß er nichts mit jenem Menschen gemeinsam hat, der Tag für Tag auf rätselhafte Weise dank einer geheimnisvollen Begabung innerer Erleuchtungen über andere Menschen teilhaftig wird.

B. Verkehrspsychologie

Uwe Seydel

Die Entwicklung des Straßenverkehrs ist in den letzten Jahren in ein Stadium getreten, das im Hinblick auf die immer dringlicher werdende Sicherheitsproblematik eine Neuorientierung aller beteiligten wissenschaftlichen Disziplinen eingeleitet hat, die neben den klassischen technischen und medizinischen vor allem auch psychologische Gesichtspunkte in den Vordergrund rücken ließ.
In dem Bemühen um Erhöhung der Verkehrssicherheit, aber auch des Verkehrsflusses bzw. der Verkehrskapazität, versucht die Verkehrspsychologie als ein Teilgebiet der angewandten Psychologie, psychologische Erkenntnisse und Gesetzmäßigkeiten der allgemeinen Psychologie auf die Probleme des Straßenverkehrs und im weiteren Sinne auf das gesamte Verkehrswesen – zu dem Luft-, Schienen- und auch Schiffsverkehr gehören – anzuwenden. Wie alle Teildisziplinen der angewandten Psychologie geht die Verkehrspsychologie von konkreten, praktischen Zielsetzungen aus, denen auch die Grundlagenforschung untergeordnet wird.
Obwohl die Verkehrspsychologie naturgemäß erst in den vergangenen 25 Jahren entsprechend dem wachsenden Straßenverkehr und seinen Begleiterscheinungen ihre jetzige Bedeutung gewann, reichen ihre Anfänge bis in das zweite Jahrzehnt unseres Jahrhunderts zurück. So begannen die damaligen sogenannten „Psychotechniker“ schon während des 1. Weltkrieges mit der Untersuchung und Auslese von Armeekraftfahrern.
Die weitgehend auf Diagnostik und Auslese ausgerichteten Anfänge der Verkehrspsychologie hatten über mehrere Jahrzehnte hin die Entwicklung dieser Disziplin bestimmt und eine, besonders im deutschsprachigen Raum, auffallende Einseitigkeit der Verkehrspsychologie bewirkt, die zwar langsam überwunden wird, aber noch bis heute das Berufsbild und Tätigkeitsfeld des Verkehrspsychologen in charakteristischer Weise prägt.
Erst in den letzten Jahren hat ein Wandlungsprozeß zu Gunsten der bis dahin vernachlässigten Grundlagenforschung eingesetzt, die über die Orientierung an den Problemen der Eignungsdiagnostik – und hier besonders an den bisher immer noch nicht befriedigend gelösten Kriterienproblem – hinausgeht und auch vermehrt das Fahrverhalten in seinen positiven und negativen Ausprägungsgraden, die Anforderungen an den Kraftfahrer sowie die Gestaltung von Straßen,

Kreuzungen, Verkehrszeichen und nicht zuletzt des Kraftfahrzeuges selbst zum Gegenstand psychologischer Untersuchung macht.

1 Tätigkeitsbereiche des Psychologen

Wie bereits erwähnt, spielt die diagnostische Arbeit und damit die Untersuchung des Kraftfahrers im Hinblick auf seine Fahrtauglichkeit eine tragende Rolle. Allerdings beschränkt sich das Betätigungsfeld des Verkehrspsychologen nicht nur auf diesen klassischen Bereich, vielmehr erwarten ihn, je nach Eigeninitiative und den Möglichkeiten der Institution, für die er arbeitet, recht vielfältige Aufgaben:

- Diagnostik, das heißt Untersuchung von Kraftfahrern im Hinblick auf ihre Eignung zum Führen von Kraftfahrzeugen;
- Entwicklung spezieller auf die Bedürfnisse der Fahreignungsdiagnostik zugeschnittener psychologischer Testverfahren;
- Mitarbeit bei der Planung, Neuentwicklung und Begutachtung von Verkehrseinrichtungen und Überprüfung ihrer Wirksamkeit;
- Mitarbeit bei Schulung und Fortbildung von Fahrlehrern und Berufskraftfahrern;
- Mitarbeit bei der Ausarbeitung von Verkehrserziehungsprogrammen und Überprüfung ihrer Wirksamkeit;
- Mitarbeit bei Planung und Neuentwicklung von Verkehrsmitteln nach psychologischen Gesichtspunkten;
- Beurteilung der psychologischen Wirksamkeit von Gesetzesentwürfen;
- Untersuchungen über den Einfluß von Pharmaka auf die Fahrtüchtigkeit;
- Grundlagenforschung über das Fahrverhalten, z.B. Erarbeitung allgemeiner Dimensionen des Fahrverhaltens oder des Verhaltens in spezifischen Verkehrssituationen usw.;
- Untersuchungen über die an den Kraftfahrer bzw. Piloten oder Lokomotivführer gestellten Anforderungen;
- Unfallursachenforschung;
- Therapie unfall- und deliktbelasteter Fahrer. Ein in anderen Ländern bereits etabliertes und aussichtsreiches Betätigungsfeld, das sich in der Bundesrepublik Deutschland allerdings erst noch durchsetzen und bewähren muß. Erste Versuche hierzu wurden bereits unternommen.

Auch wenn die Verkehrspsychologie innerhalb der sich mit dem Verkehrswesen befassenden Disziplinen einen wichtigen Platz einnimmt und ihre Beiträge für eine erfolgreiche Verkehrssicherheit wertvoll sein mögen, so muß doch darauf aufmerksam gemacht werden, daß sie ihr Optimum an Leistungsfähigkeit bei einem Teil der oben aufgezeigten Möglichkeiten nur in interdisziplinärer Zusammenarbeit mit den übrigen Fachrichtungen, wie etwa der Verkehrsmedizin oder Verkehrstechnik, erreicht (was für letztere selbstverständlich gleichermaßen Gültigkeit hat). Einseitige Lösungsversuche führen bei vielen komplexen Problemen des Straßenverkehrs zwangsläufig auch zu unvollständigen bzw. wenig befriedigenden Ergebnissen, die dann zu Lasten aller Verkehrsteilnehmer gehen. Allerdings ist interdisziplinäres Denken und Handeln längst noch keine Selbstverständlichkeit geworden und nur allzu oft wird die sachlich gerechtfertigte Zusammenarbeit ein Opfer prestigebezogenen Fachdenkens – gleich welcher Disziplin.

2 Spezifische Fachkenntnisse

Je nach Institution, für die der Psychologe arbeitet und Aufgabengebiet, das er sich gewählt hat, sind neben einem gut fundierten allgemeinpsychologischen Basiswissen schwerpunktmäßig spezifische Fachkenntnisse wünschenswert, die er beherrschen sollte:

- Nach den bisherigen Arbeitsmöglichkeiten wird sich der Verkehrspsychologe überwiegend mit der Fahreigungsbegutachtung beschäftigen müssen. Von daher ist ein möglichst breit fundiertes Wissen in der Diagnostik, ihre Methoden, Anwendungsmöglichkeiten und Grenzen eine der geforderten Minimalvoraussetzungen. Die Palette der angewendeten verkehrspsychologischen Testmethoden ist qualitativ noch recht bunt und eine Vereinheitlichung der Methoden und damit eine bessere Vergleichbarkeit noch nicht abzusehen. Während der eine Psychologe seine Eignungsbeurteilung im wesentlichen auf der Vorgeschichte basieren läßt, gibt der andere projektiven oder psychometrischen Methoden den Vorzug. Das Für und Wider einzelner Methoden und die Erörterung der aus ihrer Anwendung resultierenden Probleme, die nicht nur in der verkehrspsychologischen sondern in jeder anwendungsbezogenen Diagnostik entstehen, sollen hier nicht erörtert werden und sind in der entsprechenden Fachliteratur nachzulesen (u.a. HOYOS, 1965, HEISS, 1971).
- Eng verbunden mit der Diagnostik sind selbstverständlich gute Kenntnisse in der Gutachtertechnik.
- Bei einem mehr auf Forschung ausgerichteten Arbeitsfeld, das beispielsweise die wissenschaftliche Erforschung des Fahrverhaltens und seiner Grundstrukturen oder etwa das Wahrnehmungsverhalten in spezifischen Verkehrssituationen usw. beinhaltet, sind nicht nur ein gründliches Wissen in den Methoden der experimentellen Psychologie, Testtheorie (beim Entwurf neuer Testverfahren)

und Statistik Voraussetzung, sondern auch die Fähigkeit, die Theorie auf die Praxis anzuwenden, d.h. das theoretische Wissen auf die Bewältigung praktischer Fragestellungen umzumünzen.

- Da experimentelle Versuchsreihen auf dem Gebiet der Verkehrspsychologie oft einen großen technischen Aufwand erfordern, sollte – wie bei jedem experimentellen Arbeiten – auch ausgeprägtes technisches Interesse mitgebracht werden.
- Liegt der Arbeitsschwerpunkt auf der Verkehrserziehung, sollte sich der Psychologe auch auf dem Gebiet der pädagogischen Psychologie und Didaktik auskennen.
- Bereitschaft zur ständigen Beschäftigung mit den neueren Ergebnissen seines Fachbereichs, d.h. Literaturstudium, Teilnehme an Fortbildungsveranstaltungen und Kommunikation mit Fachkollegen sind wichtig. Ein Punkt der zwar in unserer Disziplin Selbstverständlichkeit sein sollte, um in der Praxis nach dem neuesten Stand wissenschaftlicher Erkenntnisse arbeiten zu können.

Wie aber fast überall in der Praxis wird der Psychologe nur in Ausnahmefällen eine Stelle finden, wo seine Arbeit ausschließlich auf das eine oder andere der oben genannten Aufgabenbereiche ausgerichtet sein wird, wie etwa Unfallursachenforschung, Verkehrserziehung, Grundlagenforschung, Testkonstruktion usw.
Vielmehr werden bei der überwiegenden Mehrzahl der Stellen die diagnostischen und gutachterlichen Aufgaben den größten Teil seiner Arbeitszeit beanspruchen und Forschungstätigkeit nur „nebenher" betrieben werden können. Doch kann es dem einzelnen Kollegen bei entsprechend konsequenter Eigeninitiative durchaus gelingen ein in dieser Hinsicht berufliches Gleichgewicht zu finden.
Wie bereits erwähnt, bahnt sich allmählich eine Entwicklung an, die eine Aufgabenerweiterung der Verkehrspsychologie über die Diagnostik hinaus in vermehrter Forschungstätigkeit auch in Richtung sogenannter „Objektpsychologie", Verkehrserziehung und therapeutische Tätigkeit andeutet.

3 Ausbildungsmöglichkeiten

Der im Bereich der Verkehrspsychologie tätig werdende Berufsanfänger sieht sich grundsätzlich den gleichen Schwierigkeiten gegenüber wie jeder junge Psychologe, der nach Beendigung seines Studiums das ihm vermittelte – meist theoretische – Wissen auf die Probleme der Praxis anwenden soll. Hiermit wird nun eine Frage angesprochen, die immer wieder zu heftigen Kontroversen der verschiedensten Meinungen über den richtigen Weg einer Berufsausbildung führt: auf der einen Seite die der europäischen Tradition entsprechende klassische Ausbildung mit einem breit gefächerten Basiswissen, auf der anderen Seite die praxisorientierte Ausbildung von Fachspezialisten, die nach Beendigung des Studiums in der Lage

sind, in dem von ihnen gewählten Fachbereich ohne neuerliche „Anlernzeit" vollwertig eingesetzt werden zu können. Die heutigen Studienordnungen versuchen den Balanceakt des Mittelweges, der im ersten Studienabschnitt das Basiswissen vermittelt und nach dem Vordiplom dem Studierenden die Möglichkeit gibt, sich seinen Interessen entsprechend über die in der Studienordnung vorgeschriebenen drei sechswöchigen Praktika praxisnahe Informationen zu holen und sich intensiver mit einem ihn interessierenden Wahlfach zu beschäftigen, wobei natürlich einschränkend gesagt werden muß, daß aus einleuchtenden Gründen nicht an jeder Universität jedes Teilgebiet der Angewandten Psychologie angeboten werden kann. Zudem scheitert nicht selten die Vermittlung praxisrelevanten Lehrstoffes an den Lehrenden selbst, die durch den oft nahtlosen Übergang vom Studierenden zum Assistenten und Hochschullehrer selbst nur aus theoretischer Sicht mit den Anforderungen vertraut sind und nur wenig mit den Problemen „draußen in der Praxis" konfrontiert wurden. Sicher würde es zu weit führen, an dieser Stelle die vielschichtige Problematik ausführlich zu diskutieren, da auch die übrigen Autoren sie immer wieder anklingen lassen.
Die Empfehlungen für die Ausbildung zum Verkehrspsychologen beschränken sich auf den zweiten Studienabschnitt, da die Ausbildung bis zum Vordiplom der Vermittlung des sogenannten Basiswissens dient, zu dem unter anderem allgemeine Psychologie, Einführung in experimentelles Arbeiten und Methodenlehre gehören. Der Studierende sollte nach dem Vordiplom zumindest ein sechswöchiges Praktikum an einer auf dem Gebiet der Psychologie arbeitenden Institution absolvieren und bei vorliegendem Interesse vielleicht außerhalb der Pflichtpraktika versuchen, das Bild über die später zu erwartenden Anforderungen durch eine weitere verkehrspsychologische Tätigkeit mit andersartigem Schwerpunkt abzurunden. Allerdings wird er bei diesem Vorgehen mit der zur Verfügung stehenden Zeit in Kollision geraten, da in den Semesterferien neben den drei Praktika oft auch die Arbeiten für die Diplomarbeiten zu bewältigen sind. In der Regel werden dem Studenten die Lehrkräfte Hilfestellung und Auskunft geben können über geeignete und eventuell auch vom Tätigkeitsbereich her kontrastierende Stellen. Zu denken ist hier etwa an die medizinisch-psychologischen Institute bzw. Untersuchungsstellen der Technischen Überwachungsvereine. Während letztere sich fast ausschließlich mit Diagnostik beschäftigen, kann der Studierende – allerdings bestehen auch hier regionale Unterschiede – bei einem Praktikum an den Instituten, entsprechenden Einblick in verkehrspsychologische Forschungstätigkeit bekommen. Die Aufnahmefähigkeit für Praktikanten ist allerdings durchwegs beschränkt, so daß eine rechtzeitige Bewerbung erfolgen sollte. Die Bezahlung für eine Praktikantentätigkeit ist recht unterschiedlich und muß im Einzelfall erfragt werden.
Ein Lehrstuhl für Verkehrspsychologie existiert an den Universitäten und Hochschulen der Bundesrepublik bislang nicht. Verkehrspsychologie wird im Rahmen des zweiten Studienabschnitts von einigen Universitäten bzw. Hoch-

schulen als Wahlfach angeboten. Eine intensivere Ausbildung in diesem Fach wird derzeitig z.B. an den Universitäten bzw. Hochschulen in Köln, Mannheim und München ermöglicht und kann als Wahlfach für das Hauptdiplom-Examen gewählt werden. Diplom- und Forschungsarbeiten mit verkehrspsychologischen Themen werden nach einer neueren Zusammenstellung des „Forschungsringes für Verkehrspsychologie" der Deutschen Gesellschaft für Psychologie und des Berufsverbandes Deutscher Psychologen (Stand 1974) unter anderem an folgenden Universitäten und Hochschulen bzw. der Psychologischen Institute durchgeführt: Braunschweig (Technische Universität), Erlangen, Köln (Psychologisches Institut I), Mannheim, München (Technische Universität), Tübingen, Wien, Würzburg (diese Angaben erheben keinen Anspruch auf Vollständigkeit).

4 Berufsmöglichkeiten

Das Psychologiestudium wird mit dem Hauptdiplom abgeschlossen, das ungeachtet des Schwerpunktes im zweiten Studienabschnitt zur Berufsausübung in jedem Fachbereich der Psychologie berechtigt. In Diskussion steht zwar augenblicklich noch der Titel eines Fachpsychologen, wie z.B. Fachpsychologie für klinische Psychologie, Fachpsychologie für Verkehrspsychologie usw., der unter bestimmten Voraussetzungen (voraussichtlich mehrjährige Tätigkeit in einem Fachbereich) erworben werden kann, doch bestehen darüber gegenwärtig nur unklare Vorstellungen, die auch innerhalb des BDP und seinen nach Fachbereichen untergliederten Sektionen noch keine festen Formen angenommen haben.

Die verkehrspsychologisch tätigen Psychologen haben sich in der Sektion Verkehrspsychologie des BDP organisiert. Der Berufsverband selbst gibt vierteljährlich in Zusammenarbeit mit der Fachzeitschrift „Psychologische Rundschau" (Verlag Hogrefe, Göttingen) sogenannte Mitteilungen heraus, in denen neben Tagungsberichten auch das für Psychologen wohl umfangreichste Stellenangebot veröffentlicht wird. Sie geben außerdem einen guten Überblick über die derzeitige Nachfrage, lassen aber selbstverständlich keine Prognosen über die Chancen eines Studienanfängers nach Beendigung seines Studiums in ca. 5 Jahren zu.

Prognosen über die Berufschancen als Verkehrspsychologe sind nur schwer zu treffen, zumal auch mit Ausnahme bei den Technischen Überwachungsvereinen keine diesbezüglichen Erhebungen vorliegen.

Der überwiegende Teil der Verkehrspsychologen ist innerhalb der medizinisch-psychologischen Institute bzw. Untersuchungsstellen der regional gegliederten TÜV tätig. Ihr Ausbau ist in den letzten 15 Jahren erfolgt und kann im wesentlichen als abgeschlossen gelten; die vorhandenen Stellen sind der Entwick-

lung entsprechend vorwiegend mit jüngeren Psychologen besetzt, so daß mit ihrem vorzeitigen Freiwerden nur in Ausnahmefällen zu rechnen ist. Derzeit sind zwar genügend offene Stellen vorhanden, um Bewerber aufzunehmen, doch hängt der weitere Ausbau von der Entwicklung im Straßenverkehr, gesetzgeberischen Maßnahmen und den finanziellen Möglichkeiten der TÜV ab (die medizinisch-psychologische Fahreignungsbegutachtung ist wirtschaftlich gesehen für die TÜV nicht selten unrentabel).
Nach einer Zusammenstellung aus den Jahresberichten der Technischen Überwachungsvereine (Stand 1973) sind dort insgesamt ca. 108 Psychologen beschäftigt, davon ca. 34 freiberuflich, d.h. auf Honorarbasis. Es arbeiteten beispielsweise 1972 beim TÜV Bayern 47, dem TÜV Rheinland 23 und dem TÜV Hannover 25 Psychologen. Der Stellenzuwachs betrug in den letzten Jahren ungefähr 5–10 jährlich, also insgesamt ein geringer, aber stetiger Aufwärtstrend.
Eine freiberufliche, behördlich anerkannte gutachterliche Tätigkeit als Verkehrspsychologe außerhalb der TÜV ist aufgrund der gesetzlichen Basis der verkehrspsychologischen Eignungsbegutachtung derzeit zwar theoretisch möglich, aber praktisch kaum zu realisieren.
Die Oberbegutachtung, d.h. die endgültige Klärung eines Falles beim Vorliegen zweier oder mehrerer widersprüchlicher Gutachten, wird in der Regel an den Universitäten durchgeführt, wobei der Obergutachter von den Verwaltungsbehörden auf Erlaßebene namentlich hierfür autorisiert wird. Eine Ausnahme bildet in dieser Beziehung z.B. die vom Saarland eigens auf Fahreignungsoberbegutachtung ausgerichtete und der Universität des Saarlandes angegliederte Untersuchungsstelle für Verkehrstauglichkeit.
Verkehrspsychologische Tätigkeit außerhalb der genannten TÜV-Institutionen ist – im weiteren Sinne – z.B. möglich bei der Bundesanstalt für Verkehrswesen (Köln), der Deutschen Versuchsanstalt für Luft- und Raumfahrt e.V. (Hamburg), der Lufthansa, der Bundeswehr, der Bundesbahn, einigen den Universitäten angegliederten Instituten sowie bei privaten Instituten wie z.B. der Forschungsgemeinschaft „Der Mensch im Verkehr“ e.V. (Köln) oder dem DelBerg-Institut (Köln), die vorwiegend Forschungsprojekte in staatlichem Auftrag durchführen. Vereinzelt bestehen aber auch entsprechende Möglichkeiten bei großen Verbänden, Versicherungen oder Automobilclubs. Von den Instituten im deutschsprachigen Ausland sind zu nennen das Institut für psychologische Forschung und Beratung (Luzern) und das Verkehrspsychologische Institut des Kuratoriums für Verkehrssicherheit in Wien mit seinen Untersuchungsstellen.
Außerdem bestehen an einigen Universitäten in sehr beschränktem Umfang Möglichkeiten zur zeitlich begrenzten Anstellung (zumeist 1–3 Jahre) als Forschungsassistent zur Mitarbeit bei größeren Projekten. Angebote dieser Art sind allerdings relativ rar und in der Regel wird der angehende Verkehrspsychologe beim TÜV arbeiten.
Da die Fahreignungsbegutachtung in der Tätigkeit des Verkehrspsychologen mit

Abstand den breitesten Raum einnimmt, und er sie auch überwiegend im Rahmen der Medizinisch-psychologischen Institute bzw. Untersuchungsstellen in der TÜV ausübt, soll hier mit wenigen Sätzen auf seine Aufgaben und juristischen Arbeitsgrundlagen eingegangen werden.

Nach der jetzigen Fassung der Straßenverkehrszulassungsordnung (StVZO) sind die Verwaltungsbehörden ermächtigt, zur Erteilung bzw. Einziehung einer Fahrerlaubnis u.a. das Gutachten einer „amtlich anerkannten medizinisch-psychologischen Untersuchungsstelle" anzufordern. Im Bundeserlaß des Bundesministeriums für Verkehr vom Oktober 1969 werden bundeseinheitlich die Richtlinien für die Prüfung der körperlichen und geistigen Eignung von Fahrerlaubnisbewerbern bzw. -Inhabern festgelegt und von den Ländern weitgehendst übernommen. Durch ihn werden ebenfalls die Auflagen für die amtliche Anerkennung einer medizinisch-psychologischen Untersuchungsstelle formuliert; zu den wesentlichsten gehören u.a. die Zusammenarbeit von Medizinern und Psychologen (im Bedarfsfall auch mit einem Diplom-Ingenieur), fachliche Qualifizierung und die finanzielle Unabhängigkeit der Untersucher von der Gebührenerstattung bzw. den Einnahmen durch die Eignungsbegutachtung. Besonders der letzte Punkt verhindert aus naheliegenden kommerziellen Gründen die von eben diesen Einnahmen abhängiger Fahreignungsbegutachtung durch private Institute. Der Erlaß regelt also einmal die sachlich wünschenswerte und gerechtfertigte Kooperation von Medizinern und Psychologen, die an den Untersuchungsstellen der TÜV stets gegeben ist und durch die Gewährleistung der finanziellen Unabhängigkeit der Gutachter eine monopolartige Stellung erlangen ließ.

Die wesentlichsten Anlässe für die Aufforderung zur Fahreignungsbegutachtung beruhen auf den §3, 9 und 12 der StVZO und werden auf Landesebene zum Teil noch erweitert. Es handelt sich im wesentlichen um folgende Zuweisungsgründe: körperliche und geistige Mängel, Prüfungsversagen, Deliktauffälligkeit (Verstöße gegen das Verkehrsrecht, Alkoholauffälligkeit), hohes Alter bei Neuantrag usw.

Die nunmehr relativ gefestigte Stellung des verkehrspsychologischen Gutachters und des diagnostisch tätigen Psychologen allgemein, erlebte 1962 mit dem Urteil des Oberverwaltungsgerichts (OVG) Bremen ihre bisher schwerste Krise, da das OVG Bremen Erkenntnisse, die auf psychologischen Tests beruhten nicht als Tatsachen ansah, aus denen der Schluß auf charakterliche Ungeeignetheit abgeleitet werden dürfe und sie auch schlicht als nicht verfassungskonform zurückwies. Das Bundesverwaltungsgericht in Berlin stellte dem gegenüber 1963 jedoch fest, daß psychologische Tests nicht verfassungswidrig seien und keinen Verstoß gegen die Grundrechte darstellen. Wäre dieses Urteil vom Bundesverwaltungsgericht nicht in dieser Richtung ausgefallen, hätte es wahrscheinlich nicht nur das Ende der verkehrspsychologischen Fahreignungsbegutachtung bedeutet, sondern wäre sicher ein schwerer Rückschlag für die gesamte psychologische Diagnostik gewesen.

Die medizinisch-psychologischen Institute – das erste wurde 1952 in Stuttgart gegründet – haben vorrangig die Aufgabe in Zusammenarbeit von Medizinern und Psychologen die Eignung bestimmter von den Behörden zugewiesener Personenkreise zum Führen von Kraftfahrzeugen festzustellen. Die Zusammenarbeit zwischen Psychologen und Medizinern ist nach gewissen Anfangsschwierigkeiten als gut zu bezeichnen und je nach Fragestellung ist der eine oder andere Experte federführend bei der Begutachtung. Der überwiegenden Zahl der Fälle jedoch liegen psychologische Fragestellungen zugrunde. Trotzdem wird im Sinne echter Teamarbeit jeder Proband auch medizinisch untersucht.
Die Arbeit des Psychologen erreichte in den letzten Jahren einen hohen Realisierungsgrad, so wird z.B. die Testdurchführung weitmöglichst speziell geschulten psychologisch-technischen Assistenten übertragen, um dem Psychologen mehr Zeit für die Bearbeitung der eigentlichen psychologischen Fragen zu geben.
Die Negativ-Auslese bei der Begutachtung bringt allerdings nicht nur fachliche Probleme mit sich, wie z.B. die Zusammenarbeit mit dem negativ motivierten Probanden, sondern prägt auch weitgehend das Image des Verkehrspsychologen, verstärkt dadurch, daß die Öffentlichkeit über seine Arbeit meist nur negativ informiert wird, nämlich dann, wenn in strittigen Fällen der Psychologe, mehr emotional denn rational und fachlich wenig qualifiziert, im Hinblick auf sein wissenschaftliches Rüstzeug angegriffen und seine rechtliche Position mißdeutet wird. Jeder gegenüber seiner Arbeit kritische Psychologe wird sich dagegen ohne Frage der bestehenden methodischen Schwierigkeiten bewußt sein und entsprechend zurückhaltend seine gutachterlichen Entscheidungen treffen; das aber ist letzlich ein Problem, das nicht nur für die Psychologie gilt.
Formale Voraussetzung für die Tätigkeit als Verkehrspsychologe ist lediglich, das mit dem Diplom abgeschlossene Psychologiestudium. Der Führerschein ist erwünscht, aber nicht Bedingung. Aufgeschlossenheit gegenüber Teamarbeit, Kontaktbereitschaft und eine fundierte Ausbildung in psychologischer Diagnostik werden für die Arbeit bei den TÜV erwartet. In der Regel ist eine Einarbeitungszeit von einem Jahr notwendig, um mit den fachspezifischen psychologischen, juristischen und verwaltungsmäßigen Aufgaben voll vertraut gemacht werden zu können. Nicht überall wird während der Einarbeitungszeit das volle Gehalt bezahlt.
Das Anfangsgehalt ist in etwa vergleichbar der Besoldungsgruppe A 13 des Öffentlichen Dienstes mit einigen internen Sonderregelungen und beträgt derzeit etwa 1800,– bis 2000,– DM. Später ist mit der höheren Besoldungsgruppe A 14 zu rechnen. Auch hier gibt es keine einheitlichen Regelungen.
Ist der Psychologe im öffentlichen Dienst beschäftigt, so wird bei der Übernahme ins Beamtenverhältnis mit den Besoldungsgruppen A 13/A 14 zu rechnen sein. Bei Beschäftigung im Angestelltenverhältnis analog der Bundesbesoldungsordnung BAT 3/2.

Die Aufstiegsmöglichkeiten sind nicht sehr groß. Bei den TÜV-Institutionen ist z.B. der Aufstieg zum Untersuchungsstellen- oder Institutsleiter möglich. Letzterer ist oft auch gleichzeitig Leiter der gesamten medizinisch-psychologischen Abteilung. Im öffentlichen Dienst und auch in der Privatwirtschaft sind die Aufstiegschancen ebenfalls begrenzt und die Laufbahn wird mit der Stellung eines Abteilungsleiters größtenteils beendet sein.

5 Fortbildungsmöglichkeiten

Ein regelrechtes Fortbildungsstudium für Psychologie, wie es zeitweise im Gespräch ist und bei einer so im Fluß befindlichen Wissenschaft wie der Psychologie eigentlich auch notwendig wäre, existiert bisher nicht.
Die Sektion Verkehrspsychologie des BDP bietet jährlich mit wechselnder Schwerpunktbildung zweitägige Fortbildungsveranstaltungen an, auf denen sowohl die praktisch als auch wissenschaftlich arbeitenden Psychologen zu Worte kommen. Außerdem werden auf regionaler Ebene unter den Fachkollegen, oft auch in Verbindung mit Angehörigen der Universitätsinstitute, Kolloquien veranstaltet. Der Berufsanfänger ist gut beraten, sich die jährliche Teilnahmemöglichkeit an Fortbildungsveranstaltungen und Kongressen vertraglich zu sichern, da dies noch längst keine Selbstverständlichkeit ist.

Literaturempfehlungen

Nachfolgend genannte Literatur stellt eine unvollständige und auf den deutschen Sprachraum beschränkte Auswahl dar. Zusammenfassende Darstellungen über die Ergebnisse der Verkehrspsychologie sind relativ selten. Hier kann das von HOYOS herausgegebene Buch „Psychologie des Straßenverkehrs“ empfohlen werden. Ein Großteil der Veröffentlichungen wird in einer Vielzahl von Zeitschriften publiziert und ist relativ schlecht erreichbar. Deutschsprachige Veröffentlichungen aus der Verkehrspsychologie werden vorwiegend in nachfolgend aufgeführten Periodica publiziert:

Zeitschrift für Verkehrssicherheit, Dr. A. Tetzlaff-Verlag, Frankfurt,
Zentralblatt für Verkehrsmedizin, Verkehrspsychologie, Luft- und Raumfahrtmedizin, Lehmanns-Verlag, München,
Zeitschrift für Verkehrserziehung, Verkehrs- und Wirtschaftsverlag Dr. Borgmann, Dortmund.

Ferner finden sich einschlägige Veröffentlichungen in den psychologischen Fachzeitschriften wie z.B. Diagnostica, Psychologische Rundschau, Psychologische Beiträge, Zeitschrift für experimentelle und angewandte Psychologie, Psychologie und Praxis.

Daneben werden von der Sektion Verkehrspsychologie des BDP und von den einzelnen medizinisch-psychologischen Instituten der TÜV oder anderen Forschungsinstituten, wie z. B. der Forschungsgemeinschaft „Mensch im Verkehr" e. V., Köln in mehr oder weniger regelmäßigen Abständen eigene Berichte, meist Zusammenfassungen von Forschungsvorhaben herausgegeben:

- Berichte der Forschungsgemeinschaft „Der Mensch im Verkehr": „Faktor Mensch im Verkehr", Dr. A. Tetzlaff-Verlag, Frankfurt,
- Schriftenreihe des Deutschen Verkehrssicherheitsrates (DVR), „Forschungen für die Sicherheit im Verkehr", Dr. A. Tetzlaff-Verlag, Frankfurt;
- Fachbuchreihe des Kuratoriums für Verkehrssicherheit, Wien. Fahreignung und Verkehrssicherheit, Mitteilungsblatt des medizinisch-psychologischen Instituts des TÜV Stuttgart;
- Report, Mitteilungen des medizinisch-psychologischen Instituts des TÜV Hannover.
- Mitteilungen und Berichte des TÜV Rheinland;
- Mitteilungen der Sektion Verkehrspsychologie des BDP.

Bücher:

Arnold, W.: Angewandte Psychologie. Urban Taschenbücher Nr. 130, Berlin 1970.

Benesch, H.; Dorsch, F. (Hrsg.): Berufsaufgaben u. Praxis des Psychologen, München, 1971.

Forbes, T. W.: Human factors in highway traffic safety research, New York, 1972.

Hoyos, C. G. (Hrsg.): Psychologie des Straßenverkehrs, Bern, 1965.

Little, A. D.: The state of the art of traffic safety, New York, 1970.

Schneider, W.; Schubert, G.: Die Begutachtung der Fahreignung", in: Handbuch der Psychologie, Bd. 11, Göttingen, 1967.

Shaw, L.; Sichel, H.: Accident proneness, Oxford-Braunschweig, 1971.

C. Wehrpsychologie

Werner Fritscher

1 Einführung

Die Wehrpsychologie versteht sich nicht als eine Psychologie „sui generis". Unter diesem Begriff werden vielmehr die verschiedensten psychologischen Teilgebiete im Dienste einer Militärorganisation zusammengefaßt. Erst neuerdings beginnt sich die Wehrpsychologie unter dem Einfluß der Militärsoziologie und der zivilen Friedensforschung aus diesem, vor allem historisch bedingten Auftragsverhältnis zu lösen. Vereinzelt finden sich Bestrebungen, gesamtgesellschaftlich bedeutsame Probleme aufzugreifen, sie unter den besonderen Bedingungen der Militärorganisation zu untersuchen und Lösungsstrategien für die Bewältigung sozialer Probleme daraus abzuleiten (vgl. Crawford, 1970).

Die historische Entwicklung der deutschen Wehrpsychologie verlief diskontinuierlich. Auf zögernde Versuche während des Ersten Weltkrieges (Auslese von Kraftfahrern, Funkern und Fliegern) folgte ein stürmischer Aufschwung in den Zwanziger Jahren. Das Bemühen des ersten Leiters der Heerespsychologie, J. B. Rieffert (1925–1930), konzentrierte sich zunächst auf die Schaffung eines praktikablen Ausleseverfahrens für Offiziersanwärter. Dieses Verfahren, das sich aus wechselseitig ergänzenden Prüfstationen (Lebenslauf-, Ausdrucks-, Geistes- und Handlungsanalyse) zusammensetzte, war auf die ganzheitliche Erfassung der Bewerberpersönlichkeit unabhängig von einem militärischen Zweck zugeschnitten. Damit wurde die damals übliche psychotechnische Prüfung fiktiver Führerqualitäten aufgegeben und vom charakterologisch-individualdiagnostischen Arbeitsprinzip abgelöst.

Unter Simoneits Leitung, der Rieffert im Amte nachfolgte, setzte zwar ein intensiver Ausbau der für die Individualdiagnostik grundlegenden Charakterkunde ein – und zwar relativ unbeeinflußt von nationalsozialistischem Gedankengut – der statistischen Methodenkontrolle wurde jedoch zu wenig Aufmerksamkeit gewidmet.

Mit der wachsenden Motorisierung und Technisierung der Streitkräfte, weitete sich das Tätigkeitsfeld der Wehrmachtspsychologie aus. Funktionspsychologische Prüfverfahren zur Auslese von Spezialpersonal für Heer, Luftwaffe und Marine (z.B. E-Meß- und Flak-Horchpersonal, Tastfunker, Panzerschützen, Kraftfahrer, Piloten etc.) mußten entwickelt und experimentell abgesichert

werden. Dennoch blieb der charakterologische Grundsatz auch für diese Eignungsdiagnostik verbindlich.
Das starre Festhalten an den außerordentlich zeit- und personalaufwendigen „qualitativen“ Verfahren, führte letztlich zur Paralysierung der wehrpsychologischen Arbeit in Heer und Luftwaffe. Trotz enormer Arbeitsleistung – 1938 wurden z. B. 150552 Eignungsgutachten erarbeitet (Personalumfang: 150 Psychologen und 42 Prüfoffiziere) – und der fast totalen Mobilisierung aller Fachpsychologen Deutschlands, einschließlich der Hochschullehrer, gelang es der Wehrmachtspsychologie, außer in der Kriegsmarine, nicht, den militärischen Personalbedarf während des Krieges fortlaufend und schnell genug zu decken. Die ständige Erhöhung der Selektionsquoten führte überdies zu einem Absinken des diagnostischen Nutzeffektes, der schon zu Friedenszeiten kaum mehr als ca. 8–13% (Offiziersauslese) betragen haben dürfte. Die Auflösung der Wehrmachtspsychologie (1942)*, die von den NS-Machthabern ohnehin nur geduldet und der „artfremden Wissenschaftlichkeit“ verdächtigt wurde, bereitete einem guten Stück angewandter Psychologie ein vorläufiges Ende.
Die zweite Phase der Wehrpsychologie in Deutschland begann mit der Aufstellung der Bundeswehr (1956). In den Anfängen an der traditionellen Eignungsauslese (Offizierbewerber, Freiwilligenbewerber) anknüpfend, differenzierte sich die Wehrpsychologie in der Bundeswehr mit fortschreitender Spezialisierung des militärischen Bereichs. Heute können nach GELDARD (vgl. FLIK, 1969) fünf Hauptgebiete der Wehrpsychologie unterschieden werden, mit deren Bearbeitung mehrere Bundeswehrinstitutionen (u. a. Flugmedizinisches Institut, Schiffahrtsmedizinisches Institut, Offizier- und Unteroffizierschulen, Fach- und Fachhochschulen der Streitkräfte, Fliegerschulen, Erprobungsstellen für Waffen und Gerät usw.) beauftragt sind.

1.1 Psychologie des personellen Wehrersatzpotentials (man power resources)

Dieser Fachzweig umfaßt die optimale Zuweisung der Wehrpflichtigen zu den verschiedenen Ausbildungsplätzen der verwendungsbezogenen Grundausbildung. Die im Wehrersatzwesen verwendete Testbatterie (EVT) geht auf den „Army General Classification Test“ (AGCT) zurück. Jährlich werden ca. 250000 Wehrpflichtige im gesamten Bundesgebiet getestet. Diese Leistungsdiagnostik wird in zunehmendem Maße durch testtheoretische Arbeiten und berufskundliche Forschung ergänzt.

---

* Dies betraf nur die Psychologie des Heeres und der Luftwaffe. Die Marinepsychologie konnte ihre Tätigkeit ungehindert bis Anfang April 1945 fortsetzen.

1.2 Eignungspsychologie (personnel selection and classification)

Neben der Auslese von militärischen Führungskräften (Offizierlaufbahnbewerber, Fachoffizierbewerber, Anwärter für den Generalstabsdienst), Zeitsoldaten und Spezialisten (z. B. Piloten, Kampfschwimmer, Minentaucher, nautisches und technisches Personal aller Fachrichtungen etc.) gewinnt die Bewerberauswahl für den nicht-militärischen Bereich immer größere Bedeutung (z. B. Bewerberauswahl für die Lehrlings- und Meisterausbildung in den Lehrwerkstätten der Bundeswehr, Beamtenanwärterprüfungen für den mittleren und gehobenen Dienst der Bundeswehrverwaltung, Berufseignungsuntersuchungen für ausscheidende Zeitsoldaten im Auftrag des Beförderungsdienstes Bw, Anwärterprüfungen für den Fernmeldedienst Bw und Bewerberauslese der Refa- und Programmiererausbildung etc.).
In der Leistungs- und Eignungsdiagnostik, die dem Personalwesen zuzurechnen ist, ist gegenwärtig die Mehrzahl der Bundeswehrpsychologen tätig (ca. 80%; vgl. Mitze, 1971). Erwünschte und notwendige Änderungen dieses Zustandes beginnen sich jedoch bereits abzuzeichnen.

1.3 Wehrtechnische Psychologie (human factors engineering, ergonomics; Anthropotechnik)

Die technische Psychologie beschäftigt sich mit der Anpassung von Mensch-Maschinen-Systemen (z. b. Kraftfahrzeuge, Panzer, Schiffe, Hochleistungsflugzeuge etc.) an die physische und psychische Leistungsfähigkeit des Bedienungspersonals (Untersuchung der physikalischen Umweltfaktoren, Arbeitsplatz- und Arbeitsablaufanalysen, Untersuchung von Unfallursachen, anthropotechnische Analyse in Erprobung befindlicher Waffensysteme und Geräte usw.).

1.4 Psychologie der militärischen Ausbildung und Erziehung (training and military education)

Wehrdienstverkürzungen und die unterschiedliche intellektuelle Leistungsfähigkeit der Wehrpflichtigen bei steigender Komplizierung der Waffensysteme erfordern eine stete Rationalisierung und Effektivierung der Ausbildungsmethodik (Analyse von militärischen Ausbildungs- und Unterrichtsmethoden, Entwicklung spezifischer Lernprogramme, Kontrolle des Ausbildungserfolges mit standardisierten Leistungstesten etc.). Die Schulung in speziellen Führungstechniken und die Vermittlung von Einsichten in das eigene Sozialverhalten (z. B. Sensitivity-Training) zählen zu den Ausbildungsschwerpunkten für das militärische und zivile Managementpersonal. Die „Ausbildung der Ausbilder", wie sie in der Industrie vorangetrieben wird, findet ihre Entsprechung auch im militärischen Bereich.

1.5 Sozialpsychologie (human relations and morale)

Die Eingliederung des Wehrpflichtigen und Freiwilligen in die Militärorganisation, die Anpassung an die Bedingungen und Forderungen der „kasernierten Gesellschaft" und die Rückgliederung des Soldaten in das Zivilleben werfen besondere Probleme auf. Die sozialpsychologische Forschung befaßt sich daher u.a. mit Fragen der Gruppenkohäsion, des Verhaltens in Extremsituationen (Panik, Flucht usw.), den Ursachen disziplinärer Verhaltensabweichungen (eigenmächtige Abwesenheit, Fahnenflucht, Tätlichkeiten gegen Vorgesetzte etc.), der Führerschafts- und Meinungsforschung. Besondere Bedeutung kommt der Analyse der Auto- und Heterostereotype der verschiedenen Ranggruppen zu, von deren Wechselwirkung das innere Gefüge der Streitkräfte beeinflußt wird. Die Motivforschung bei Freiwilligen und Wehrpflichtigen, sowohl vor Diensteintritt als auch nach Beendigung der Dienstzeit, dient der Verbesserung von Werbemaßnahmen und der Imagepflege. Die Untersuchung und Diskussion der positiven und negativen Sozialisationswirkungen der Militärorganisation rücken neuerdings immer mehr in den Brennpunkt wehrpsychologischen Interesses (z.B. tätigkeitsspezifische Persönlichkeitsprägungen und deren Rehabilitation).

In dieser Aufzählung sind Teilgebiete nicht enthalten, die entweder noch nicht oder fälschlicherweise der Wehrpsychologie zugeschlagen werden. Zumindest in Deutschland ist die „psychologische Verteidigung" nicht der Wehrpsychologie zugeordnet; sie gehört in eine andere Zuständigkeit der militärischen Führung.

Da die einseitige Streßbelastung im industriellen Produktionsprozeß und der Leistungsdruck während der militärischen Ausbildung neurotische Fehlentwicklungen begünstigen, hat sich – neben der traditionellen Wehrpsychiatrie – eine eigenständige klinische Psychologie institutionalisiert. Noch auf Ursachenforschung und Diagnostik der Leistungsstörungen sowie der neurotischen Erkrankungen beschränkt, die durch die Belastungen des Militärdienstes ausgelöst und/oder gefördert werden (z.B. Drogenmißbrauch, Flugphobien, Entwicklungsstörungen, Versagungs- und Versagenssyndrome etc.), ist eine ausgedehnte psychotherapeutische Versorgung der Soldaten (z.B. Focalanalyse, Gruppen- und Gesprächspsychotherapie, Verhaltenstherapie usw.) beabsichtigt. Mit den Sozialarbeitern der Bundeswehrverwaltung sind informelle Kooperationsmöglichkeiten zur Prophylaxe und Vorfeldarbeit gegeben.

Künftige Entwicklungen der Wehrpsychologie sind hauptsächlich auf dem Gebiet der Organisationspsychologie (Analyse organisationaler Kommunikationsstrukturen, Optimierung des Informationsflusses, Beschleunigung von Entscheidungsprozessen etc.) und der politischen Psychologie zu erwarten. Durch internationale

Zusammenarbeit mit vergleichbaren Einrichtungen in anderen Ländern, die teilweise bereits vertraglich geregelt wurde, ist die Grundlage für eine umfassende Forschungstätigkeit auf den verschiedensten Gebieten geschaffen worden.
Eine zusammenfassende Darstellung der Geschichte und Probleme der Wehrpsychologie, die dem neuesten Entwicklungsstand entsprechen würde, gibt es derzeit noch nicht. Über die Arbeit der Bundeswehrpsychologie informieren die beiden Publikationsorgane: „Wehrpsychologische Untersuchungen" und „Wehrpsychologische Mitteilungen", die vom Fachreferat „Wehrpsychologie" im Bundesministerium der Verteidigung herausgegeben werden.

2 Tätigkeitsdarstellung

Die Schilderung eines Berufsbildes *des* Wehrpsychologen, das auf alle Wirkungsmöglichkeiten zutrifft, wird durch die Vielfalt der wehrpsychologischen Aufgaben, die in den verschiedenen Fach- und Organisationsbereichen wahrgenommen werden, erschwert. Stellvertretend für die übrigen wird daher nachstehend das Tätigkeitsfeld des Psychologen im Wehrersatzwesen beschrieben.
Zur Erfüllung des gesetzlichen Auftrags (§ 20a WpflG), alle tauglich gemusterten Wehrpflichtigen auf ihre militärischen Verwendungsmöglichkeiten hin zu untersuchen, wurden bei 31 Kreiswehrersatzämtern (KWEA) des Bundesgebietes Fachgebiete „Psychologie" eingerichtet. Im Zuständigkeitsbereich eines solchen Fachgebietes sind, außer dem örtlichen Kreiswehrersatzamt, noch zwei bis drei weitere Kreiswehrersatzämter zusammengefaßt. Fachliche Weisungen können dem Psychologen, der zugleich Fachgebietsleiter ist, nur vom Fachvorgesetzten der übergeordneten Behörden erteilt werden. Die berufsethischen Verpflichtungen des BDP gelten sinngemäß auch für die Dienstausübung des Wehrersatzpsychologen wie aller Psychologen in der Bundeswehr.
Mit seinem Mitarbeiterstab (8 Hilfskräfte) führt der Psychologe die Eignungs- und Verwendungsprüfung (EVP) der ungedienten Wehrpflichtigen durch. Für die Plazierungsentscheidungen, die mit Hilfe ausgearbeiteter Eignungsprofile getroffen werden, trägt allein der Psychologe die Verantwortung. Leistungsfunktionsstörungen bei Wehrpflichtigen („borderline-cases") werden in Zusammenarbeit mit dem zuständigen Hauptmusterungsarzt abgeklärt, der auch den Tauglichkeitsgrad festsetzt oder gegebenenfalls abzuändern hat. Von den Verwendungsvorschlägen, die der Psychologe unter Berücksichtigung der EVP-Ergebnisse vergibt, kann nur aus zwingenden Gründen bei der endgültigen Wehrdiensteinplanung abgewichen werden. In Zweifelsfällen ist der Psychologe zur Einplanung zuzuziehen.
Die diagnostische Tätigkeit des Wehrersatzpsychologen beinhaltet die Durchführung der EVP und Berufseignungsuntersuchungen für ausscheidende Zeitsoldaten auf Antrag des örtlichen Berufsförderungsdienstes Bw.

Beratend wird der Psychologe in der Bundeswehrverwaltung (z.B. Einplanungsberatung des KWEA, Dienstpostenbesetzungen etc.) und im militärischen Bereich tätig. Um die einberufenen Wehrpflichtigen auf die Ausbildungsplätze der verwendungsbezogenen Grundausbildung zu verteilen, ist der Wehrersatzpsychologe bestimmten Truppenverbänden – bis zur Größe einer Division – zugeordnet. Er unterstützt die militärische Kommandobehörde bei der Personalführung und unterweist die Personalsachbearbeiter in der Handhabung der EVP-Unterlagen. Dazu gehört auch die Anfertigung und Auswertung von Kontrollstatistiken. Die Beratung einzelner Kompaniechefs in Disziplinar- oder Laufbahnangelegenheiten ergibt sich bei dieser Kooperation mit den militärischen Dienststellen von selbst.

Die wissenschaftliche Tätigkeit, die ausdrücklich zu den dienstlichen Obliegenheiten des Wehrersatzpsychologen gezählt wird, umfaßt Testanalysen der EVP-Batterie, eigene Testentwicklungen und -erprobungen, Bewährungskontrollen (Validitätsuntersuchungen) und sozialpsychologische Untersuchungen (Befragungen, Gruppendiskussionen etc.).

Gutachterliche Stellungnahmen können auf Antrag des Prüfungsausschusses für Kriegsdienstverweigerer sowie in Disziplinar- und in Strafverfahren, die gegen Soldaten eröffnet worden sind, angefertigt werden.

Über Veränderungen im militärischen Bereich (z.B. Einführung neuer Waffensysteme, Wechsel der Ausbildungs- und Führungsgrundsätze usw.) hat sich der Wehrersatzpsychologe ständig zu informieren und seine eigenen militärischen Kenntnisse auf dem Laufenden zu halten (z.B. Truppenbesuche, Teilnahme an Manövern, Wehrübungen etc.).

Täglich werden etwa 50–55 tauglich gemusterte Wehrpflichtige zur EVP geladen (Jahresrate: ca. 6000–8000 Wehrpflichtige pro Fachgebiet). Die gesamte Prüfung dauert rund 5 1/2 Stunden. Die Umgliederung der bisherigen „single-stage"-Testung in sequentielle Teststrategien ist zur Zeit in der Diskussion. Bei einem gut eingearbeiteten Prüfteam bleibt dem Psychologen genügend freie Zeit, die für Literaturstudium oder sonstige wissenschaftliche Arbeiten genutzt werden kann. Die Zuständigkeit des Psychologen für mehrere Kreiswehrersatzämter bedingt eine rege Reisetätigkeit seiner Prüfgruppe. Je nach örtlichen Gegebenheiten und Musterungsaufkommen wird die Prüfgruppe bis zu zwei Dritteln der Prüfzeit an auswärtigen Prüforten in Anspruch genommen. Auslagen werden nach dem Bundesreisekostengesetz erstattet.

Für die Eignungs- und Verwendungsprüfung ist die bundeswehreigene EVT-Batterie obligatorisch. Ihre Entwicklung erfolgte nach amerikanischen Vorlagen („Army General Classification Test"). Die nach Schulbildungsgruppen getrennten Testanalysen haben bisher befriedigende statistische Kennwerte ergeben. Wehrpflichtige, deren intellektuelle Leistungsfähigkeit eingeschränkt ist, können mit der Kurzform des WECHSLER-Intelligenztestes (WIP) zusätzlich untersucht werden. Für die Berufseignungsuntersuchungen ist, neben den auch in der

Arbeitsverwaltung üblichen Testverfahren, der Intelligenz-Struktur-Test (IST) verbindlich, von dem Parallelformen als IT-70 ausschließlich der Bundeswehrpsychologie zur Verfügung stehen. Darüber hinaus besteht für jeden Psychologen die Möglichkeit alle Verfahren anzuwenden, in deren Handhabung er ausgebildet wurde. Routine und Sicherheit beim Gebrauch unterschiedlicher Interviewtechniken sind wünschenswert.
Die Teilnahme an Kongressen und sonstigen berufsbezogenen Veranstaltungen wird dienstlich gefördert. Hierzu zählen auch Arbeitstagungen und Symposien mit Militärpsychologen der westlichen Bündnispartner sowie mit solchen bündnisfreier Länder. Darüber wird ausführlich in der Vierteljahresschrift „Wehrpsychologische Mitteilungen" berichtet. Im Einzelfall ist nicht nur eine kurzfristige Beurlaubung möglich, sondern darüber hinaus die Abordnung ganzer Personengruppen zur Teilnahme an Veranstaltungen im Ausland.
Die Ausübung von Nebentätigkeiten ist in der Bundesnebentätigkeitsverordnung geregelt. Die Genehmigung, einer Nebenbeschäftigung nachzugehen, gilt als allgemein erteilt, wenn sie insgesamt geringen Umfang hat, außerhalb der Dienstzeit ausgeübt wird und kein gesetzlicher Versagungsgrund vorliegt. Die Ausübung einer fortgesetzten Nebentätigkeit ist jedoch genehmigungspflichtig und daher dem Dienstherrn anzuzeigen, sofern sie über eine Lehr-, Sachverständigen- oder Forschungstätigkeit hinausgeht. Vergütungen, die dem Psychologen aus genehmigten Nebentätigkeiten zufließen, brauchen nicht an den Dienstherrn abgeführt zu werden.
Außer den an der Hochschule erworbenen Kenntnissen, die nicht vielseitig genug sein können, sollte der Wehrersatzpsychologe allgemeine Kenntnisse im Verwaltungswesen (z.B. Aktenführung, Schriftverkehr, Umgang mit Verfügungen und Verordnungen etc.) und Kenntnisse der elektronischen Datenverarbeitung mitbringen.
Voraussichtlich wird der Wehrersatzpsychologe in absehbarer Zeit aus dem Wehrersatzwesen ausgegliedert werden. Voraussetzung dafür ist jedoch, daß die Plazierungsentscheidungen, die gegenwärtig noch von einem Psychologen gefällt werden müssen, an datenverarbeitende Anlagen abgegeben werden. Die Entwicklung entsprechender Rechenprogramme ist allerdings schwierig. Die Psychologen, die gegebenenfalls frei werden, sollen dann als Truppenpsychologen bei den Divisionen und Korps eingesetzt werden.

3 Laufbahn

In den verschiedenen Institutionen der Bundeswehrpsychologie werden Psychologen und Psychologinnen beschäftigt. Letztere werden vorwiegend in den Prüfgruppen der Freiwilligenannahmeorganisation eingesetzt. Weitere Verwen-

dungsmöglichkeiten bestehen für sie im klinischen Bereich an Bundeswehrkrankenhäusern, in den wissenschaftlichen Arbeitsgruppen und als Hilfsreferentin im Ministerium. Bewerber, die den Wehrdienst abgeleistet haben, werden – vor allem wenn sie Reserveoffiziere sind – bei sonst gleichen Voraussetzungen anderen Bewerbern gegenüber bevorzugt.
Die Beschäftigung der eingestellten Bewerber erfolgt zunächst im Angestelltenverhältnis (VergGr BAT II a). Die ersten 6 Monate zählen als Probezeit. Bei einer hauptberuflichen Tätigkeit von 3 1/2 Jahren nach der Diplom-Hauptprüfung, kann der Psychologe als Laufbahnbeamter übernommen und zum Regierungsrat (BesGr A 13, BBesG) ernannt werden. Nach weiteren 1–3 Jahren ist bei Bewährung die Beförderung zum Oberregierungsrat (BesGr A 14) möglich. Darüber hinaus sind Aufstiegschancen bis zum Leitenden Regierungsdirektor bzw. Ministerialrat (BesGr A 16/B 3) gegeben.
Studierende der Psychologie, die die Diplom-Vorprüfung bestanden haben, können anrechnungsfähige Praktika im Psychologischen Dienst Bw (z. B. Offizierbewerber-Prüfzentrale, Freiwilligen-Annahmestellen, Wehrersatzwesen, Bundesamt für Wehrtechnik und Beschaffung, Flugmedizinisches Institut, Schiffahrtsmedizinisches Institut) von mindestens 6 Wochen Dauer ableisten. Eine Kombination von Wehrübung und Praktikum wird nur in Ausnahmefällen genehmigt werden können. Praktikumsbewerbungen sind an das Personalstammamt der Bundeswehr, 5 Köln, Neumarkt 49 zu richten.

Literatur

ANSBACHER, H. L.: Bleibendes und Vergängliches aus der deutschen Wehrmachtspsychologie. Mitt. Berufsverb. dtsch. Psychologen, 1949, *3*, S. 3.

BMVg – P II 4 (Hrsg.): Wehrpsychologische Mitteilungen (Sonderheft Wehrmachtspsychologie). Nr. 2/72, 6. Jhrg., Juni 1972.

CRAWFORD, M. P.: Military Psychology and General Psychology. Am. Psychol., 1970, S. 328–336.

DAVIS, D. R.: Post-mortem on German applied psychology. Occup. Psychol., 1947, *21*, S. 105.

DAVIS, D. R.: German applied psychology. BIOS Final Rep., No. 970, Item 24, 28 Pub. Bd. L 63616. Wash. D. C.: US Dep. Commerce 1947.

FITTS, P. M.: German applied psychology during World War II. Am. Psychol., 1946, *1*, S. 151.

FLIK, G.: Wehrpsychologische Eignungsprüfungen. Inform. f. d. Truppe, 1965 (8), S. 566–578.

FLIK, G.: Die Wehrpsychologie in der Bundeswehr. Wehrkunde, 1969 (1), S. 29–35.

MIERKE, K.: Psychologische Diagnostik, in: ACH, N. (Hrsg.): Lehrbuch der Psychologie (Praktische Psychologie), Bd. III Bamberg 1944, S. 1.

MITZE, W.: Psychologen in der Bundeswehr, in: BENESCH, H. & DORSCH, F. (Hrsg.): Berufsaufgaben und Praxis des Psychologen. München/Basel 1971.

Simoneit, M.: Wehrpsychologie. Berlin 1933.
Simoneit, M.: Die Anwendung psychologischer Prüfungen in der deutschen Wehrmacht. Deutsche Wehrmachtspsychologie von 1929–1942.
Foreign Military Studies, Historical Division, H. Q. US-Army Europe: Personnel and Administration (Proj. 2b) 1948 – Teil V.

V. Der Psychologe in Lehre, Forschung und in freiberuflicher Tätigkeit

Die aus der Einleitung ersichtliche Vielfältigkeit psychologischer Arbeitsbereiche erschwert in erheblicher Weise ihre eindeutige Einordnung in ein klassifikatorisches Schema. Insbesondere der erfolglose Versuch, die drei im folgenden zu behandelnden Beiträge unter die vorangegangenen Kapitel zu subsummieren, demonstriert diese Schwierigkeiten. Die Beiträge wurden aus diesem Grunde – eingedenk ihrer inhaltlichen Verschiedenheit und ungeachtet eines fehlenden übergeordneten Einteilungskriteriums – in loser Folge aneinandergereiht – an den Schluß des Buches gesetzt.

Ein mit großem Detailreichtum versehener – sehr praxisorientierter Beitrag über die Tätigkeit und die berufliche sowie rechtliche Situation freiberuflich arbeitender Psychologen leitet das letzte Kapitel ein. Dabei erhält der Leser eine Vielzahl nützlicher Informationen einkommensrechtlicher, steuerrechtlicher und versicherungsrechtlicher Art. Organisatorische und juristische Probleme bei der Niederlassung und bei der Errichtung einer eigenen Praxis werden ausführlich erörtert.

Auch der Beschreibung der einzelnen Fachgebiete, in denen freiberuflich arbeitende Psychologen tätig werden können, wird großer Raum gewidmet.

Nicht zuletzt werden wertvolle Hinweise über Spezialprobleme der nicht in einem Anstellungs- oder Beamtenverhältnis stehenden Psychologen – wie Haftungsfragen im Schadensfalle, Honorarfragen, Fragen der Zusammenarbeit mit Ärzten und Krankenkassen sowie der beruflichen Schweigepflicht angeboten.

Alle genannten Informationen stellen eine wertvolle Hilfe für diejenigen Fachkollegen dar, die sich mit dem Gedanken tragen, irgendwann einmal freiberuflich zu arbeiten.

Ein weiterer Beitrag beschäftigt sich mit dem Psychologen in der Forschung, wobei exemplarisch die Forschungsarbeit auf dem Gebiet der Psychopharmakologie herausgegriffen wird, die die Untersuchung der Wirkweise chemischer Präparate auf die menschliche Psyche zum Inhalt hat.

Der große Anteil von Fachkollegen, die im Bereich der universitären und außeruniversitären Lehre Beschäftigung gefunden haben, rechtfertigte vor noch nicht langer Zeit die Einrichtung einer Sektion: „Ausbildung in Psychologie" beim Berufsverband deutscher Psychologen, auf deren bisheriger Arbeit sich der nachstehende Beitrag teilweise stützt. Dieser Beitrag unterscheidet sich insofern etwas von den anderen, als sein Schwerpunkt eher auf einer kritischen Bestandsaufnahme bisheriger Lehrtätigkeit und dem Anbieten konstruktiver Gegenvorschläge beruht. Die Beschreibung des beruflichen Alltags, die durchschnittliche Lehrverpflichtungszeit, die Bezahlung und weitere faktenorientierte Angaben werden zugunsten der Darstellung der Problematik der Lehrtätigkeit selbst sowie des Selbstverständnisses des gesamten Berufsstandes hintangestellt. Dabei wird vor allem die Diskrepanz zwischen in nahezu einem Jahrhundert psychologischer Forschungstätigkeit erzielten Erkenntnisgewinnen und deren schleppender Umsetzung in lehrorientierte Handlungskonsequenzen drastisch herausgestellt. Der Diskussion von Reformbestrebungen, die, aufbauend auf einer intensiven fachbezogenen Curriculumforschung sowie auf Erkenntnissen der Lern-, Motivations-, Pädagogischen-, Sozial- und Klinischen Psychologie, eine Verbesserung der derzeitigen Lehr- und Lernbedingungen und der gesamten Ausbildungssituation bewirken sollen, kommt dabei große Bedeutung zu.

A. Freiberufliche Psychologen

GERDA BIELING

1 Freiberuflich angebotene Leistungen im Bereich der Psychologie

Fast alle speziellen Leistungen im Bereich der Psychologie können sowohl im Angestelltenverhältnis als auch in freiberuflicher Tätigkeit erbracht werden.
Die Psychotherapie z. B. kann von einem Psychologen ausgeübt werden, der an einem Krankenhaus angestellt ist, aber auch von einem ausschließlich freiberuflich tätigen Berufskollegen.
Wir finden z. B. Markt- und Werbepsychologen, die als Angestellte in Unternehmen der Konsumgüterindustrie, der chemischen Industrie, der Automobilindustrie usw. tätig sind, und solche, die eine freiberufliche Praxis betreiben, in deren Rahmen sie Unternehmen gerade auch wiederum der Konsumgüterindustrie, der chemischen Industrie, der Automobilindustrie usw. in Fragen der Markt- und Werbepsychologie beraten.
Sowohl der angestellte als auch der freiberuflich tätige Berufskollege kann in seinem Spezialfach hervorragend qualifiziert und in Fachkreisen deshalb weithin bekannt und anerkannt sein. Es ist der eigenen freien Entscheidung des Psychologen überlassen, ob er ein Anstellungsverhältnis eingeht, das neben den bekannten mancherlei Beschränkungen ein geregeltes Einkommen und eine gesetzliche (oft auch zusätzliche betriebliche) Altersversorgung bietet, oder ob er es reizvoller findet, sei es aus persönlichen oder wirtschaftlichen Gründen, in freier Praxis tätig und sein eigener Herr zu sein.
Das Grundgesetz der Bundesrepublik Deutschland garantiert dem Bürger das Recht der freien Berufswahl, d. h. der eigenen, selbstverantwortlichen Berufsentscheidung. Diese Entscheidung bezieht sich aber nicht nur auf den Beruf selbst, d. h. darauf, ob man Bäcker, Industriekaufmann, Jurist oder Psychologe werden will. Auch innerhalb des gewählten Berufes garantiert das Grundgesetz dem Bürger die Freiheit der weiteren Entscheidung darüber, ob er als Bäckermeister selbständig das Handwerk ausüben oder als angestellter Meister in einer Brotfabrik tätig sein will; ob er als Industriekaufmann, z. B. als Handelsvertreter, selbständig sein Geld verdienen möchte oder als angestellter Verkaufsleiter ein Gehalt bezieht; ob er als Jurist Rechtsanwalt wird und damit für jedermann und gegen Honorar tätig werden kann oder ob er z. B. als Richter oder Staatsanwalt in die Dienste eines Bundeslandes tritt und Beamtengehalt bezieht.

So ist man auch als Psychologe nach beendeter Universitätsausbildung frei in seiner Entscheidung, ob man die Psychologie in unselbständiger Tätigkeit ausübt, sei es im sogenannten Öffentlichen Dienst von Bund, Ländern oder Gemeinden oder einer ihrer Körperschaften und Anstalten (Bundespost, Bundeswehr, Landesuniversität, Städtisches Krankenhaus usw.), sei es im privaten Dienst einer Kirche, eines Trägers der Sozialversicherung oder der Wohlfahrt, eines Industrie-Unternehmens, eines Wirtschaftsverbandes, einer Gewerkschaft, einer Bank, eines Zeitungsverlages, einer politischen Partei usw.

Angestellter mit Gehalt, Lohnsteuerkarte und gesetzlicher Rentenversicherungspflicht –

oder freiberuflich Tätiger mit Honorar, Einkommensteuer und freiwilliger Rentenversicherung –

das ist der entscheidende Unterschied.

Selbstverständlich gibt es das „Sowohl – als auch" ebenfalls. Grundsätzlich kann jeder Angestellte nebenbei auch freiberufliche Einnahmen erzielen[1], allerdings nur im Rahmen des rechtlich Zulässigen[2].

Schreibt z. B. ein Angestellter über spezielle Probleme, mit denen er sich beruflich täglich als Angestellter seiner Firma befaßt, so kann es sein, daß diese Tätigkeit für ihn unzulässig ist, weil ein Gesetz dies verbietet oder weil sein Dienstvertrag einen Paragraphen enthält, der ihm jede nebenberufliche literarische Tätigkeit aus seinem beruflichen Fachgebiet untersagt.

Beispiele: Ein Angestellter in einem Baubüro fertigt Bauzeichnungen für Bekannte gegen Entgelt an: Das ist vom Gesetz nicht verboten, d.h. erlaubt, soweit der Dienstvertrag dazu keine einschränkende Bestimmung enthält. Ein Angestellter in der Steuerabteilung eines Industriebetriebes übt in der Freizeit freiberufliche Steuerberatung gegen Entgelt aus: Das ist unzulässig, da durch Gesetz verboten, selbst wenn es ihm vertraglich gestattet wäre. Das gleiche gilt für den angestellten Juristen – es sei denn, er besäße eine Zulassung als Rechtsanwalt, und es gilt selbstverständlich ohne jede Ausnahme für den beamteten Richter, der nicht in seiner Freizeit entgeltliche Rechtsberatung betreiben darf.

Wie sieht es beim Psychologen aus mit der Zulässigkeit freiberuflicher Nebenbetätigung?

Der angestellte Psychologe darf sich grundsätzlich in seiner Freizeit auch fachlich gegen Entgelt betätigen. So ist es z.B. dem in der Personalabteilung eines Großbetriebes tätigen Psychologen erlaubt, sich außerdienstlich freiberuflich als Graphologe zu betätigen. Es gibt kein Gesetz, das eine solche Betätigung verbietet oder von bestimmten Voraussetzungen (Prüfung, Zulassung) abhängig macht. Es

---

1 „Grundsätzlich" heißt in der Juristensprache: Das gilt in aller Regel, gilt aber nicht, wenn Gesetz oder Vertrag etwas Spezielles, Abweichendes bestimmen.

2 Der Angestellte ist lediglich verpflichtet, bei Überschreiten gewisser Grenzen bei den freiberuflichen Einkünften und anderen Einkünften als denen aus nichtselbständiger Arbeit eine Einkommensteuererklärung abzugeben.

könnte aber sein – und dies ist bei Leitenden Angestellten überwiegend der Fall –, daß die nebenberufliche Betätigung im beruflichen Fachgebiet in einer speziellen Bestimmung des Dienstvertrages entweder untersagt oder – häufiger – von der vorherigen Zustimmung des Dienstvorgesetzten abhängig gemacht ist. Die ungenehmigte freiberufliche Nebentätigkeit wäre dann ein Verstoß gegen den Dienstvertrag.
Anders liegen die Dinge bei dem in der Städtischen Erziehungsberatungsstelle tätigen, angestellten Psychologen, der eine Mutter beraten und deren Kind getestet hat, anschließend den Befund mitteilt, eine bestimmte Therapie vorschlägt und dann auf die Frage der Mutter, an wen sie sich wegen der Therapie wenden könne, antwortet: „Dazu können Sie heute abend in meine Wohnung kommen." Als die Mutter mit dem Kind dorthin kommt, findet sie dort ein Wartezimmer und einen regelrechten freiberuflichen Betrieb vor. Eine solche Tätigkeit ist – soweit bekannt – durch die Dienstordnungen aller Gebietskörperschaften verboten und damit unzulässig.
Abschließend soll ein Katalog möglicher Leistungen im Bereich der Psychologie dahingehend kommentiert werden, ob und inwieweit freiberufliche Betätigung Betracht kommt.

Beratung in Schul- und Bildungsweg

Neben dem angestellten Psychologen gibt es in dieser Sparte auch die freiberufliche Betätigung.

Berufsberatung

Hier gibt es wegen des Monopols der Bundesanstalt für Arbeit keine freiberufliche Betätigung. Erlaubt sind für freiberufliche Psychologen Begabungs-, Intelligenz- und Eignungsuntersuchungen, aber keine speziellen Berufsberatungen.

Betriebspsychologie

Darunter versteht der Sprachgebrauch den im Unternehmen angestellten Psychologen der alle vorkommenden psychologischen Probleme bearbeitet, mit Schwerpunkt im Personalbereich. Selten wird er sich zugleich mit psychologischen Fragen im Bereich Marketing, Vertrieb und Werbung befassen. Nicht selten ist der „Betriebspsychologe" auf die Tätigkeit innerhalb der Personalabteilung beschränkt, und das Unternehmen bedient sich im Bereich Marketing, Vertrieb und Werbung entweder der Beratung freiberuflicher Psychologen, die in dieser Sparte besonders erfahren und bekannt sind, oder das Unternehmen zieht besondere Unternehmensberatungsfirmen heran, die ihrerseits einen angestellten Psychologen beschäftigen, der zuständig ist für alle psychologischen Probleme im

Marketing- und Vertriebsbereich aller Kunden der Unternehmensberatungsfirma.

Erziehungsberatung

Neben den Erziehungsberatungsstellen der öffentlichen Körperschaften und der Kirchen wird Erziehungsberatung in weitem Umfang von freiberuflich tätigen Klinischen Psychologen im Rahmen ihrer Praxis mit ausgeübt, oder auch von freiberuflichen Diplom-Psychologen, die *nur* Erziehungsberatung betreiben (s. auch „Schulpsychologie").

Forschung und Lehre an der Universität

Hier gibt es nur eine Betätigung im öffentlichen Dienst. Selbstverständlich kann der freiberuflich tätige Diplom-Psychologe einen Lehrauftrag erhalten.

Forschung und Lehre außerhalb der Universität

Sie wird überwiegend im öffentlichen oder privaten Dienst ausgeübt. Der freie Beruf des „Privatgelehrten" ist selten.

Gerichtspsychologie (forensische Psychologie

In der Praxis gibt es sowohl die ausschließlich auf dieses Feld spezialisierte freiberufliche Praxis (Haupttätigkeitsgebiete: Begutachtung der Glaubwürdigkeit minderjähriger Zeugen bei Sittlichkeitsdelikten und graphologische Gutachten über Unterschriften) als auch Kollegen, die im öffentlichen Dienst speziell in diesem Bereich tätig sind, z. B. im Haftvollzug.

Krankenhaustätigkeit

wird von Psychologen im öffentlichen Dienst oder im privaten Dienst (je nach dem Träger des Krankenhauses) geleistet. Denkbar ist aber auch die regelmäßige, auf Honorarbasis betriebene Beratungs- und Behandlungstätigkeit eines freiberuflichen Diplom-Psychologen für das Krankenhaus.

Lebensberatung

Dies ist neben der Erziehungsberatung das häufigste Gebiet und das weiteste Feld, auf dem freiberufliche Diplom-Psychologen tätig werden.

Marktforschung

In diesem Bereich betätigen sich angestellte Psychologen großer Unternehmen, Unternehmensverbände und Unternehmensberaterfirmen ebenso, wie freiberuflich tätige Berufskollegen mit Schwerpunkt „Marketing“ (siehe auch „Betriebspsychologie“).

Politische Psychologie

Hier bietet sich für den freiberuflich Tätigen kein ausreichendes Betätigungsfeld.

Psychodiagnostik und Psychotherapie, Psychagogik

Dies ist das Haupttätigkeitsfeld der freiberuflich tätigen Psychologen.

Psychologie im Polizeidienst

wird nur im Öffentlichen Dienst betrieben.

Rehabilitation

wird sowohl von angestellten Psychologen als von freiberuflich tätigen Psychologen ausgeübt. Der freiberufliche Klinische Psychologe kann dabei auch als gelegentlicher oder ständiger Berater eines Rehabilitationszentrums tätig sein, entsprechend wie bei Krankenhäusern.

Schriftsachverständiger

Diese Tätigkeit wird überwiegend freiberuflich ausgeübt. Hauptberuflich im Anstellungsverhältnis als Schriftsachverständige tätige Diplom-Psychologen dürften selten sein.

Schulpsychologie

Es gibt freiberuflich tätige Diplom-Psychologen, die sich auf Diagnose und Therapie der Legasthenie spezialisiert haben. Darüber hinaus haben alle in der Klinischen Psychologie allgemein und speziell in der Erziehungsberatung frei praktizierenden Diplom-Psychologen in zahlreichen Einzelfällen mit Fragen der Schulpsychologie zu tun.

Sie wird überwiegend im Anstellungsverhältnis ausgeübt. Freiberuflich tätige Kollegen beschäftigen sich – neben anderen Bereichen der Psychologie, die in ihrer Praxis vorkommen – auch gelegentlich mit Verkehrspsychologie. Eine freiberufliche, nur auf Verkehrspsychologie spezialisierte Praxis ist nicht bekannt.

Es gibt im Bundesgebiet zur Zeit etwa 4500 freiberuflich tätige Diplom-Psychologen. Die meisten von ihnen (67%) sind als überwiegend Klinische Psychologen tätig. Die Angehörigen der nächststärkeren Gruppe (19%) arbeiten vornehmlich als Markt- und Wirtschaftspsychologen. Es folgen die in der Forensik tätigen freiberuflichen Kollegen (14%).
Eine eindeutige Trennung der verschiedenen Bereiche ist nicht möglich, da die Grenzen fließend sind. Der klinisch tätige Psychologe erstattet auch Gutachten für Gerichte, der Wirtschafts- und Marktpsychologe betätigt sich – aufgrund seiner auf der Universität erhaltenen Voll-Ausbildung, die ja überwiegend Klinische Psychologie ist – zuweilen auch im Klinischen Bereich, indem er Erziehungs- und Lebensberatungen gewährt.

2 Niederlassung und Praxisausübung

2.1 Lage und Ausstattung der Praxis

Wer sich als Diplom-Psychologe hauptberuflich in eigener Praxis betätigen will, muß sich zunächst über Art und Umfang seiner Tätigkeit klar sein. Danach nämlich richten sich Standort und Organisation seines Unternehmens. Die Praxis muß richtig „liegen", und die Verwaltungsarbeit muß so zweckmäßig, sparsam und wirtschaftlich wie irgend möglich erledigt werden können, damit man nicht unnütze Ausgaben hat und nicht mehr kostbare Zeit als unbedingt nötig auf die lästigen, aber nun einmal notwendigen Nebenarbeiten verwenden muß.
Die Standortwahl ist z. B. für den Graphologen nicht problematisch. Er arbeitet zuhause in seinem Arbeitszimmer. Auch der freiberuflich tätige Betriebspsychologe ist relativ unabhängig in der Wahl seines Standorts, gleichgültig, ob er sich im Personalbereich oder in der Markt- bzw. Werbepsychologie betätigt. Da ein solcher Kollege sich aber bemühen sollte, vor dem Start *einen* guten, größeren Kunden zu gewinnen, der laufende Beratung braucht und infolgedessen auch eine regelmäßig fließende Einnahmequelle für die Praxis bedeutet, so sollte der Standort nicht allzu weit von diesem Kunden entfernt sein. Andererseits soll der Standort aber nicht zugunsten eines einzelnen Kunden so extrem gewählt sein, daß er die künftige Entwicklung der Praxis erschwert.

Der Klinische Psychologe sollte sich einen zentralen Standort wählen, wie ihn z.B. auch ein Facharzt für innere Medizin wählen würde. Er sollte sich zuvor erkundigen, welche Erziehungsberatungsstellen in dem ins Auge gefaßten Bereich tätig sind und welche anderen Klinischen Psychologen sich in dem Bereich bereits niedergelassen haben. Man sollte bemüht sein, den Aufwand für Miete in vertretbaren Grenzen zu halten. An Praxisräumen braucht der Klinische Psychologe 1 Wartezimmer und möglichst 2 Sprech- bzw. Arbeitszimmer.
Die Praxis sollte von der Wohnung getrennt sein. Es soll nicht unerwähnt bleiben, daß es gesetzlich verboten ist, die Heilkunde im Umherziehen auszuüben oder Sprechstunde im Bahnhofs-Wartesaal, in Gaststätten usw. abzuhalten. Im Grunde versteht es sich auch von selbst, daß Arzt, Heilhilfsberuf und Heilpraktiker standesrechtlich gehalten sind, die Praxis in besonderen, von der Wohnung getrennt gehaltenen Räumen zu betreiben. Der Diplom-Psychologe sollte sich an diese Regeln ebenfalls halten, auch soweit seine Tätigkeit nicht Ausübung von Heilkunde im Sinne des Heilberufsrechts ist. Gerade der Psychologe weiß am besten, welch bedeutsamer therapeutischer Vorteil darin liegt, den Patienten in der sachlichen Atmosphäre der Praxis zu empfangen und zu behandeln, und auf diese Weise im persönlichen Bereich Abstand zu wahren, statt dem Patienten Einblick in die persönliche Sphäre des Therapeuten zu gewähren. Für den Therapeuten selbst ist die sachliche Atmosphäre der Praxis ein Schutz.
Die Eröffnung der Praxis ist dem Städtischen (bzw. Kreis-)Gewerbeamt anzuzeigen. Gewerbepolizei und Gesundheitsamt haben Zutritt zur Praxis, um die Einhaltung der gewerbepolizeilichen bzw. gesundheitspolizeilichen Vorschriften zu prüfen.
Auch gegenüber dem Finanzamt besteht Anzeigepflicht bei Praxiseröffnung.
Ein Praxisschild an der Hauswand – und, falls erforderlich, auch im Innern des Hauses – sollte sich in Aufmachung und Größe an die Gepflogenheiten und standesrechtlichen Vorschriften der Ärzte und Heilpraktiker halten. So darf das Praxisschild bei diesen Berufsgruppen eine bestimmte Höhe und Breite nicht überschreiten. Auf dem Schild sollen der Name, der akademische Grad, die angebotenen Leistungen (z.B. Werbepsychologie, Psychotherapie, Erziehungsberatung, Lebensberatung) und die Zeiten der Sprechstunden vermerkt sein. Gesetzliche Regelungen dafür gibt es nicht, doch kommen baupolizeiliche und mietvertragliche Bestimmungen vor.
Dem Psychologen steht es frei, ob und wieweit er Werbung betreibt. Auch der Klinische Psychologe ist keinen Beschränkungen unterworfen wie der Arzt, dem jegliche Werbung verboten ist. Zweckmäßig ist, die Eröffnung der Praxis, sowie den Beginn und die Beendigung des Urlaubs durch eine Anzeige in der örtlichen Presse bekanntzumachen, und die öffentliche Werbung hierauf zu beschränken. In diesem Umfang ist die Werbung auch Ärzten und Rechtsanwälten gestattet.
Der akademische Grad „Diplom-Psychologe“ sollte unbedingt verwendet und angezeigt werden. Er ist die einzige amtliche Kennzeichnung, die für die

berufliche Qualifikation äußerlich verwendet werden kann, und diese Kennzeichnung ist auch geschützt, denn niemand darf sich Diplom-Psychologe nennen, der nicht das Psychologie-Diplom einer deutschen Hochschule besitzt.
Das ist aber leider auch alles. Denn:
Die Berufsbezeichnung „Psychologe" und die Kennzeichnung „Psychologische Praxis" sind nicht geschützt. Es ist nicht verboten, sich unter der Bezeichnung „Psychologe" freiberuflich zu betätigen, auch wenn man nicht Psychologie studiert hat.
In dieser Hinsicht teilen die freiberuflich tätigen Psychologen die berufspolitisch ungünstige Situation der Ingenieure und Architekten. Jeder, der sein technisches Fach versteht, darf sich Ingenieur nennen. Die Angehörigen des Berufsstandes schützen sich – soweit möglich – indem sie sich, falls sie ein volles akademisches Studium absolviert haben, „Diplom-Ingenieur" nennen, oder, falls sie eine spezielle, nicht akademische Ausbildung absolviert haben, „Ing. grad.". Die Architekten bemühen sich seit Bestehen der Bundesrepublik Deutschland vergeblich um ein Architektengesetz, das die Berufsbezeichnung schützt und die Ausbildung verbindlich vorschreibt. Jeder Baumeister oder Bauzeichner kann sich Architekt nennen. Die akademisch gebildeten Architekten schützen sich so gut wie möglich durch ihren Verband, den Bund Deutscher Architekten, und nennen sich demzufolge „Architekt BDA".
Entsprechend gibt es zahlreiche niedergelassene Berufskollegen, die Mitglied des Berufsverbandes Deutscher Psychologen sind und sich deshalb „Diplom-Psychologe BDP" nennen. Denn es gibt niedergelassene Psychagogen, die sich „Psychologe" nennen. Es gibt zahlreiche Philologen und Lehrer, auch besonders qualifizierte Sonderschullehrer, die sich mit Psychologie befaßt haben, sie teilweise auch beruflich verwenden und die sich deshalb als „Psychologe" oder „Schulpsychologe" bezeichnen. Rechtlich ist hiergegen nichts zu sagen und nichts zu machen. Viele dieser „Psychologen" fühlen sich auch subjektiv völlig berechtigt zu solchem Verhalten, indem sie mit Stolz auf ihre durch Selbststudium und Erfahrung erworbenen Kenntnisse hinweisen.
Ganz anders ist die Rechtslage beim Arzt und beim Rechtsanwalt. Die Bundes-Ärzte-Ordnung schützt die Berufsbezeichnung „Arzt" und schreibt ein Staatsexamen für den Arzt verbindlich vor. Die Bundes-Rechtsanwalts-Ordnung schützt die Berufsbezeichnung „Rechtsanwalt" und schreibt ein Staatsexamen als Voraussetzung für die Berufsausübung verbindlich vor.

2.2 Praktische Fragen der Unterhaltung einer Praxis

Konsequenterweise gibt es für den Arztberuf und den Rechtsanwaltsberuf, die nur nach Ablegung eines *Staats*examens – nicht lediglich eines Universitätsexamens – ausgeübt werden dürfen, und die außerdem zur Berufsaufnahme noch einer staatlichen Zulassung durch Verwaltungsakt (Bestallung) bedürfen, gesetzlich verbindliche Gebühren-Ordnungen[3]. Gesetzlich verbindliche Gebühren-Ordnungen gibt es dagegen für Ingenieure, Architekten und Psychologen nicht. Das bringt mancherlei Probleme für den freiberuflichen Psychologen, der seriös handeln, d.h. ein nicht zu hohes aber auch nicht zu niedriges Honorar fordern will und muß. Durch Austausch von Erfahrungen unter Kollegen und durch den Rat der Sektion freiberuflicher Psychologen im Berufsverband Deutscher Psychologen hat man bisher versucht, das rechte Maß zu finden.

So hat sich ergeben, daß der freiberufliche Psychologe, wenn er nach Zeitaufwand abzurechnen hat, mindestens einen Stundensatz von zur Zeit 30–45 DM ansetzt, wobei er unter Berücksichtigung seiner Betriebskosten zu einem Einkommen gelangt, das ein Akademiker im öffentlichen Dienst erzielt. – 46 Arbeitswochen zu 40 Stunden ergeben 1840 Stunden mal 30 DM ergeben brutto 55200 DM.

Davon sind – wenn keine Hilfskräfte beschäftigt werden – pauschal 25% als Betriebsausgaben abzuziehen, d.h. 13800 DM, so daß als Gewinn vor Steuern 44160 DM verbleiben. Dem entspricht, wenn nach Arbeitstagen abgerechnet wird; einen Tagessatz von 240–360 DM.

Der klinische Psychologe findet für seine Honorare einen Anhaltspunkt in den Sätzen der Gebühren-Ordnung für Ärzte[3] und der Gebühren-Ordnung für Heilpraktiker.

Diese Gebühren-Ordnungen geben – wie gesagt – Anhaltspunkte; sie sind für Psychologen nicht verbindlich. Jede Vergütung für eine freiberufliche Tätigkeit der Psychologen bildet sich nach den Gesetzen des Marktes, d.h. nach Angebot und Nachfrage.

Das Honorar unterliegt grundsätzlich der Umsatzsteuer (Mehrwertsteuer). Für die Einnahmen der Klinischen Psychologen aus der Heilkunde besteht die gleiche Regelung wie für die Ärzte: Diese Einnahmen sind umsatzsteuerfrei. Die anderen Einnahmen aus freier Praxis unterliegen einem Satz von 5, 5%. Diese Umsatzsteuer müssen auch Rechtsanwälte, Architekten usw. zahlen.

Die Einkünfte aus freier Berufstätigkeit unterliegen der Einkommensteuer. „Einkünfte" sind der Unterschied zwischen den (Brutto-) „Einnahmen" und den „Betriebsausgaben". Es empfiehlt sich eine „einfache Buchführung", die nach den steuerlichen Vorschriften aus zwei Teilen besteht, nämlich aus der „laufenden Aufzeichnung der Betriebseinnahmen und der Betriebsausgaben" sowie aus einem (Inventar-) Verzeichnis der langlebigen Wirtschaftsgüter des Anlagevermögens (Praxis-Mobilar, Kraftfahrzeug usw.).

Alles weitere bespreche man mit einem „Steuerbevollmächtigten", dem hierfür kompetenten, ebenfalls freiberuflich tätigen Fachmann, der, wenn man selber die

---

3 GOÄ – Amtliche Gebühren-Ordnung für Ärzte, aufgrund § 11 der Bundesärzte-Ordnung von der Bundesregierung mit Zustimmung des Bundesrats verordnet, Bundesgesetzblatt und Deutscher Ärzte-Verlag, Köln.

laufenden Aufzeichnungen macht und die Belege abheftet (am besten monatlich chronologisch und numeriert), nur zweimal im Jahr tätig zu werden braucht: einmal beim Jahresabschluß und einmal bei der Ausarbeitung der Steuererklärung.

Ein Wochenende im Monat braucht man für die Verwaltungsarbeit: Aus dem Praxis-Tagebuch die dort täglich ausgezeichneten eigenen Leistungen in die Kunden- (Patienten-)Kartei übertragen, Rechnungen schreiben, sowie Rechnungsbetrag und Rechnungsausgang sowohl auf der jeweiligen Karteikarte vermerken, als auch chronologisch in ein Rechnungsausgangsbuch eintragen; die Kontoauszüge der Bank vornehmen, die Einnahmen und Ausgaben ins Journal eintragen, den Eingang früher ausgegangener Rechnungen prüfen, im Rechnungsausgangsbuch die Eingänge vermerken und auf diese Weise die Außenstände kontrollieren.

Fremde Hilfskräfte sind teuer. Kein Kostenfaktor beeinflußt die Kalkulation der Honorare derart einschneidend wie die Gehälter. Außerdem muß man zusätzliche Belastungen einkalkulieren, die entstehen, wenn Hilfskräfte durch Krankheit ausfallen oder ein Baby bekommen. Je kleiner die Praxis, desto größer ist, wenn man sich an die fremde Hilfe gewöhnt hat, die Abhängigkeit von dieser Hilfe. Viele Kollegen arbeiten deshalb ohne fremde Hilfskräfte. Meist arbeiten die Ehegatten zusammen. Für eine Hilfskraft muß monatlich ein Gehalt ausgezahlt werden und Lohnsteuer berechnet, einbehalten und an das Finanzamt abgeführt werden. Dazu bekommt man Formulare vom Finanzamt.

Zur Ausübung der freiberuflichen Praxis als Diplom-Psychologe ist der Abschluß einer Praxis-Haftpflichtversicherung dringend anzuraten. Zweckmäßigerweise wird sie zusammen mit der Privat-Haftpflichtversicherung abgeschlossen, d.h. auf diese „aufgestockt“. Das Bürgerliche Gesetzbuch unterscheidet zwischen Haftung aus Vertrag und Haftung aus unerlaubter Handlung.

Wer Pflichten aus einem gegenseitigen *Vertrag* schuldhaft (d.h. vorsätzlich oder fahrlässig) verletzt, haftet seinem Vertragspartner auf Ersatz des durch diese Pflichtverletzung nachweislich entstandenen Schadens (§§ 276, 325, 326 BGB). Auch aus einem Behandlungsvertrag zwischen dem freiberuflichen Psychologen und einem seiner Patienten können sich Haftungsfälle ergeben, d.h. Ansprüche des Patienten gegen den Psychologen auf Schadenersatz in Geld.

Analog der Rechtschreibung über Haftungsfälle aus einer ärztlichen Praxis wird man es z.B. auch beim Psychologen als ersatzpflichtige „Schlechterfüllung“ anzusehen haben, wenn er als Inhaber der Praxis bei der Behandlung eines Patienten einen sog. „Kunstfehler“ begeht, d.h. die in seiner Wissenschaft allgemein anerkannten Regeln verletzt und dadurch seinem Patienten als seinem Vertragspartner einen in Geld meßbaren Schaden zufügt.

Weitere Haftungsfälle, die Anhaltspunkte für etwaige Parallelen in einer psychologischen Praxis geben können, sind z.B. Haftung bei Eingriff ohne Einwilligung des Kranken, Haftung für Diebstahl im Sprechzimmer, Haftung wegen Verletzung der beruflichen Schweigepflicht und zwar auch dann, wenn die Verletzung durch das Handeln einer angestellten Hilfsperson geschah, § 278 BGB. Eine vertragliche Haftung könnte aber z.B. auch entstehen, wenn bei einem Patienten als Folge einer regelwidrig vorgenommenen Anamnese oder Psychoanalyse eine Depression entsteht, die ihn zeitweise berufsunfähig macht.

Eine Haftung kann nicht nur aus Vertragsverletzung, sondern auch aus *unerlaubter Handlung* begründet sein, also z.B. wegen Körperverletzung. Dazu sagt § 823 BGB: „Wer vorsätzlich oder fahrlässig das Leben, den Körper, die Gesundheit, die Freiheit, das Eigentum oder ein sonstiges Recht eines anderen widerrechtlich verletzt, ist dem anderen zum Ersatz des daraus entstehenden Schadens verpflichtet." Bekannt sind in diesem Bereich vor allem Schäden aus fahrlässiger Körperverletzung wegen Vernachlässigung der Streupflicht bei Schneeglätte, wegen mangelhafter oder fehlender Treppenbeleuchtung usw.

Ein und dieselbe Handlung kann eine Haftung aus Vertrag und zugleich Haftung aus unerlaubter Handlung begründen, z.B. beim Arzt die Vornahme eines Eingriffs gegen den Willen des Patienten. Praktisch ist dies deshalb von Bedeutung, weil die Haftpflicht aus unerlaubter Handlung dem Geschädigten zusätzlich noch den Anspruch auf „Schmerzensgeld" zubilligt.

Beide Haftungsgründe (schuldhafte Vertragsverletzung und schuldhaft unerlaubte Handlung bestimmter absoluter Rechte eines anderen, wie Körper, Gesundheit usw.) fallen unter den Begriff „gesetzliche Haftpflicht", weil sie durch ein Gesetz, nämlich das BGB, statuiert sind. Gegen Ansprüche aus der hier erläuterten gesetzlichen Haftpflicht nach dem Bürgerlichen Gesetzbuch braucht man sich nicht von Gesetzes wegen zu versichern, wie dies bekanntlich bei der Kraftfahrzeug-Haftpflicht der Fall ist. Allerdings ist der freiwillige Abschluß solcher Versicherungen – wie eingangs betont – dringend zu empfehlen.

Der Gesichtspunkt, daß Haftungsfälle relativ selten sind, sollte für den Psychologen nicht bestimmend sein angesichts der Erfahrung, daß einzelne unglücklich gelagerte Haftungsfälle vorkommen, bei denen die Schäden sechsstellige Beiträge ausmachen, Fälle also, die den Schuldner – also z.B. einen Berufskollegen – für sein Leben wirtschaftlich ruinieren können. Hiergegen sollte man sich unbedingt schützen.

3 Der freiberuflich tätige Klinische Psychologe

3.1 Tätigkeitsbereiche

Folgendes sind die kennzeichnenden Tätigkeiten des freiberuflich tätigen Klinischen Psychologen:

1. Psychodiagnostik
2. Psychagogik
3. Psychotherapie, das sind:
   analytische Psychotherapie,
   individualpsychologisch orientierte Psychotherapie,
   tiefenpsychologisch fundierte Psychotherapie,
   Verhaltenstherapie,
   Gesprächstherapie,
   Sensitivity Training,
   Gruppentherapie.
4. Psychologische Beratung und Behandlung, insbes.
   Erziehungsberatung,
   Eheberatung,
   Lebensprobleme.

Im Jahr 1971 führte die Sektion freiberuflicher Psychologen im Berufsverband Deutscher Psychologen eine Fragebogen-Erhebung mit folgendem Ergebnis durch:

von den Mitgliedern der Sektion hatten
63% Erwachsene als Patienten,
53% Jugendliche als Patienten,
66% Kinder in Behandlung.
10% der Mitglieder behandelten nur Kinder.
33% der Mitglieder behandelten nur Erwachsene.
Alle befragten Diplom-Psychologen betrieben Diagnostik.
10% der Mitglieder boten keine Therapie, sondern nur Beratung an.

Angeboten wurden folgende spezielle Leistungen	von x% der befragten Miglieder
Beratung bei Lebensproblemen	von 57%
Spieltherapie	von 33%
Legasthenietherapie	von 36%
Gesprächstherapie	von 40%
Verhaltenstherapie	von 40%
Tiefenpsychologisch fundierte und Analytische Psychotherapie	von 30%
Gruppentherapie einschl. Psychodrama und Sensitivity Training	von 10%
Berufeignungsuntersuchungen	von 10%

Eine Zusatzausbildung nach dem Studium an einem privaten psychotherapeutischen Ausbildungsinstitut hatten 10% der Befragten absolviert.

Behandelt wurden	von x% der befragten Mitglieder
Neurosen	von 80%
Depressionen	von 30%
Psychosomatische Erkrankungen	von 40%
Sprachstörungen	von 60%
Alkoholismus	von 10%
Drogenabhängigkeit	von 40%
Entwicklungsstörungen und unausgeglichene Intelligenzentwicklung durch übende u. technische Verrichtungen	von 66%
Leistungsstörungen	von 57%
Schul- und Anpassungsschwierigkeiten	von 66%

Angesichts dieses spezialisierten und höchst differenzierten sowie sehr umfassenden Angebots freiberuflicher Klinischer Psychologen einerseits, und angesichts des bekannten und allgemein beklagten Engpasses im Angebot psychotherapeutischer Versorgung andererseits ist es erstaunlich, daß in dem Zwischenbericht der Sachverständigen-Kommission zur Erarbeitung der Enquete über die Lage der Psychiatrie in der Bundesrepublik Deutschland[4] die Tätigkeit der Klinischen Psychologen nicht speziell gekennzeichnet, ja nicht einmal angesprochen ist, und daß seine Arbeit auch nicht in die empfohlenen gesundheitspolitischen Maßnahmen eingebaut worden ist.

Lediglich in dem speziellen Bereich „Kinder- und Jugendpsychiatrie" wird erwähnt, daß die Hauptlast der derzeitigen Versorgung auf den Erziehungsberatungsstellen liege und bei den Tageseinrichtungen für geistig behinderte Kinder. Beide Institutionen würden Bestandteil des künftigen Versorgungssystems sein. Mit der Einbeziehung in dieses System werde sich die Struktur vorhandener Einrichtungen ändern müssen. Einzelheiten solcher Pläne werden nicht mitgeteilt. An anderer Stelle wird gefordert, das psychiatrisch-psychotherapeutische Wissen im Rahmen der Ausbildung des Medizinstudenten stärker zu berücksichtigen, vor allem beim Arzt für Allgemeinmedizin, sowie den Fachärzten für Innere Medizin, Kinderheilkunde und Frauenheilkunde.

Der Sozialarbeiter wird als „Partner oder Mitarbeiter psychiatrischer Einrichtungen" gekennzeichnet, eine Reform seiner Ausbildungsplanung und Ausbildungsgänge empfohlen.

Ebenso unerwähnt bleibt der Klinische freiberuflich tätige Diplom-Psychologe im Diskussionsentwurf eines neuen Jugendhilfegesetzes, den eine vom Bundesminister für Jugend, Familie und Gesundheit berufene Sachverständigen-Kommission vorlegt[5]. Hier wird zwar erstmalig ein Rechtsanspruch des Jugendlichen auf

4 Deutscher Bundestag, 7. Wahlperiode, Drucksache 7/1124 vom 10. 10. 1973

5 unter dem 8. 3. 1973 herausgegeben vom Bundesminister für Jugend, Familie und Gesundheit, Karlsruhe

Erziehungsberatung und Erziehungshilfe bei Gefährdung oder bei Störung seiner Entwicklung postuliert, die bewährte und umfassende Mitwirkung der freiberuflichen Klinischen Psychologen in der Erziehungsberatung aber weder bei der Kennzeichnung der derzeitigen Situation angesprochen, noch bei den zukünftigen Planungen berücksichtigt. Es ist lediglich die Rede von den öffentlichen Trägern der Jugendhilfe und den freien Trägern der Jugendhilfe. Daß freiberufliche Erziehungsberater zur Mitwirkung herangezogen werden können, ist mit keinem Wort vorgesehen.

3.2 Berufsrecht, speziell Heilberufsrecht

Hier geht es nicht um die Frage, was *tut* der freiberufliche Klinische Psychologe, und auch nicht um die Frage, was *kann* er tun, sondern um die Frage, was *darf* er tun. Dazu ist allgemein zu sagen: Es gibt kein spezielles Berufsrecht für den Klinischen Psychologen. Soweit der Klinische Psychologe jedoch „Heilkunde" ausübt, fällt seine Tätigkeit unter das Heilberufsrecht, dessen Vorschriften er sich dann unterwerfen muß.
Entscheidend für die Beurteilung ist, ob und inwieweit „psychologische Diagnostik, Beratung und Behandlung" den gesetzlichen Tatbestand „Ausübung der Heilkunde" erfüllt.
Die Ausübung der Heilkunde ist in Deutschland *nur* aufgrund spezieller, in jedem Einzelfall einer bestimmten Person erteilten behördlichen Zulassung gestattet, und zwar in zwei Formen:

a) *ohne* Bestallung mit behördlicher *Erlaubnis:*

Hierfür gilt das Gesetz über die berufsmäßige Ausübung der Heilkunde ohne Bestallung, vom 17. 2. 1939 (RGBL. I, S. 251). § 1 sagt:

„Wer die Heilkunde, ohne als Arzt bestallt zu sein, ausüben will, bedarf dazu der Erlaubnis. Ausübung der Heilkunde im Sinne dieses Gesetzes ist jede berufs- oder gewerbsmäßig vorgenommene Tätigkeit zur Feststellung, Heilung oder Linderung von Krankheiten, Leiden oder Körperschäden bei Menschen, auch wenn sie im Dienste von anderen ausgeübt wird"[6].

b) *mit* Bestallung:

Die berufsmäßige Ausübung der Heilkunde mit Bestallung ist geregelt in der Bundesärzte-Ordnung vom 2. 10. 1961 (BGBl.I, S. 1857). § 2 sagt:

6 Näheres vgl. Kurzgefaßte Berufskunde für Heilpraktiker, München.

„Wer im Geltungsbereich dieses Gesetzes den ärztlichen Beruf ausüben will, bedarf der Bestallung als Arzt. Ausübung des ärztlichen Berufs ist die Ausübung der Heilkunde unter der Berufsbezeichnung Arzt oder Ärztin."

Soweit also „Psychodiagnostik, sowie psychologische Beratung und Behandlung" als Ausübung von Heilkunde anzusehen wären, bedürfte der Diplom-Psychologe zur Ausübung seines Berufes entweder der Bestallung als Arzt (die ein abgeschlossenes Medizinstudium voraussetzt) oder der Erlaubnis als Heilpraktiker.

Die Frage, ob und inwieweit die Leistungen des freiberuflichen Klinischen Psychologen „Ausübung von Heilkunde" sind, ist nicht allgemeinverbindlich zu beantworten.

Es wird die Meinung vertreten, durch Anerkennung der Psychotherapie als Pflichtleistung für RVO- und Ersatzkassen sei praktisch entschieden, daß Psychotherapie stets Ausübung von Heilkunde sei. Das trifft nicht zu. Sozialversicherungsrechtlich ist lediglich gesagt, daß die Psychotherapie zweier bestimmter Richtungen zur „notwendigen Krankenpflege" im Sinne des § 182 RVO gehört[7]. Daraus folgt aber für die heilberufsrechtliche Betrachtung nicht zwingend, daß der Zustand des Menschen, der durch Psychodiagnostik festgestellt und durch Psychotherapie geheilt oder gelindert werden kann, eine „Krankheit" oder ein „Leiden" im Sinne des Heilberufsrechts ist. Sind z.B. Legasthenie, Stottern, Bettnässen oder Nägelknabbern „Leiden" im Sinne des Heilberufsrechts? Müssen sie etwa notwendigerweise – und zwar *nur* deshalb – weil ihre Behandlung im sozialen Krankenversicherungsrecht als Pflichtleistung anerkannt ist, „Leiden" im Sinne des Heilberufsrechts sein? Nach der hier vertretenen Auffassung muß dies nicht zwingend der Fall sein. Das würde ja bedeuten, daß diese Tatbestände bis vor zwei Jahren nicht „Leiden" hätten sein können.

Selbst wenn man aber davon ausgeht, es handle sich bei den genannten Fehlverhalten um „Leiden" im Sinne des Heilberufsrechts, weil „notwendige Krankenpflege" im Sinne des § 182 RVO nur durch Heilkunde geleistet werden könne, so trifft auch dies nicht zu. Die „Krankenpflege" im Sinne des sozialen Krankenversicherungsrechts umfaßt nämlich nicht nur Leistungen der Heilkunde (also z.B. Feststellung, Heilung oder Linderung von Krankheiten und Leiden, was nur approbierte Ärzte und zugelassene Heilpraktiker tun dürfen), sondern auch nicht-heilkundliche Leistungen (z.B. Geburtshilfe durch die Hebamme), sowie heilende Übungen (Sprachtherapie, Heilgymnastik, Heilpädagogik) und Sachleistungen (Brille, Zahnprothese).

So könnten logischerweise auch die Psychodiagnostik, die psychologische Beratung und Behandlung sowie die „Psychotherapie" (für die es eine allgemein-

---

7 siehe Abschnitt „Sozialversicherungsrecht" weiter unten.

verbindliche Definition bis heute nicht gibt!), sowohl Leistungen der Heilkunde umfassen, als auch nicht-heilkundliche Leistungen sowie heilende Übungen.

Nur insoweit also, als man überhaupt den durch die „Psychotherapie" zu heilenden Zustand des Menschen als „Krankheit" oder „Leiden" anzusehen hätte und – falls dies zuträfe – den Begriff der „Psychotherapie" eindeutig definiert haben würde, und diese Behandlungsweise dann aufgrund dieser Definition unzweifelhaft als „Ausübung von Heilkunde" zu klassifizieren hätte, käme man zu dem Schluß, daß der Klinische Psychologe Heilkunde ausübe, und insoweit dann in der Tat die Bestallung als Arzt oder die Erlaubnis als Heilpraktiker brauchte. – Damit wäre dann aber auch berufspolitisch und gesundheitspolitisch klar, daß – de lege ferenda – die besondere behördliche Zulassung des Klinischen Psychologen zu spezieller Heilkunde nach Ablegung eines Staatsexamens durch ein heilberufliches Spezialgesetz baldigst zu regeln wäre!

Es ist in diesem Zusammenhang interessant, daran zu erinnern, daß die Deutsche Gesellschaft für Psychotherapie bei den Vorbesprechungen des geplanten Heilpraktikergesetzes in den Jahren 1938/39 versucht hat durchzusetzen, die Nichtärzte, die sich als beratende oder behandelnde Psychologen bestätigen, von den Bestimmungen des neuen Heilpraktikergesetzes auszunehmen und für sie einen neuen Berufsstand der „Behandelnden Psychologen" zu schaffen mit einer speziell für sie geltenden Rechtsordnung.

Für die These, daß Psychotherapie Ausübung von Heilkunde sei, sprechen die Erkenntnisse der modernen Psychologie als Naturwissenschaft. Neurosen sind krankhaftes Fehlverhalten. Sie lassen sich diagnostizieren und unter Anwendung wissenschaftlich gesicherter und praktisch erprobter Behandlungsmethoden lege artis heilen.

Für die These, daß Psychotherapie Ausübung von Heilkunde sei, spricht auch die herrschende Auffassung dazu in der Öffentlichkeit. Neurotische Verhaltensweisen werden allgemein als krankhafte Zustände angesehen und man geht davon aus, daß die Krankenkasse die Behandlung derartiger Fälle übernimmt. Nicht zuletzt hat diese in der Bevölkerung verbreitete Auffassung und Erwartung die Kassen veranlaßt, Psychotherapie als Pflichtleistung anzuerkennen.

Gegen die These, daß Psychotherapie Ausübung von Heilkunde sei, spricht die Praxis der Verwaltungsbehörden. Seit Jahrzehnten betreiben tausende von Psychologen unterschiedlichster Ausbildungsgänge – seit einem Jahrzehnt überwiegend diplomierte Voll-Akademiker – „Psychotherapie" verschiedenster Schulen und Arten, sei es im Angestelltenverhältnis, sei es freiberuflich. Die wenigsten besitzen die Zulassung als Heilpraktiker. Dabei sagt § 1 des Heilpraktiker-Gesetzes unmißverständlich: „Wer die Heilkunde, ohne als Arzt bestallt zu sein, ausüben will, bedarf dazu der Erlaubnis. Heilkunde im Sinne dieses Gesetzes ist jede berufs- oder gewerbsmäßig vorgenommene Tätigkeit zur Feststellung, Heilung oder Linderung von Krankheiten, Leiden oder Körperschäden bei Menschen, auch wenn sie im Dienste von anderen ausgeübt wird." Keine der Behörden oder öffentlichen Körperschaften, die angestellte Diplom-Psychologen zur Psychodiagnose und Psychotherapie beschäftigen, hat die Heilpraktiker-Zulassung für diese ihre Angestellten gefordert oder beantragt. Soweit diese Kollegen Psychodiagnostik betreiben, d.h. beruflich eine „Tätigkeit zur Feststellung von Krankheiten, Leiden oder Körperschäden bei Menschen" ausüben, oder Psychotherapie betreiben, d.h. sich beruflich mit „Heilung oder Linderung von Krankheiten, Leiden oder Körperschäden beim Menschen" befassen, so gibt es nur zwei Alternativen:

Entweder die Behörden oder Körperschaften sind der Auffassung, Psychodiagnostik und Psychotherapie der Diplom-Psychologen in ihren Erziehungsberatungsstellen und Krankenhäusern sei keine Ausübung von Heilkunde oder sie verstoßen allesamt und seit Jahren gegen das Heilberufsrecht.

Da letzteres kaum angenommen werden kann, muß wohl ersteres der Fall sein.

Die Auffassung, eine Zulassung als Heilpraktiker sei nur für freiberuflich Tätige, nicht aber für Angestellte erforderlich, ist irrig. Zum einen spricht das Gesetz es expressis verbis aus: Der Erlaubnis bedarf die berufsmäßige Tätigkeit auch dann, wenn sie im Dienste von anderen ausgeübt wird. Zum anderen ergibt sich das Erfordernis auch aus einem allgemeinen Prinzip des Heilberufsrechts, das bei der für Ärzte geltenden Regelung klar zum Ausdruck kommt: Für die Tätigkeit als angestellter Assistenzarzt am Krankenhaus genügt ebenfalls das medizinische Staatsexamen nicht; es ist zusätzlich die behördliche Zulassung zum Beruf, die Bestallung als Arzt, erforderlich.

Angesichts der offenbar unklaren Rechtslage ist es wohl auch verständlich, daß die Gesundheitsämter sich in der Regel auf eine überwachende Beobachtung der in ihrem Verwaltungsbereich freiberuflich tätigen nicht-ärztlichen Klinischen Psychologen beschränken. Werden Anträge auf Zulassung als Heilpraktiker gestellt und liegen die gesetzlichen Voraussetzungen vor, werden Zulassungen erteilt. Einige Fälle sind bekannt, in denen Gesundheitsämter – auf Beschwerden von dritter Seite – verwaltungsrechtlich gegen freiberuflich tätige Diplom-Psychologen, die keine Zulassung als Heilpraktiker besaßen, eingeschritten sind.

Strafverfahren gegen solche Kollegen sind nicht bekannt, obwohl sie denkbar wären, denn § 5 des Heilpraktikergesetzes bestimmt: „Wer ohne Erlaubnis die Heilkunde ausübt, wird mit Gefängnis oder mit Geldstrafe oder mit einer dieser Strafen bestraft." Es erscheint angesichts der unklaren Rechtslage unwahrscheinlich, daß ein deutsches Strafgericht einen Klinischen Psychologen wegen Verstoßes gegen das Heilpraktikergesetz verurteilt, wenn dieser Kollege eine Universitätsausbildung absolviert hat und seinen Beruf lege artis ausübt.

Andererseits ist aber gerade *wegen* der unklaren Rechtslage jedem Diplom-Psychologen, der sich freiberuflich als Klinischer Psychologe betätigen und seine Tätigkeit nicht auf reine Erziehungsberatung ohne übende Verfahren beschränken will, zu raten, die Zulassung als Heilpraktiker zu erwerben.

Nach den Durchführungsbestimmungen zum Heilpraktikergesetz wird die

Erlaubnis nicht erteilt, wenn der Antragsteller das 25. Lebensjahr noch nicht vollendet hat, nicht deutscher Staatsangehöriger ist, nicht im Besitz der bürgerlichen Ehrenrechte ist oder wenn sich aus Tatsachen ergibt, daß ihm die sittliche Zuverlässigkeit fehlt, und schließlich, wenn sich aus einer Überprüfung seiner Kenntnisse und Fähigkeiten ergibt, daß die Ausübung der Heilkunde durch den Betreffenden eine Gefahr für die Volksgesundheit bedeuten würde.
Über den Antrag entscheidet die untere Verwaltungsbehörde (Oberbürgermeister, Landrat) im Benehmen mit dem Gesundheitsamt.
Wichtig zu wissen ist, daß die einzelnen Bundesländer Vollzugserlasse über die Anwendung des Heilpraktiker-Gesetzes herausgegeben haben.
Eine auf Psychotherapie beschränkte Heilpraktiker-Erlaubnis ist rechtlich nicht möglich, daher ist zu empfehlen, sich an die Landesverbände der Heilpraktiker zu wenden. Dort liegen Prüfungserfahrungen vor. Selbstverständlich kann man sich im Selbststudium auf diese Prüfung vorbereiten. Was der Diplom-Psychologe an der Universität an Physiologie und Psychopathologie lernt, sowie die Kenntnis des Bundesseuchengesetzes, des Reichsimpfgesetzes, des Hebammengesetzes, des Gesetzes zur Bekämpfung der Geschlechtskrankheiten, des Betäubungsmittelgesetzes und des Arzneimittelgesetzes reicht für die Heilpraktikerprüfung aus.
Eine Prüfung kann wiederholt, eine einmal versagte Berufserlaubnis erneut beantragt werden.

3.3 Sozialversicherungsrecht

In der Reichsversicherungsordnung (RVO) heißt es in § 122 auszugsweise:

Die ärztliche Behandlung im Sinne dieses Gesetzes wird durch approbierte Ärzte geleistet. Sie umfaßt Hilfeleistungen anderer Personen, wie Hebammen, Krankenwärter, Masseure „und dergleichen“ nur dann, wenn
a) der Arzt sie *anordnet* oder
b) (ohne solche ärztliche Anordnung) in *dringenden Fällen* kein approbierter Arzt hingezogen werden kann.

Daraus folgt

1. Grundsätzlich darf der Diplom-Psychologe – ohne einer besonderen behördlichen Erlaubnis zu bedürfen, jedoch unbeschadet heilberufsrechtlicher Sondervorschriften, wie oben dargelegt – auf den Gebieten Psychodiagnostik, Psychotherapie und Psychagogik tätig werden, wenn eine ärztliche Anordnung vorliegt. Die Anordnung kann nach der RVO von jedem approbierten Arzt – also auch vom praktischen Arzt – erteilt werden. Der Gesetzgeber hat bewußt mit der Formulierung „und dergleichen“ auf eine enumerative Aufzählung verzichtet, d.h. eine weite Auslegung gewollt. Deshalb fällt nicht

nur eine große Zahl verschiedenster sog. Heilhilfsberufe unter den hier angesprochenen Personenkreis, sondern auch der Klinische Psychologe.

Sollten dennoch hieran Zweifel bestehen, so besagt § 122 Abs. 2 RVO: Die Oberste Landesbehörde kann bestimmen, wieweit auch sonst Hilfspersonen innerhalb der staatlich anerkannten Befugnisse selbständige Hilfe leisten können. So könnte z.B. auch der Diplom-Psychologe, soweit er psychodiagnostisch und psychotherapeutisch freiberuflich tätig ist, zur selbständigen Hilfeleistung bestimmt werden.

2. Der Sachverhalt „dringende Fälle, in denen kein approbierter Arzt hinzugezogen werden kann", wird von der Mehrzahl der Krankenversicherer als gegeben dann angesehen, wenn offensichtlicher Mangel an qualifizierten Psychotherapeuten vorliegt, d.h. behandlungsbedürftige Mitglieder der Kasse keinen ärztlichen Psychotherapeuten finden oder wochen- und monatelange Wartezeiten in Kauf nehmen müssen.

Sozialversicherungsrechtlich bedeutet dies, daß die RVO- und Ersatzkassen ihren Mitgliedern die Heilbehandlung durch den Klinischen Psychologen bieten müssen, wenn es sich um eine Pflichtleistung der Kasse handelt, ebenso wie die Heilbehandlung durch den Arzt. Pflichtleistung ist nach den grundlegenden Bestimmungen der §§ 165 ff. RVO alle Heilbehandlung. Nach § 182 RVO hat der Versicherte Anspruch auf die in Anbetracht seiner Krankheit „notwendige Krankenpflege". Psychotherapie ist inzwischen von allen RVO-Kassen und Ersatzkassen als notwendige Krankenpflege und damit Pflichtleistung anerkannt[8].

Mit Rücksicht darauf, daß psychotherapeutische Behandlung eines Kassenmitglieds in der Regel eine relativ hohe finanzielle Belastung mit sich bringt, empfiehlt es sich, stets vor Beginn der Behandlung die *Zustimmung* der Kasse zu ihrer Leistungspflicht zu erwirken, in der Praxis „Genehmigung" genannt. Dies gilt unabhängig davon, ob der nichtärztliche Psychotherapeut (Diplom-Psychologe) tätig wird

a) auf Anordnung des Arztes, oder
b) aufgrund seiner eigenen vertraglichen Beziehungen zu der Kasse, Verbindungen, wie sie sich in einigen Fällen entwickelt haben, gestützt auf die zweite Alternative des § 122 RVO („dringende Fälle, in denen kein approbierter Arzt hinzugezogen werden kann"), sowie auf das Vertrauen, das die Kasse zu dem betreffenden Berufskollegen erworben hat.

Man unterbreitet dazu der Kasse den Fall ihres Mitglieds schriftlich unter Angabe der Diagnose, sowie der Art und des Umfangs der vorgesehenen Behandlung und

8 vgl. Richtlinien des Bundesausschusses der Ärzte und Krankenkassen über tiefenpsychologisch fundierte und analytische Psychotherapie v. 3. 5. 1967 (Nienhaus, Kommentar zum Bundesmantelvertrag, Köln 1971, S. 144).

deren Kosten. Hat der Klinische Diplom-Psychologe für die Behandlung des Kassenmitglieds eine ärztliche Anordnung erhalten (§ 122 RVO, 1. Alternative), so fügt man sie dem Schreiben an die Krankenkasse bei[9].

Sobald die Kasse die Behandlung „genehmigt" hat, genauer gesagt: einvernehmlich erklärt, daß sie eine Leistungspflicht für ihr Mitglied als gegeben ansieht, und daß sie den Aufwand auf die Behandlung nach Art und Umfang als gerechtfertigt und erfolgversprechend betrachtet, so leistet der Klinische Psychologe die Behandlung im Rahmen der RVO mit der Folge, daß er sein Entgelt für die Behandlung des Kassenmitglieds von der Kasse erhält.

Leider ist es in der Praxis für den Diplom-Psychologen immer wieder schwierig, auf diesem zulässigen und erprobten Weg zur Abrechnung der Behandlung von Kassenmitgliedern zu kommen. Nicht alle Ärzte sind bereit, Anordnungen für den Klinischen Diplom-Psychologen zu schreiben. Oft gelingt es nicht, einen Vertrag mit einer Kasse auszuhandeln, oder man erreicht die Anerkennung erst nach längerer Zeit, wenn der Mangel an psychotherapeutischer Versorgung anhält und man durch Behandlungserfolge Vertrauen bei der Bevölkerung und bei der Kasse erworben hat.

Die Höhe des Entgelts für psychologische Behandlungen richtet sich nach einer für den Einzelfall oder generell für gleichartige Fälle mit der Kasse getroffenen Vereinbarung. Die Sätze der amtlichen Gebühren-Ordnung werden dabei in der Regel nicht erreicht. Es trifft zwar zu, daß die amtliche Gebühren-Ordnung nur für Ärzte gilt. Geht man jedoch von dem Grundsatz aus: Gleiches Entgelt für gleiche Leistung bei (das ist allerdings Voraussetzung!) gleicher beruflicher Qualifikation, so ist verständlich, daß der Anspruch auf Anwendung der amtlichen Gebühren-Ordnung von den freiberuflichen Klinischen Diplom-Psychologen vertreten wird. Es empfiehlt sich aber für den Psychologen, der Kasse entgegenzukommen. Er erleichtert damit auch der Kasse die Situation, weil sie einerseits ihren Mitgliedern entgegenkommen muß – angesichts der ständig steigenden Nachfrage nach psychologischer Behandlung bei zahlenmäßig fast überall im Bundesgebiet unzureichendem Angebot an psychotherapeutischer Versorgung – andererseits verständlicherweise bestrebt und durch die RVO gebunden ist, ihre Aufwendungen im Rahmen zu halten.

Private Vereinbarungen über Behandlung und Abrechnung zwischen Diplom-Psychologen und Krankenkassen sind ab 1970 erheblich erschwert. Anläßlich der Anerkennung psychotherapeutischer Behandlungen als Pflichtleistungen der RVO- und Ersatzkassen wurden zwischen den Spitzenverbänden der RVO-Kassen und den Ersatzkassen einerseits und der Kassenärztlichen Bundesvereinigung

---

9 Handelt es sich nicht um Pflichtleistungen oder ist dies zweifelhaft (die Grenzen sind z. T. fließend), so kann in gleicher Weise verfahren werden. Man bittet die Kasse unter Vorlage der gleichen Daten bzw. ärztlichen Anordnung um Stellungnahme, ob sie die entstehenden Behandlungsaufwendungen für ihr Mitglied im Rahmen einer sogenannten „Kann-Leistung" übernehmen kann und will.

andererseits Vereinbarungen getroffen, wonach die Kassen die Behandlung mittels Psychotherapie nur noch dann sollen honorieren dürfen, wenn ein *Arzt* die Behandlung durchführt. Die Vereinbarungen beziehen sich speziell auf die Nummer 754, 758 und 759 der Gebührenordnung für Ärzte vom 18. 3. 1965 (GOÄ) bzw. 645 und 647 der Ersatzkassen-Adgo, Stand 1. 7. 1968, d.h. auf die tiefenpsychologisch fundierte Psychotherapie und auf die analytische Psychotherapie.

Die Einschaltung von Psychologen in diese Psychotherapie soll nur noch auf der Basis eines sog. „Delegationsverfahrens" zulässig sein. Ärztliche Anordnungen gemäß § 122 RVO an Psychologen auf Leistung dieser beiden Arten von Psychotherapie sollen nicht mehr gegeben werden.

Diese Ausschließlichkeitsvereinbarungen sind sachlich nicht erforderlich und müssen wettbewerbsrechtlich als unzulässig angesehen werden.

Ein weiterer Gesichtspunkt zum Nachteil der Psychologen kommt hinzu: Während die genannten Vereinbarungen sich ausdrücklich nur auf die tiefenpsychologisch fundierte und die analytische Psychotherapie beziehen, findet sich zur Zeit sowohl bei Krankenkassen als auch bei Ärzten die Auffassung, daß auch Psychotherapie anderer Schulen bzw. Verfahren, z.B. individualpsychologisch orientierte Psychotherapie, Verhaltenstherapie, Gesprächstherapie, Sensitivity Training und Gruppentherapie, sowie die psychologische Beratung und Behandlung überhaupt, nicht mehr wie früher im Anordnungsverfahren nach § 122 RVO zwischen Arzt, Diplom-Psychologen und Krankenkasse abgewickelt werden dürfe, sondern die Psychologen auch dort nur im „Delegationsverfahren" tätig werden dürften, wenn die Kasse leisten solle. Diese Auffassung ist unzutreffend. Die Vereinbarungen, die als solche bereits kartellrechtlich angreifbar sind, dürfen nicht auch noch über ihren eigentlichen Gegenstand und Inhalt hinaus extensiv zu Lasten der freien Berufsausübung der Diplom-Psychologen ausgelegt werden.

3.4 Zusammenarbeit mit Ärzten und Kassen

Art, Umfang, aber auch Notwendigkeit einer Zusammenarbeit mit Ärzten und Kassen sollen nochmals klar angesprochen werden. Sowohl der praktische Arzt als auch der Facharzt braucht den akademisch gebildeten Psychologen als Partner, im eigenen Interesse und im Interesse des Patienten. Auch die Kassen können im Interesse ihrer Mitglieder auf die qualifizierte Arbeit der Diplom-Psychologen nicht verzichten. Umgekehrt gilt ein gleichgerichtetes Interesse für den Diplom-Psychologen, der gute fachliche Leistungen auch zugunsten der Ärzte und der Kassenmitglieder anbieten will und kann und der sich als moderner und gefragter Berufsstand durchsetzen möchte. Gegensätzlichkeiten und wettbewerbliche Spannungen sollte man vermeiden bzw. ausräumen.

Gute Beispiele sachbezogener, gegenseitig sich ergänzender und damit erfolgreicher Zusammenarbeit von Ärzten und Psychologen findet man an allen größeren Kliniken, wo Diplom-Psychologen sich in Psychodiagnostik und Psychotherapie betätigen, kollegial koordiniert mit der Tätigkeit der Ärzte, insbes. der Psychiater, Internisten und Gynäkologen.

Im freiberuflichen Bereich brauchte das nicht anders zu sein. Die rechtliche Form der Zusammenarbeit im freiberuflichen Bereich ist das Anordnungsverfahren nach § 122 RVO. Es bedeutet: Der mit der „Anordnung" angesprochene Diplom-Psychologe arbeitet in dem betr. Einzelfall auf dem speziellen Feld der Psychologie in eigener fachlicher Verantwortung, wirtschaftlich und rechtlich unabhängig vom Arzt, gegebenenfalls in Ergänzung oder Abrundung der ärztlichen Behandlung.

Jeder Arzt kann die Anordnung nach § 122 RVO treffen, nicht nur der Facharzt, wie zuweilen unzutreffend behauptet wird. Auf einem Privatrezept erteilt der Arzt die Anordnung, die er für sachlich geboten hält, sei es an einen Beschäftigungstherapeuten, Heilpädagogen, einen Logopäden, eine Hebamme oder eben an einen klinisch tätigen Diplom-Psychologen. Mit der Annahme dieser Anordnung durch den Psychologen ist im Rahmen dieser Anordnung der Arzt aus dem Behandlungsvertrag mit dem Patienten ausgeschieden. Das schließt die weitere fachliche Zusammenarbeit zwischen Arzt und Patienten in dem Einzelfall durchaus nicht aus; im Gegenteil: Sehr häufig ist sie sachlich zweckmäßig und erwünscht.

Bei der „Überweisung" liegt der Sachverhalt ähnlich, weil auch hier – wie bei der Anordnung – jemand angesprochen wird, der über spezielleres Wissen verfügt. Es ist ein Ersuchen um Mitbehandlung eines Patienten, gerichtet von einem Arzt an einen anderen Arzt, naturgemäß in der Regel an einen Facharzt. Die Überweisung ist rechtlich nur zwischen Ärzten möglich. Für die Zukunft ist die Überweisung an einen nicht-ärztlichen Psychotherapeuten (Diplom-Psychologen) zu befürworten, denn es gibt keinen sachlichen Grund dafür, daß der Arzt an einen ärztlichen Psychotherapeuten überweisen kann, an den nicht-ärztlichen Psychotherapeuten aber nicht. – Zunächst jedoch genügt es für die praktische Abwicklung und im Interesse des Patienten, daß die Zusammenarbeit zwischen Arzt, Psychologen und Kasse jederzeit im Wege der Anordnung nach § 122 RVO gewährleistet ist und bleibt.

Problematisch hingegen als Form der Zusammenarbeit zwischen Arzt und Psychologen ist das sog. „Delegationsverfahren", zunächst schon deshalb, weil es den im Gesamtbereich der Psychologie umfassend und speziell akademisch ausgebildeten Diplom-Psychologen diskriminiert. Das Verfahren geht nämlich von der Prämisse aus, daß der Diplom-Psychologe selbständig nicht Psychotherapie betreiben dürfte. Denn delegieren bedeutet juristisch, jemanden zu ermächtigen, in meinem Namen etwas zu tun, was eigentlich nur ich selber zu tun berechtigt bin; der andere handelt für mich, in meinem Namen und ist absolut weisungsgebunden.

Die Delegierung von Psychotherapie durch den Arzt an den Psychologen bedeutet für Letzteren fachliche (!), wirtschaftliche und rechtliche Abhängigkeit vom Arzt, der allein Vertragspartner des Patienten bleibt und allein der Kasse gegenüber die Verantwortung für die sachgemäße und kostengerechte Behandlung trägt. Deshalb ist auch zwischen den Verbänden der Krankenkassen und der Kassenärztlichen Bundesvereinigung vertraglich vereinbart, daß der Arzt die ersten fünf Stunden jeder Behandlung jedes Patienten selbst ausführen muß, ehe er entscheidet, ob und in welcher Weise er die weitere Behandlung dem Psychologen überläßt. Aber auch nach der Delegierung bleibt die Überwachungspflicht des Arztes bestehen. Der Psychologe indessen bleibt für sein Tun und Lassen dem Arzt gegenüber voll verantwortlich und haftbar.
Dabei arbeitet der Psychologe im Delegationsverfahren ausdrücklich nicht als Angestellter des Arztes, genießt also nicht den Schutz und und die Vorteile des Angestellten z.B. bezüglich Kündigung und Sozialversicherung, sondern trägt lediglich die Last der sozialen und sogar fachlichen Abhängigkeit. Andererseits aber hat der Psychologe in diesem Verfahren auch nicht die Vorteile der freien, selbstverantwortlichen Betätigung. Nicht er, sondern ausschließlich der Arzt rechnet für die Arbeit des Psychologen mit der Kasse ab. Der Psychologe hat keinen Anspruch gegen die Kasse für die von ihm geleistete Arbeit. Seine Vergütung richtet sich nach dem Inhalt des privatrechtlichen Vertrages, den er mit dem Arzt vereinbart hat.
Das Delegationsverfahren ist daher für den Psychologen abzulehnen.

3.5 Ausbildung des Diplom-Psychologen

Für alle heute tätigen Diplom-Psychologen wird die Universitätsausbildung als ausreichende Qualifikation zur freiberuflichen Berufsausbildung angesehen. Der Diplompsychologe kann unmittelbar nach dem Universitätsabschluß seine berufliche Tätigkeit aufnehmen. Dies ist der Standpunkt des Gesetzgebers. Zusatzausbildungen hat der Gesetzgeber nicht vorgeschrieben. Er kennt auch keine Zusatzausbildung für den freiberuflichen Psychologen in Psychotherapie. So kann der Diplom-Psychologe zum Beispiel – ohne eine zusätzliche Ausbildung außerhalb der Universität, die ihn noch viel Zeit und Geld kosten würde – sich freiberuflich betätigen als Erziehungsberater, als Eheberater, bei der Personalauslese, in der Berufseignungsdiagnostik, in der Forensik, im Sektor Verkehr, in der Werbung und im Marketing, und er kann Psychodiagnostik, Psychagogik und Psychotherapie betreiben, indem er als klinischer Psychologe tätig wird.
Nach Ansicht des Vorstandes der Sektion Klinische Psychologie im Berufsverband Deutscher Psychologen soll die durch das Diplom abgeschlossene Ausbildung in Psychologie an der Universität für den Erwerb des Titels „Fachpsychologe für Klinische Psychologie“, der von der Sektion Klinische Psychologie des

BDP verliehen wird, nicht ausreichend sein. Der Vorstand dieser Sektion fordert daher eine Zusatzausbildung als sog. „Postgraduate Training". Diese Zusatzausbildung soll umfassen:

1. Vier Jahre Erfahrung (Praktikum) auf dem Gebiet der Klinischen Psychologie. Davon sollte
2. eine längere Zeit unter Supervision eines Psychologen gearbeitet worden sein oder es sollte
3. der Nachweis einer Spezialisierung erbracht werden durch wissenschaftliche Arbeiten auf dem Gebiet der Klinischen Psychologie oder
4. durch eine Zusatzausbildung in Psychoanalyse, in Gesprächstherapie, in Verhaltenstherapie oder in Individualpsychologie an einer privaten Schule und
5. durch mündliche oder schriftliche Falldarstellungen[10].

Bei aller Anerkennung der Bemühungen, die Fortbildung der Angehörigen des Berufsstandes Psychologie zu fördern, erscheint es doch problematisch, wenn bereits im Berufsleben abgesicherte Psychologen verlangen, daß die nachrückende Generation nicht so schnell in vollem Umfang und mit voller Honorierung den Beruf aufnehmen darf, und wenn sie sich dann noch anbieten, für ein beträchtliches Honorar in privaten Veranstaltungen – außerhalb der Universität und außerhalb jeder demokratischen Kontrolle – die für die Berufsausübung von ihnen selbst geforderten Zusatzausbildungen nebst neuer Qualifikationsbezeichnung zu liefern.
Der Diplom-Volkswirt, der Diplom-Ingenieur, der Diplom-Physiker, der Diplom-Landwirt und andere diplomierte Akademiker können nach bestandenem Examen sofort ihren Beruf aufnehmen. Hier liegt die Ausbildung einheitlich bei der Universität.

Dem Mediziner muß nach § 3 der Bundesärzte-Ordnung die Bestallung als Arzt erteilt werden, wenn er nach dem Studium der Medizin die ärztliche Prüfung an der Universität bestanden hat und eine Medizinalassistentenzeit von vier Monaten Chirurgie, vier Monaten innere Medizin und vier Monaten freier Stage abgeleistet hat. – Während die Ärzte die Ausbildung ihres Nachwuchses straffen und kürzen und die Ausbildung bei der Universität lassen, sind einige Psychologen bestrebt, die Ausbildung zu verlängern und sie von der Universität wegzuverlagern.
Mitglieder der Sektion freiberuflicher Psychologen im BDP haben sich deshalb auf ihrer Mitgliederversammlung am 1. 10. 1972 in Saarbrücken dagegen gewandt, daß Zusatzausbildungen gefordert werden. Folgende Anträge wurden mit großer Mehrheit angenommen:

---

10 vgl. Psych. Rundschau 1972/23/69–74.

„Die Ausbildung und Weiterbildung zum Klinischen Psychologen soll an der Universität bleiben. Die Sektion möge sich dafür einsetzen, daß das Studium an der Universität mit einem Staatsexamen enden soll.“

3.6 Das postgraduierte Studium zum Klinischen Psychologen in den USA und in England

In England und in den Vereinigten Staaten von Amerika gibt es bereits den Titel des Klinischen Psychologen. Dieser Titel wird aber an der Universität erworben. Da in den Vereinigten Staaten neben den Staatsuniversitäten zahlreiche private Universitäten bestehen, deren Ausbildungsmöglichkeiten unterschiedlich sind, hat die American Psychological Association in Washington Richtlinien herausgegeben, nach denen den Universitäten und Instituten von seiten der Gesellschaft „Accreditation“ erteilt wird.

Es gibt an den Universitäten Ausbildungsprogramme für die Berufsziele Klinischer Psychologe (clinical and counselling psychologist) und Schulpsychologe. Diese Ausbildungsprogramme bauen meist auf dem Bachalor of Arts auf, den der Student mit cirka 21 Jahren erreichen kann. Das erwähnte „Postgraduate Study“ mit im wesentlichen den beiden genannten Programmen endet mit dem „Ph.D.“ – Theorie und Praxis sind dabei in dem Studiengang verbunden und koordiniert. Das Studium umfaßt Diagnostik, Psychotherapie, Lebensberatung, Erziehungsberatung und Forschung, sowie insgesamt ein Jahr praktische Tätigkeit (internship) unter Supervision.

Der Klinische Psychologe, der diese Ausbildung absolviert hat, kann in 44 Staaten freiberuflich arbeiten, ohne einer speziellen Zulassung oder einer Approbation als Arzt zu bedürfen oder auf eine „Weisung“ oder „Anordnung“ eines Arztes angewiesen zu sein. Er rechnet selbständig mit den Krankenkassen ab.

In England ist der Klinische Psychologe eine Berufsbezeichnung für eine spezielle Gruppe angestellter Psychologen beim National Health Service.

Einige der Klinischen Psychologen haben eine private Schule für Psychotherapie besucht. Für die Anstellung ist dies jedoch nicht zwingend erforderlich, da lediglich vorausgesetzt wird, daß man das Ausbildungsprogramm des postgraduierten Studiums absolviert und die Anerkennung der Berufsqualifikation durch das Department of Health und Social Security erhalten hat.

In England wird die Qualifikation für den Klinischen Psychologen durch den Abschluß des postgraduierten Studiums erlangt. Dies schließt an den Erwerb des Bachelor of Arts or Science unmittelbar an und baut auf den dadurch erworbenen Kenntnissen auf. Nach Abschluß der Ausbildung zum Klinischen Psychologen, die je nach dem Programm des Instituts zwei bis drei Jahre dauert, erhält der Student das „Masters Degree in Child Psychology“ oder den „Master of Science in Clinical Psychology“.

Das postgraduierte Studium kann auf zwei Arten absolviert werden:

1. Zwei Jahre an einer anerkannten Universität in England. Dort wird auch Psychotherapie gelehrt.
2. Drei Jahre anerkanntes Training an einem speziellen Krankenhaus. Diese Ausbildung endet mit einem Diplom der British Psychological Society.

Der Titel oder die Bezeichnung „Psychotherapeut" hat in England keine rechtliche Bedeutung.
Der Klinische Psychologe ist in England Angestellter. Als solcher kann er eigenverantwortlich Psychotherapie betreiben. Er kann aber auch freiberuflich unabhängig arbeiten. „RVO-Probleme" gibt es nicht im Hinblick auf die andersartige Struktur des National Health Service gegenüber der deutschen Sozialversicherung.

3.7 Schweigepflicht

Stillschweigen zu bewahren gegenüber jedermann über alles, was dem Psychologen in Ausübung seiner freiberuflichen psychologischen Praxis über einen anderen Menschen bekannt wird oder ihm mitgeteilt oder anvertraut wird, ist eine selbstverständliche Pflicht. Sie leitet sich – schon rein sachlich – aus der Natur des Psychologenberufes her: Niemals würde jemand sich dem Psychologen anvertrauen und ihn Einblick in seine Intimsphäre nehmen lassen, wenn er sich nicht fest darauf verließe, daß der Psychologe absolut und unbedingt darüber schweigt. Darüber hinaus ist die Schweigepflicht für den Psychologen insbesondere ethisch fundiert; dies bedarf hier keiner Begründung[11].
Neben den speziellen Persönlichkeitsrechten (Leben, Körper, Gesundheit, Freiheit des Menschen, sowie Schutz des Briefgeheimnisses, Schutz gegen ungenehmigte Wiedergabe einer Tonbandaufnahme u.a.) erkennt die moderne Rechtswissenschaft und Rechtsprechung ein allgemeines Persönlichkeitsrecht an, gestützt auf die verfassungsmäßigen Grundrechte des Menschen, auf Achtung seiner Würde und auf freie Entfaltung seiner Persönlichkeit.
Ein Bruch der beruflichen Schweigepflicht bedeutet also einen Verstoß gegen die Standespflichten, gegen eine ethische Pflicht, bedeutet aber auch eine Verletzung des allgemeinen Persönlichkeitsrechtes der betroffenen Person.
Daß die freiberuflichen Psychologen einer Schweigepflicht unterliegen und sie beachten, wird von jedem Patienten als selbstverständlich vorausgesetzt. Andererseits wird sie – wenn auch in der Regel stillschweigend – jedem Patienten mit

---

11 zu den „Berufsethischen Verpflichtungen für Psychologen" gehört auch die Schweigepflicht (vgl. Psychologen-Taschenbuch, 6. Aufl. 1968, Seite 57ff.).

Behandlungsbeginn vom Psychologen zusagt. Damit wird die Schweigepflicht rechtsverbindlicher Inhalt des privatrechtlichen Dienstvertrages, der zwischen dem freiberuflichen Psychologen und jeder Person, die ihn mit einem vom Praxisrahmen umfaßten Anliegen aufsucht und anspricht, sogleich zustandekommt. Eine Verletzung der Schweigepflicht wäre ein Bruch des Vertrauensverhältnisses, das auch juristisch Vertragsgrundlage ist.

Diese vertraglich begründete Schweigepflicht gilt grundsätzlich gegenüber jedermann und gegenüber jeder Behörde (Ausnahmen siehe unten). Sie gilt also zunächst einmal gegenüber allen Privatpersonen, auch Familienangehörigen des Patienten. Scheinbare Ausnahme: Die Behandlung Minderjähriger, weil hier – anstelle des Patienten selbst – die Eltern als gesetzliche Vertreter die Partner des Behandlungsvertrages sind, also die Behandlungsleistung und die volle Information vom Psychologen fordern können.

Die Schweigepflicht gilt aber auch gegenüber der Schule, dem Jugendamt, der Polizei und gegenüber der Staatsanwaltschaft: Nach den Vorschriften der Strafprozeßordnung ist der Bürger nur gegenüber dem *Richter* zur Aussage als Zeuge oder als Sachverständiger verpflichtet. Umkehrschluß: Wo keine gesetzliche Aussagepflicht besteht, besteht Schweigepflicht.

Das bedeutet also, daß auch im Zivilprozeß für den Psychologen grundsätzlich die Schweigepflicht gilt, z. B. also im Ehescheidungsprozeß eines Patienten. In der Zivilprozeßordnung (§ 383 ZPO) ist sogar ausdrücklich ein Zeugnisverweigerungsrecht und ein Gutachtenverweigerungsrecht verankert, ein Recht, welches allen Personen gewährt wird, denen „kraft ihres Amtes, Standes oder Gewerbes Tatsachen anvertraut sind, deren Geheimhaltung durch ihre Natur ... geboten ist ...“. Das gilt eindeutig für Psychologen. Das gleiche Gutachten- und Zeugnisverweigerungsrecht gilt im arbeitsgerichtlichen, sozialgerichtlichen und verwaltungsgerichtlichen Prozeß.

Die Schweigepflicht kann sich auch auf dritte Personen erstrecken. Der Psychologe muß ja nicht nur Dinge zur Kenntnis nehmen, die sich auf die Intimsphäre des Patienten selbst erstrecken, sondern häufig auch Tatsachen und Meinungsäußerungen, die den Intimbereich dritter Personen berühren (Ehefrau, Ehemann, Eltern, Kinder). Meist wird diesen Personen nicht bekannt sein, daß der Psychologe solche Kenntnisse hat. Der Psychologe hat also auch über diese Dinge zu schweigen.

Der freiberufliche Psychologe hat alle Personen zur Verschwiegenheit zu verpflichten, die ihn in seiner Arbeit unterstützen und dabei Zugang zu Informationen bekommen, die seiner eigenen Schweigepflicht unterliegen.

Schließlich ist anzumerken, daß die Schweigepflicht auch nach Beendigung des Behandlungsvertrages fortbesteht bis zum Tode des Psychologen, ja sogar – in analoger Anwendung der für Ärzte geltenden Vorschriften – darüber hinaus, da damit zu rechnen ist, daß Gerichte im Streitfalle auch die Erben des Psychologen als von der Schweigepflicht gebunden betrachten würden. Jeder freiberufliche

Psychologe sollte daher Vorsorge treffen, daß für den Fall seines Ablebens die Patientenkartei und alle Unterlagen über die Patienten von einer vertrauenswürdigen Person sichergestellt und in Verwahrung genommen werden.

Ausnahmen von der Schweigepflicht bestehen, wenn

1. der Psychologe von seiner Schweigepflicht im Einzelfalle vertraglich entbunden wird;
2. eine gesetzliche Vorschrift – unter bestimmten, im Gesetz niedergelegten Voraussetzungen – der Schweigepflicht entgegensteht;
3. der Psychologe in sogenannter „Wahrnehmung berechtigter Interessen" gegen die Schweigepflicht verstößt.

Zu 1.) Der Psychologe kann im Einzelfall von seiner vertraglichen Schweigepflicht entbunden werden durch eine entsprechende Erklärung des Patienten als sein Partner im Behandlungsvertrag. Bei Minderjährigen gibt der gesetzliche Vertreter die Einwilligung dazu, daß der Psychologe z. B. der Schule, der Polizei, dem Jugendamt Angaben – und in welchem Umfang – machen darf. Im Ehescheidungsprozeß kann nur im Einvernehmen mit dem Patienten eine Aussage über ihn gemacht, ein Gutachten über ihn erstattet werden.
Der in der täglichen Berufspraxis häufigste Fall, in dem der Patient den Psychologen von der Schweigepflicht gegenüber bestimmten Adressaten entbindet, ist, daß gestattet wird, der Krankenversicherung des Patienten die Diagnose sowie Art und Dauer der Behandlung mitzuteilen. Diese Befugnis erteilt der Patient dem Psychologen durch sogenanntes „schlüssiges Verhalten". Indem er dem Psychologen auf Befragen seine Kasse angibt, bringt er gleichzeitig zum Ausdruck, daß er von dort Kostenübernahme für die psychologische Behandlung erhalten möchte, und er weiß, daß dies nur möglich ist, wenn seiner Kasse die Tatsachen mitgeteilt werden, die sie benötigt, um über Grund und Umfang ihrer Leistungspflicht entscheiden zu können. Mitteilungen, die über diesen Zweck hinausgehen, darf der Psychologe jedoch der Kasse nicht machen, weil der Patient den Psychologen eben gerade nur insoweit von seiner Schweigepflicht freistellen will, als es für die Kasse zur Entscheidung über ihre Leistung erforderlich ist.
Freistellung von der Schweigepflicht im gleichen Umfang ist auch stets anzunehmen, wenn dem Psychologen ein Patient vom Arzt überwiesen wird. Durch schlüssiges Verhalten entbindet der Patient den Psychologen von seiner Schweigepflicht dem Arzt gegenüber insoweit, als es sich um Diagnose sowie Art und Umfang der Behandlung handelt, jedoch darüber hinaus auch um alle Tatbestände, die für den überweisenden Arzt für dessen weitere, speziell ärztliche Behandlung des Patienten von Bedeutung sind (im ärztlichen Berufsrecht besteht insoweit auch keine Schweigepflicht zwischen praktischem Arzt und Facharzt: Der Patient will ja, daß beide zu seinem Besten zusammenarbeiten).

Zu 2.) Wichtigste gesetzliche Ausnahme von der Schweigepflicht ist die Aussage als Zeuge oder die Tätigkeit als Sachverständiger im Strafprozeß. Hier ist der Psychologe zur Aussage bzw. zum Tätigwerden verpflichtet (aber nur vor dem Richter). Der Psychologe steht hier rechtlich schlechter als Angehörige anderer Berufe (z. B. Ärzte), denen ein gesetzliches Zeugnis- (und Gutachten-) Verweigerungsrecht gegeben ist, z. B. u. a. Rechtsanwälten, Notaren, Wirtschaftsprüfern, Steuerberatern und Steuerbevollmächtigten, Zahnärzten, Apothekern und Hebammen, „über das, was ihnen in dieser Eigenschaft anvertraut oder bekanntgeworden ist" (§ 53 StPO). Im Strafprozeß kann daher der Psychologe in das Dilemma einer Pflichtenkollision gelangen. Wenn ihn auch weder bürgerlichrechtliche Schadenersatzpflicht noch Kriminalstrafe treffen können, falls er ohne Einwilligung seines Patienten Aussagen machen würde (er wäre ja vom Gesetz gedeckt), so könnte er sich doch dem Patienten gegenüber so stark an seine Schweigepflicht gebunden fühlen, daß er eher bereit wäre, seine gesetzliche Aussagepflicht zu verletzen als seine Schweigepflicht.

Im Falle des Tätigwerdens als Sachverständiger tritt diese Kollision für den Psychologen in der Regel aber nicht auf. Der Psychologe wird durch Gerichtsbeschluß zum Sachverständigen bestellt und kann dieses Amt ohne Besorgnis annehmen, wenn er den Zeugen oder Angeklagten, über den er sein Gutachten erstatten soll, nicht kennt. Denn einem solchen Patienten gegenüber besteht keine Schweigepflicht, zum einen, weil kein Behandlungsvertrag zustandekommt (der Vertrag besteht nur zwischen Gericht und Psychologen: der „Patient" ist nur „Objekt" des Vertrages), und zum andern, weil ja – dem „Patienten" von Anfang an erkennbar – der Sinn der psychologischen Untersuchung gerade darin besteht, *daß* der Psychologe Dritten gegenüber (dem Gericht und evtl. gar in öffentlicher Verhandlung) Aussagen über ihn und seine evtl. intimsten Dinge machen soll. Der „Patient" kann (und wird häufig) sein Verhalten dem Psychologen gegenüber entsprechend einrichten. In der Aussage des Psychologen liegt dann aber auch keine Verletzung des allgemeinen Persönlichkeitsrechtes.

Das Dilemma kann aber auftreten, wenn der Psychologe als Zeuge für oder gegen einen früheren Patienten (mit dem ein Behandlungsvertrag bestand oder besteht, dem gegenüber also Schweigepflicht gilt) im Strafprozeß aussagen soll oder für einen ehemaligen oder gegenwärtigen Patienten als Sachverständiger aufzutreten bestimmt wird. In solchen Fällen ist dem Psychologen dringend zu raten, sich des Einverständnisses seines Patienten zu versichern, ehe er aussagt. Gibt der Patient das Einverständnis nicht, so sollte der Psychologe mit dem Richter sprechen. Er dürfte damit – jedenfalls im Sachverständigenfall – in der Regel erreichen, daß er nicht auszusagen braucht. Ein Zeugnis- und Gutachten-Verweigerungsrecht läßt sich für den Psychologen gegebenenfalls daraus herleiten, daß er „für einen Arzt tätig" gewesen sei, z. B. im Delegierungsverfahren, und ihm deshalb als Hilfsperson des Arztes dessen Verweigerungsrecht zustehe (§ 53 a StPO).

Zu 3.) Bei sogenannter „Wahrung berechtigter Interessen" entfällt die Schweigepflicht. Wenn der Psychologe z.B. von einem Patienten zu Unrecht angegriffen und in seinem beruflichen Ansehen beeinträchtigt würde, so darf er sich unter Preisgabe von Berufsgeheimnissen verteidigen, wenn er damit den Nachweis führen könnte, daß die Angriffe gegen ihn nicht gerechtfertigt sind. Oder: Wenn der Psychologe in einem Zivilprozeß haftbar gemacht oder in einem Strafprozeß (z.B. wegen Körperverletzung) zur Verantwortung gezogen werden sollte, so darf er alles vorbringen, was zu seiner Entlastung dienen kann, auch wenn er damit die Schweigepflicht verletzt.
Die Verletzung der Schweigepflicht ist allerdings für den Psychologen nicht strafbar. § 300 des Strafgesetzbuches lautet: „Wer unbefugt ein fremdes Geheimnis offenbart, das ihm in seiner Eigenschaft 1. als Arzt, Zahnarzt, Apotheker oder Angehöriger eines anderen Heilberufs, der eine staatlich geregelte Ausbildung erfodert, 2. als Rechtsanwalt ... usw. anvertraut worden oder bekanntgeworden ist, wird mit Freiheitsstrafe bis zu sechs Monaten und mit Geldstrafe oder mit einer dieser Strafen bestraft."
Der Psychologe fällt nicht unter diese Strafbestimmung, denn sein Beruf erfordert (jedenfalls z.Z.) nicht eine „staatlich geregelte Ausbildung". Bei Verletzung der Schweigepflicht wird also der Staatsanwalt keine Anklage erheben, der Richter den Psychologen nicht verurteilen können.
Würde das von der Sektion freiberuflicher Psychologen als Voraussetzung für die Berufsausübung geforderte „Staatsexamen für Psychologen" eingeführt (und dieser Forderung hat sich auf Anregung die Sektion freiberuflicher Psychologen auch die Mitgliederversammlung der Sektion Klinischer Psychologen am 1. 10. 1972 in Saarbrücken angeschlossen), so hätte dies allerdings zur Folge, daß auch für Psychologen – wie für Ärzte – die Verletzung der beruflichen Schweigepflicht mit Kriminalstrafe bedroht wäre. Die Sektionsleitung sieht hierin jedoch keinen Nachteil gegenüber der Fülle evidenter Vorteile, die die Einführung des Staatsexamens mit sich brächte.
Die Verletzung der Schweigepflicht macht aber schadenersatzpflichtig, und zwar sowohl wegen Vertragsverletzung (§§ 242, 276, 325, 326 BGB) als auch wegen sogenannter unerlaubter Handlung (§§ 823ff. BGB), weil das oben erwähnte allgemeine Persönlichkeitsrecht zu den nach den Vorschriften über unerlaubte Handlungen geschützten Rechtsgütern gehört. Diese vertraglichen Ansprüche und die Ansprüche aus unerlaubter Handlung, kann der Verletzte nebeneinander oder auch einzeln geltend machen. Voraussetzung, daß der Psychologe seine Schweigepflicht durch vorsätzliches oder fahrlässiges Handeln verletzt hat.
Das deutsche Schadenersatzrecht ist kompliziert und in mancher Hinsicht unbefriedigend. Scheinbar einfach und einleuchtend geht dieses Recht von dem Grundsatz der Naturalherstellung aus: Der Schuldner hat – so heißt es wörtlich – den Zustand herzustellen, der bestehen würde, wenn der zum Ersatz verpflichtende Umstand nicht eingetreten wäre. Das paßt für unseren Sachverhalt (Bruch

der Schweigepflicht) offenbar nicht: Der Psychologe ist niemals imstande, den Zustand wiederherzustellen, der vor dem Bruch der Schweigepflicht bestand. Ist Naturalherstellung nicht möglich, so bestimmt das Gesetz, daß der Vermögensschaden in Geld zu ersetzen ist. Der Nachweis eines in Geld ausdrückbaren Vermögensschadens ist in Fällen dieser Art problematisch, aber denkbar.

Eine Ausnahme für besondere Fälle – nämlich Ersatz für Nicht-Vermögensschäden – gewährt § 847 BGB in Gestalt des sogenannten Schmerzensgeldes. Nach der Rechtsprechung des Bundesgerichtshofs kann Schmerzensgeld auch bei besonders schwerer Verletzung des allgemeinen Persönlichkeitsrechts gefordert werden. Mit Verurteilung zu Schmerzensgeld muß der Psychologe rechnen, der die Schweigepflicht verletzen würde.

Der durch den Bruch der Schweigepflicht verletzte Patient kann schließlich auch in analoger Anwendung des § 1004 BGB vom Schädiger „Die Beseitigung der Beeinträchtigung" verlangen und – wenn weitere Beeinträchtigungen zu besorgen sind – bei Gericht auf Unterlassung klagen.

Der Anspruch auf Widerruf von schriftlichen oder mündlichen Äußerungen, die eine Verletzung des allgemeinen Persönlichkeitsrechts darstellen, kann mit Erfolg nur verfochten werden, soweit die Wirkung der verletzenden Äußerung noch fortdauert und die Äußerung sich auf Tatsachen bezieht, die nicht vorliegen oder zumindest nicht beweisbar sind. Sind die geäußerten Tatsachen erweislich wahr, kann der Widerruf nicht verlangt werden. Ebenso dann nicht, wenn die Äußerungen keine Tatsachen zum Inhalt haben, sondern nur Werturteile darstellen.

Droht Gefahr, daß der Psychologe in der Zukunft Behauptungen verbreitet, die das allgemeine Persönlichkeitsrecht eines Patienten beeinträchtigen, so kann der Patient auf Unterlassung klagen oder im Wege der einstweiligen Verfügung gegen den Psychologen vorgehen, und zwar auch dann, wenn die Äußerung *wahre* Tatsachen oder Werturteile enthält. Voraussetzung ist lediglich, daß die befürchtete Behauptung das allgemeine Persönlichkeitsrecht verletzen würde. In diesem Fall würde gegen den Psychologen ein Urteil ergehen, durch das ihm unter Androhung einer Geld- oder Haftstrafe verboten würde, bestimmte Behauptungen zu verbreiten.

Viel schwerwiegender als die Rechtsfolgen sind die Folgen, die sich für den Ruf des Psychologen selbst sowie für das Ansehen des gesamten Berufsstandes ergeben, wenn ein Berufskollege seine Schweigepflicht verletzen würde. Eine Erschütterung der Vertrauensgrundlage zu einem Psychologen oder den Psychologen im allgemeinen würde die Basis unserer beruflichen Arbeit zerstören.

4 Schluß

Freiberufliche Tätigkeit akademisch ausgebildeter Psychologen hat sich in fünfzig Jahren bewährt auf folgenden Gebieten:

Klinische Psychologie, einschl. Psychodiagnostik und Psychotherapie, Erziehungs- und Lebensberatung, Betriebs- und Marktpsychologie, Graphologie, forensische Psychologie.

Die Psychologie ist zwar eine junge Wissenschaft, aber sie hat an neuen Erkenntnissen und Methoden sowie an öffentlicher Aufmerksamkeit und Anerkennung in den letzten beiden Jahrzehnten im In- und Ausland außerordentlich gewonnen. Niemand wird heute mehr bestreiten, daß sie eine eigenständige Wissenschaft ist, d.h. weder ein Anhängsel der Philosophie, noch ein Ausbildungsgang für einen Heilergänzungsberuf der Medizin.
Der Psychologe muß daher sein Wissen auch unabhängig und selbstverantwortlich – auch freiberuflich – anbieten dürfen, und dies muß ihm angemessen honoriert werden.
Es wäre für den freiberuflichen Diplom-Psychologen daher zu fordern:

1. Keine Verlagerung des Schwerpunkts der Ausbildung auf außerhalb der Universität befindliche Institute, Institutionen und private Kurse. Ausbildung ist Sache der Länder unter Mitwirkung des Bundes und keine Privatangelegenheit.
2. Straffung und Intensivierung des Studiums an der Universität, wobei Psychodiagnostik, Psychagogik und Psychotherapie gleichwertig im Stoffplan berücksichtigt sind. Marktpsychologie und Schulpsychologie sind mehr praxisbezogen zu lehren.
3. Falls an einer Universität nicht genügend Lehrkräfte zur Verfügung stehen, die dem Studierenden eine optimale Ausbildung garantieren, sollten aus der Praxis entsprechend qualifizierte Fachkollegen herangezogen werden.
4. Der Psychologe muß berechtigt sein, nach seinem Diplom-Examen, wenn er Psychotherapie betreibt, das Recht freier Niederlassung und der Kassenabrechnung zu haben, ohne fachlich und wirtschaftlich von einem ärztlichen Psychotherapeuten abhängig zu sein.
5. Das Delegierungsverfahren bei der tiefenpsychologisch fundierten und bei der analytischen Psychotherapie muß abgelehnt werden.
6. Die Vergütung der Leistungen des Diplom-Psychologen für Psychodiagnostik, Verhaltenstherapie und Gesprächstherapie muß für Mitglieder aller Kassen wieder zulässig werden und darf nicht dem Arzt allein vorbehalten bleiben.
7. Es ist ohne weiteres zu akzeptieren, daß ein praktischer Arzt oder Facharzt zur

Mitbehandlung z. B. einer Neurose oder einer psychosomatischen Krankheit den Patienten an den Psychologen überweist (nicht delegiert) oder ein Rezept für die Behandlung ausschreibt (Anordnung), wie dies gegenüber dem Logopäden, der Heilgymnastin oder dem Heilpädagogen allenthalben praktiziert wird, und daß der Psychologe dann direkt mit der Kasse abrechnet. Der Klinische Psychologe bejaht den Wettbewerb mit dem ärztlichen Psychotherapeuten. Wettbewerb bedeutet aber Schaffung gleicher Startbedingungen und gleicher Chancen, sowie gleicher Vergütung bei gleichwertiger, akademischer, beruflicher Qualifikation.

8. Das Hochschuldiplom muß wie bisher als ausreichende Qualifikation für die freiberufliche Betätigung auf allen Gebieten der Psychologie anerkannt bleiben.

B. Psychologie in der Forschung – Das Beispiel Psychopharmakologie

BERNHARD BIEHL

1 Abgrenzung des Gebietes

Psychopharmakologie als ein Bereich der angewandten Psychologie befaßt sich mit den Auswirkungen psycho-aktiver Substanzen auf das Verhalten. Dabei ist zu unterscheiden, ob es sich um die therapeutischen Effekte einer Substanz – z. B. Angstverringerung, Schlaf, Beruhigung oder Aktivierung – oder aber um unerwünschte Nebeneffekte – z. B. Müdigkeit, psychomotorische Verlangsamung, Überaktivierung – handelt. In beiden Fällen geht es aber letzten Endes um eine pharmakologische Fragestellung, der die Psychologie lediglich das Instrumentarium zur Untersuchung dieser Fragen bereitstellt. Dabei sollte es sich um möglichst bewährte, sensitive Verfahren handeln, die es gestatten, auch geringfügige, drogenbedingte Verhaltensänderungen zu erfassen. Die Rolle des Pharmakopsychologen besteht darin, solche Untersuchungen zu planen, das geeignete Instrumentarium entweder aus bekannten Meßverfahren auszuwählen oder neue Verfahren zu entwickeln, die Untersuchungen entweder selbst durchzuführen oder ihre Durchführung zu überwachen und schließlich die zahlenmäßigen Ergebnisse auszuwerten und zu interpretieren. Ziele solcher Untersuchungen sind dann eher die Wirkungsprofile neuer Substanzen, Hinweise auf therapeutische Möglichkeiten, auf Art und Stärke von Nebenwirkungen oder die Erstellung von Dosis-Wirkungskurven.

Psychopharmakologie ist aber nicht nur angewandte Psychologie zur Beantwortung primär pharmakologischer Fragestellungen, sondern auch eine spezifische Forschungsmethode der Psychologie. Dies ist dann der Fall, wenn Pharmaka zur systematischen Bedingungsvariation – etwa durch Veränderung der Aktivierungshöhe – im Rahmen der Bearbeitung psychologischer Fragestellungen verwendet werden. Als Beispiel seien Untersuchungen LIENERTS (1964) über die Veränderung der Faktorenstruktur bei Intelligenztests genannt, in denen LSD als Belastungsbedingung verwendet wurde.

JANKE (1971) nennt die folgenden Gebiete, in denen Pharmaka im Rahmen psychologischer Grundlagenforschung verwendet werden:

1. Durch Psychopharmaka lassen sich biochemisch Läsionen erzeugen, die sich auf verschiedene Verhaltensbereiche auswirken können.

2. Ausmaß und Art der Kovariation psychischer und physischer Prozesse können durch pharmakologische Beeinflussung systematischer erforscht werden als mit unbeeinflußten Probanden.
3. Psychopharmaka werden in der Erforschung physiologischer Grundlagen des Lernens, von Emotionen und Motivationen verwendet.
4. Zur Erklärung individueller Reaktionsdifferenzen auf Psychopharmaka werden persönlichkeitspsychologische Theorien herangezogen.

Bei all diesen Problemkreisen liefert die Pharmakologie das Instrument zur Untersuchung psychologischer Fragestellungen.
Um diesem sachlichen Unterschied auch begrifflich Rechnung zu tragen, schlägt KLEBELSBERG (1968) vor, im Falle der angewandten Psychologie von Psychopharmakologie zu sprechen, weil es eben um primär pharmakologische Fragen geht, und den Terminus Pharmakopsychologie der psychologischen Grundlagenforschung unter Verwendung von psychoaktiven Substanzen als Bedingungsvariation vorzubehalten.
In der angelsächsischen Literatur findet sich diese begriffliche Trennung jedoch nicht. Der Terminus „Psychopharmacology“ wird im Gegenteil sehr unterschiedlich verwendet, und es ist schwer, klare Grenzen des Gebietes zu ziehen, das als Psychopharmacology bezeichnet wird. CLARIDGE (1970) schlägt deshalb vor, einmal danach zu schauen, welche Fachleute einen Kongreß über Psychopharmakologie besuchen würden, wenn man wissen wolle, was heute unter Psychopharmakologie zu verstehen sei. Er nennt dann in erster Linie Pharmakologen, die an der Wirkung ihrer Substanzen auf menschliches Verhalten interessiert seien, dann Psychologen auf der Suche nach neuen Substanzen, die es ihnen erlauben, psychologische Phänomene unter experimentelle Kontrolle zu bringen. Ferner wird man Neuro-Physiologen und Zoologen finden, die sowohl an den biochemischen wie an den verhaltensmäßigen Auswirkungen psychoaktiver Substanzen auf Menschen und auf Tiere interessiert sind. Eine große Gruppe bilden auch die Psychiater, die sich mit den therapeutischen Effekten neuer und bekannter Substanzen bei der Behandlung psychischer Störungen befassen. Es wäre also sicher eine ungerechtfertigte Einschränkung, würde man die Psychopharmakologie lediglich unter dem Aspekt der experimentellen Psychologie sehen wollen.
Die Beteiligung vieler Disziplinen geht auch aus dem sehr unterschiedlichen Inhalt der Bücher hervor, die als Einführungen, Handbücher oder Sammelbände zur Psychopharmakologie geschrieben wurden:
Unter vorwiegend psychologischem Aspekt wählen UHR & MILLER („Drugs and Behaviour“, 1960) als Herausgeber die Artikel ihres Sammelbandes aus. Obwohl das Buch im Hinblick auf die rasche Entwicklung der Psychopharmakologie nicht den heutigen Stand wiedergeben kann, finden sich doch gerade für den Psychologen eine Reihe wichtiger Arbeiten zur Methodologie des psychopharma-

kologischen Experiments. Der Sammelband von RECH & MOORE („An Introduction to Psychopharmacology", 1971) ist dagegen eher für den Pharmakologen und insbesondere den Neurophysiologen wichtig. Unter den zwölf Autoren der neun Originalbeiträge ist nur ein Psychologe, und auch dessen Beitrag behandelt ein neurophysiologisches Thema. Dagegen ist die leicht lesbar geschriebene Einführung von CLARIDGE („Drugs and Human Behaviour", 1970) unter psychologischem Aspekt geschrieben und eignet sich wohl am besten als erste Orientierung über das Gebiet für den Psychologen.

Repräsentativ für die gesamte Pharmakopsychologie ist vielleicht am ehesten der von JOYCE herausgegebene Sammelband mit zwölf Einzelbeiträgen („Psychopharmacology – Dimensions and Perspectives", 1968), in denen pharmakologische, psychologische, neurophysiologische, tierexperimentelle, therapeutische und soziale Aspekte der Psychopharmakologie behandelt werden. Obwohl hier ein umfassender Überblick angestrebt wurde, hat man als Leser eher den Eindruck, eine Reihe von isolierten Detailproblemen aus jedem der genannten Bereiche abgehandelt zu finden, deren Integration noch ziemlich offen ist.

Schließlich ist noch das umfangreiche Werk von BAN („Psychopharmacology", 1969) zu nennen, das in erster Linie als Handbuch für den Pharmakologen zu verstehen ist. Wegen der Gliederung nach verschiedenen Gruppen psychoaktiver Substanzen und der tabellarischen Darstellung der Informationen über jede Substanz ist es jedoch auch für den Psychologen als Nachschlagwerk von großem Nutzen.

Die Psychopharmaka werden nach unterschiedlichen Gesichtspunkten klassifiziert. Eine Einteilung nach chemischer Zusammensetzung ist hinsichtlich der verhaltensmäßigen Auswirkungen jedoch unergiebig, weil chemisch verwandte Substanzen sehr verschiedene Auswirkungen haben können. Sowohl unter pharmakotherapeutischem wie ganz allgemein unter psychologischem Gesichtspunkt ist deshalb eine Einteilung sinnvoller, die sich nach psychischen Effekten oder nach Indikationsgebieten richtet. Als Grobklassifikationen findet man in der Literatur häufig die Einteilungen in psychotherapeutische und psychotopathische Drogen sowie diejenige in sedierende und in stimulierende Substanzen. Als Beispiel eines differenzierteren Ansatzes sei hier auf die von PÖLDINGER (1967) verwendete Klassifikation verwiesen, der die psychoaktiven Substanzen (auch als „psychotrope Pharmaka" bezeichnet) in die folgenden drei Gruppen einteilt:

Psychopharmaka im weiteren Sinn (Hypnotika, Sedativa, Antiepileptika und Psychostimulantia),

Psychopharmaka im engeren Sinn (Neuroleptika, Tranquilizer und Antidepressiva),

Psychopharmaka mit psychotomimetischer Wirkung, auch als Psycholytika bezeichnet.

Die chemische Zusammensetzung wird dann erst innerhalb dieser Gruppen als Einteilungsgesichtspunkt herangezogen. In dieser Klassifikation PÖLDINGERS finden sich auch die fünf Gruppen psychoaktiver Drogen wieder, die die Weltgesundheitsorganisation (WHO) in ihrer Gliederung berücksichtigt:

Neuroleptika, angstlösende Sedativa (=Tranquilizer), Antidepressiva, Psychostimulantia und Psychodysleptika (vgl. hierzu BAN, 1969).
Beide Gliederungen sind aber insofern unvollständig, als sie die Sucht- und Genußmittel (z.B. Alkohol, Cañabis) nicht umfassen und auch Substanzen mit zwar rein somatischem Indikationsbereich, aber psychischen Nebenwirkungen (z.B. manche Antiallergica) nicht berücksichtigen.

Leider ist man heute noch von einer einheitlichen Terminologie bei der Bezeichnung psychoaktiver Substanzen weit entfernt. So werden etwa die Substanzen, die kurzfristig psychopathologische Veränderungen hervorrufen (z.B. LSD-25) als Halluzinogene, Psychotomimetica, Psycholytica, Psychotogenica, Psychodysleptica, Psychodelica, Phantastica, Mysticomimetica usw. bezeichnet.
Jede Klassifikation muß die rasche Entwicklung berücksichtigen, in der sich die Psychopharmakologie besonders seit der Einführung von Chlorpromazin in die Behandlung psychischer Krankheiten befindet. Obwohl in den letzten Jahren nach einer Zeit der stürmischen Entwicklung nur wenige wirklich neue Psychopharmaka entdeckt worden sind, ist das wichtigste Arbeitsgebiet der Pharmakopsychologen die Erprobung neuer Substanzen oder die Erforschung von Kombinationseffekten. Der erste Schritt besteht meist darin, Wirkungshinweise durch Versuche mit Tieren zu erhalten, um eine neue Substanz grob klassifizieren zu können. Nach dem Nachweis der Unschädlichkeit, den die Pharmakologen und Toxikologen zu erbringen haben, folgen Versuche mit gesunden Probanden, um Hinweise zur Vorhersage möglicher therapeutischer Effekte zu erhalten. Erst dann geht die Substanz in die klinische Prüfung, bei der die Psychopharmakologie das Instrumentarium zum möglichst genauen Nachweis der Präparateffekte erbringen kann. Gleichzeitig ist die Frage nach unerwünschten Nebenwirkungen teils an gesunden Probanden, teils aber auch an Patienten zu untersuchen. Schließlich stellt sich das Problem, wie ein Präparat in der Kombination mit anderen psychoaktiven Substanzen wirkt, wobei besonders die Kombinationseffekte mit Alkohol aus naheliegenden Gründen eine große Rolle spielen.
Bei der Untersuchung all dieser Fragen sind eine Reihe experimenteller Techniken (tabellarische Übersicht bei JANKE, 1971) und Auswertungsmethoden zu berücksichtigen, für deren Anwendung gerade Psychologen aufgrund ihrer methodischen Ausbildung gute Voraussetzungen mitbringen. Als besonderes Merkmal des psychopharmakologischen Versuchs ist die Doppelt-Blind-Technik

zu nennen, bei der weder Versuchsleiter noch Versuchsperson die jeweils verabreichte Substanz kennen. Als Kontrollbedingung wird meist ein Placebo-Präparat verwendet, gegen dessen Verabreichung im klinischen Versuch mit Patienten allerdings oft ethische Bedenken bestehen.
Während die Placebo-Kontrolle mit dieser Einschränkung fast selbstverständlich geworden ist, werden zwei weitere Kontrollbedingungen häufig nicht beachtet: Erst die Leerbedingung erlaubt eine Aussage darüber, wie stark eine Substanz in einer bestimmten Richtung wirkt, weil nur durch sie der Wirkungsanteil, der auf Kosten des Placebo geht, abzuschätzen ist (KLEBELSBERG, 1974). Schließlich sollte aber auch eine bereits erprobte und in ihrer Wirkung bekannte Substanz des gleichen Indikationsbereichs verabreicht werden, um das Wirkungsausmaß im Vergleich zu den schon vorhandenen Möglichkeiten beurteilen zu können. Zur besseren Kontrolle von Störvariablen wird oft großer Wert auf experimentelle Techniken wie Parallelisierung, Randomisierung oder Durchvariierung gelegt. Dem gleichen Zweck dienen aufwendige Auswertungsmethoden wie mehrfaktorielle Varianzanalysen oder Kovarianzanalysen, obwohl oft wegen der Eigenart der erhobenen Daten gröbere Verfahren angebracht sind. Dies gilt besonders für Versuche mit Patienten, bei denen es meist nicht möglich ist, kompliziertere Versuchspläne unter Konstanthaltung der Versuchsbedingungen durchzuführen.

2 Zur Situation des Pharmakopsychologen

In Westdeutschland sind heute etwa 25 bis 30 Psychologen entweder ausschließlich oder vorwiegend in der Psychopharmakologie beschäftigt, davon die meisten in der pharmazeutischen Industrie. Nur die großen Firmen verfügen über eigene psychopharmakologische Abteilungen, in denen die dargestellten Präparatprüfungen im Humanversuch durchgeführt werden können. Außer an solchen Forschungsabteilungen sind Psychologen auch in Abteilungen für klinische Forschung und im Vertrieb eingesetzt.
Während Psychologen heute meist gute Voraussetzungen für experimentelle Humanversuche mitbringen, bei denen es um die Messung von Verhaltensänderungen geht, sind die Kenntnisse über die physiologischen und pharmakologischen Grundlagen oft unzureichend. Auch experimentelles Arbeiten mit Tieren ist zumindest deutschen Psychologen meist nicht geläufig. Auf diesen Gebieten ist deshalb eine eigene Einarbeitung meist unerläßlich. Eine spezifische Ausbildung für die Tätigkeit als Pharmakopsychologe wird im Rahmen der Diplomausbildung für Psychologen bisher nicht angeboten. Auch finden sich nur selten Lehrveranstaltungen über Pharmakopsychologie, eine Situation, die aber in anderen Ländern ähnlich zu sein scheint (HONIGFELD & HOWARD, 1973).
In der Forschung bildet die Pharmakopsychologie seit langem einen Schwerpunkt

am Psychologischen Institut der Universität Marburg und heute auch am Psychologischen Institut der Universität Düsseldorf.
Pharmakopsychologen sind fast immer auf die Zusammenarbeit mit Medizinern und Pharmakologen angewiesen. Diese formulieren auch meist die Probleme, die der Psychologe dann zu bearbeiten hat. Eigene Entscheidungen stehen deshalb vorwiegend an über Methodik, Auswertung und Interpretation von Versuchen, während die Entscheidung über Wahl eines bestimmten Forschungsprogramms oft in der Gruppe aus Fachleuten der verschiedenen Richtungen getroffen wird.
Eine wesentliche Aufgabe für viele in der pharmazeutischen Industrie beschäftigten Psychologen besteht auch in der Planung und Überwachung klinischer Versuche, die an anderen Stellen durchgeführt werden. Gleiches gilt für solche Versuche, deren Durchführung an bestimmte technische Voraussetzungen geknüpft ist, die nur an entsprechend eingerichteten Instituten erfüllt werden.
Einige Firmen verfügen über eigene humanpharmakopsychologische Abteilungen. Dort sind die Voraussetzungen für experimentelles Arbeiten von der Ausrüstung her meist sehr gut. Ein Problem besteht aber oft in der Beschaffung geeigneter Versuchspersonen. Zur Weiterbildung werden den Pharmakopsychologen oft wesentlich bessere Möglichkeiten geboten als den Psychologen anderer Berufssparten. Sicherlich ist ein Grund hierfür auch in dem sich rasch entwickelnden Fachgebiet zu sehen. Der Anteil an Routinearbeit ist beim Pharmakopsychologen eher gering. Die Aufgaben, die ihm gestellt werden, sind selten durch bloße Wiederholungen alter Untersuchungen zu lösen. Um seine Fachkenntnisse zu verbessern, werden ihm außer Kongreßbesuchen auch Aufenthalte an Kliniken zur Fortbildung ermöglicht. Der dauernde Kontakt mit Fachleuten anderer Sparten erleichtert ebenfalls die Weiterbildung in den Nachbardisziplinen.
Ein Gebiet, in dem die Mitarbeit von Psychologen naheliegend wäre, ist die Verhaltensbeobachtung von Tieren unter pharmakologischer Beeinflussung. Bisher sind Psychologen kaum in diesem Bereich beschäftigt, obwohl gerade ihre methodischen Kenntnisse die Mitarbeit von Psychologen hier sinnvoll erscheinen ließen. Die Attraktivität, welche die Tätigkeit als Pharmakopsychologe hat, wird auf längere Sicht vielleicht dadurch eingeschränkt, daß es kaum Aufstiegsmöglichkeiten gibt. Die Stellen mit größerer Entscheidungsbefugnis sind in den Forschungsabteilungen der pharmazeutischen Industrie Medizinern und Pharmakologen vorbehalten, so daß hier für den Psychologen eine fast undurchdringliche Barriere besteht. Damit mag es zusammenhängen, daß vorwiegend jüngere Psychologen nach dem Abschluß des Studiums sich für eine Tätigkeit in der Pharmakopsychologie entscheiden. Ihnen wird meist auch eine gute Bezahlung geboten, zu der oft noch Sondervergünstigungen wie Dienstfahrzeug hinzukommen.
Die in dem neuen deutschen Arzneimittelgesetz formulierten Bestimmungen über den Nachweis der Wirksamkeit und der Unschädlichkeit neuer Pharmaka wird sich in der Zukunft auch auf die Tätigkeit der Pharmakopsychologen auswirken.

Die geforderten Nachweise werden bei neuen Psychopharmaka auch den Einsatz psychologischer Forschungsmethoden noch mehr als bisher erforderlich machen.

Literatur

BAN, TH. A.: Psychopharmacology, Baltimore, 1969.

CLARIDGE, G.: Drugs and Human Behaviour. Harmondsworth, 1968.

HONIGFELD, G. & HOWARD, A.: Psychiatric Drugs. N. Y., London, 1973.

JANKE, W.: Pharmakopsychologie – Lexikon der Psychologie. Freiburg, 1971.

JOYCE, C. R. B.: Psychopharmacology – Dimensions and Perspectives. London, 1968.

KLEBELSBERG, D.: Zur Psychologie des Placebo-Effekts, Psychol. Beiträge, 16, 168–187, 1974.

KLEBELSBERG, D.: Beziehungen zwischen Psychopharmakologie und Pharmakopsychologie. Psychologie und Praxis, 12, 164–170, 1968.

LIENERT, G.: Belastung und Regression. Psychol. Universalis, Bd. 7, Meisenheim 1974.

PÖLDINGER, W.: Kompendium der Psychopharmakotherapie. Basel, 1967.

RECH, R. H. & MOORE, K. E. An Introduction to Psychopharmacology. Amsterdam, 1971.

UHR, L. & MILLER, J. G.: Drugs and Behaviour. N. Y., London, 1960.

C. Psychologie in der Lehre
Überlegungen zur Reform des Psychologiestudiums und zur Didaktik der Psychologie

ULRICH VÖLKER

1 Zur Situation der Psychologie

1.1 Vorbemerkung

An den Psychologischen Instituten der BRD werden zur Zeit etwa 12434 Studierende (lt. Psychologenkalender 1974) zu Psychologen ausgebildet. Die Berufsaussichten der Studienabsolventen sind bis jetzt günstig: nach einer Auskunft der Zentralstelle für Arbeitsvermittlung in Frankfurt, kommen auf einen Berufsanfänger immer noch drei offene Stellen.

Der enorme Zuwachs an Studierenden im Hauptfach Psychologie hat jedoch die Ausbildungssituation erheblich verschlechtert. Nach einer realistischen Schätzung von BENESCH u. DORSCH (1971) stehen einem Dozenten 263 Studenten gegenüber. Bei dieser extrem ungünstigen Dozenten-Studierenden-Relation ist es sehr schwierig, das Studium sinnvoll und effektiv zu gestalten. Diese Aufgabe kann nur in gemeinsamer Anstrengung durch Entwicklung und Erprobung neuer Organisationsformen des Lernens bewältigt werden.

Psychologie wird aber nicht ausschließlich für künftige Psychologen gelehrt. Immer mehr Sozial- und Naturwissenschaften bedienen sich der Psychologie als Hilfswissenschaft. Es gibt kaum eine Disziplin, die auf empirische Erkenntnisse über menschliches Erleben und Verhalten verzichten könnte.

Hinzu kommt, daß im letzten Jahrzehnt besondere Anstrengungen unternommen wurden, die Psychologie über die Universitätsgrenzen hinauszutragen und an andere Zielgruppen im Rahmen von Fachhochschulen, Volkshochschulen, Fernstudien, Tagungen, Kursen und Seminaren zu vermitteln. Diese verschiedenen Zielgruppen erfordern jeweils besondere Lernziele, Lerninhalte und Lehrmethoden, da hier an unterschiedlichste Lernvoraussetzungen angeknüpft werden muß.

Lassen sich nun, angesichts der Tatsache, daß Psychologie auf sehr verschiedenen Ebenen gelehrt wird, allgemeine Aussagen über die Psychologie in der Lehre machen?

Es soll der Versuch unternommen werden, von Überlegungen zur Hochschuldidaktik und zur Reform des Psychologiestudiums ausgehend, grundlegende Prinzipien einer Didaktik der Psychologie zu formulieren. Dabei wird sich herausstellen, ob die vorgetragenen Gedanken auch für andere Bereiche, vielleicht sogar für andere sozialwissenschaftliche Ausbildungsgänge, eine gewisse Gültigkeit beanspruchen können.

1.2 *Psychologen als Hochschullehrer*

Aufgrund empirischer Analysen des Hochschulunterrichts kommen KEIL und PIONTKOWSKI (1973) zu dem Ergebnis, daß Hochschullehrer im wesentlichen als Wissensvermittler und Leistungskontrolleure fungieren, aber nur geringe Fähigkeiten aufweisen, Lernprozesse, Kommunikationssituationen und Arbeitsvorgänge zu steuern. Zielvorstellungen und Lehrverhalten der Dozenten allein machen jedoch die Ausbildungsmisere nicht aus. Es kommen hinzu die in einem traditionsverhafteten Schulsystem erworbenen Einstellungen und Erwartungen der Studierenden, die konventionellen Interaktionsstrategien und Kommunikationsmuster im Unterrichtsprozeß und schließlich die institutionellen Rahmenbedingungen der Hochschule.

KEIL und PIONTKOWSKI unterscheiden 4 Teilsysteme der Unterrichtsstruktur an der Hochschule: Teilsystem Lehrender, Teilsystem Lernender, Teilsystem Prozeß und Teilsystem Umgebung. Es ist unbestritten, daß eine wirksame Ausbildungsreform in allen vier Bereichen ansetzen muß.

Wenn man aus den genannten Teilsystemen das Teilsystem Lehrender herausgreift und hier die Tätigkeit von Hochschullehrern unter die Lupe nimmt, so fällt zunächst auf, daß gegenwärtig ein großer Teil ihrer Zeit und Energie durch Teilnahme an den Gremien der Hochschulselbstverwaltung absorbiert wird.

Diese von vielen beklagte Situation kann jedoch auch als notwendiger Ausgleich für die isolierende Forschungstätigkeit und als Möglichkeit zur Kommunikation über die Fächergrenzen hinaus angesehen werden. Außerdem ist zu hoffen, daß dieser von Hochschullehrern und Studenten getragene Demokratisierungsprozeß der Hochschulen schon bald positive Rückwirkungen auf Forschung und Lehre haben wird.

Wichtiger ist in unserem Zusammenhang die Tatsache, daß für viele Hochschullehrer eine große Diskrepanz zwischen fachlicher und didaktischer Kompetenz typisch zu sein scheint. In einem Wissenschaftsbetrieb, in dem man sich noch immer durch die Quantität von Veröffentlichungen qualifizieren kann, ist es auch nicht verwunderlich, wenn viele Dozenten nach anfänglichen Lehrbemühungen allmählich den Schwerpunkt auf die Forschungsarbeit verlegen. Denn die meisten erkennen rasch, daß ihr beruflicher Aufstieg weit mehr von wissenschaftlichen Verdiensten als von Lehrerfolgen abhängt.

Folgerichtig besteht die Lehrtätigkeit dann sehr häufig in der Darstellung von Forschungsergebnissen. Hier liegt auf vielen Seiten die längst widerlegte Annahme zugrunde, daß derjenige, der etwas weiß, auch unterrichten könne.

Man muß SADER zustimmen, wenn er sagt: „...das Selbstverständnis vieler Universitätslehrer bezüglich ihrer didaktischen Aufgaben stammt offenbar noch aus der Zeit mittelalterlicher Klosterschulen, wo mangels gedruckter Bücher der Lehrer den Wissensstoff zum Mitschreiben diktierte." (SADER, 1971)
In dieser Situation bleibt dem Lernenden die Verarbeitung des Wissensstoffs selbst überlassen.
Wer erwartet hat, daß Psychologen als Hochschullehrer hier eine löbliche Ausnahme machen, muß enttäuscht werden. Kaum ein Psychologe, der nach Studienabschluß oder Promotion eine Lehrtätigkeit übernimmt, kann eine didaktische Ausbildung nachweisen. Auch die Hoffnung, didaktische Fähigkeiten stellten sich im Laufe der Zeit von selbst ein, bestätigt sich in den meisten Fällen nicht. Zu groß ist die Zahl der Psychologen unter den Hochschullehrern, die zwar z.T. originelle und geistreiche Vorlesungen halten, oft aber nicht einmal die elementarsten Prinzipien und Ergebnisse ihrer eigenen Wissenschaft berücksichtigen.
Dieser beklagenswerte Zustand könnte sich allerdings schon bald verändern. An den Psychologischen Instituten stehen nämlich seit einigen Jahren Fragen der Ausbildung im Vordergrund.
Es besteht Einigkeit darüber, daß die Bemühungen um bessere Ausbildungsbedingungen nicht allein in einer Vermehrung der Hochschullehrerstellen bestehen können. Es muß eine Besinnung auf didaktisch-methodische Probleme einsetzen und es müssen solche Lernformen entwickelt werden, die mit der gegenwärtig angestrebten Reform des Psychologiestudiums vereinbar sind.
Von der begonnenen Reform des Psychologiestudiums gehen bereits erste Impulse aus: An vielen Instituten hat eine intensive fachbezogene Curriculumforschung eingesetzt, und es ist anzunehmen, daß der veränderte Ausbildungsgang weitreichende Auswirkungen auf die Lehre haben wird.
In dem hier erörterten Zusammenhang ist aber auch an solche Reformen zu denken, die kein Geld, sondern *nur* die Bereitschaft aller Beteiligten zu notwendigen Einstellungs- und Verhaltensänderungen erfordern.

1.3 Die Reform des Psychologiestudiums

Die jahrelange Diskussion um die Reform der Psychologieausbildung (HOYOS und TACK, 1970) hat nun ihren Niederschlag in der Rahmenordnung für die Diplomprüfung in der Psychologie gefunden. Diese inzwischen von der Kultusministerkonferenz (1973) genehmigte Ordnung, steckt einen verbindlichen Rahmen für die künftige Ausbildung ab, läßt allerdings Spielraum für die Formulierung regional gültiger Prüfungsordnungen.
Die Initiatoren der Reformdiskussion hatten die Absicht, durch eine studien- und berufszielorientierte Ausbildung nach dem Vordiplom, den früheren „Univer-

salpsychologen" allmählich durch qualifizierte Fachpsychologen zu ersetzen. Es besteht Übereinstimmung bezüglich dieser Zielsetzung, und kaum jemand hält heute noch eine Ausbildung in allen Teilbereichen der Psychologie für möglich und wünschenswert.
Die neue Ausbildungsordnung gibt dem Studierenden Gelegenheit, den zweiten Studienabschnitt weitgehend selbst zu gestalten. Je nach beruflicher Zielsetzung können nach der Diplom-Vorprüfung Schwerpunkte gebildet werden.
Der Katalog der psychologischen Fächer gliedert sich in drei Schwerpunktbereiche:

I. Schwerpunktbereich Methodik: Psychologische Diagnostik, andere Methoden und Techniken
II. Schwerpunktbereich Anwendung
III. Schwerpunktbereich Grundlagenvertiefung.

Für die Diplomprüfung wählt der Prüfling vier Fächer aus, und zwar aus jedem Schwerpunktbereich eins. Die Gliederung nach den Gesichtspunkten Methodik, Anwendung und Grundlagenvertiefung erscheint problematisch, da hier formale, nicht voneinander trennbare Klassifikationsaspekte gewählt wurden. Es bleibt abzuwarten, welche Erfahrungen mit dieser Einteilung in der Praxis gemacht werden.
Insgesamt bedarf es noch gründlicher Überlegungen, um die positiven Intentionen der Reform zu sichern. An dieser Stelle sollen nur einige Gesichtspunkte berührt werden:
Erstens: Wahlmöglichkeiten des Studierenden der Psychologie im Sinne einer Schwerpunktbildung werden nur gegeben sein, wenn die Psychologischen Institute berufsorientierte Schwerpunkte einrichten. Eine Erhebung von ISELER (1972) im Auftrag des Berufsverbands Deutscher Psychologen (BDP) hat gezeigt, daß Schwerpunktbildungen im Bereich von Forschung und Lehre noch nicht sehr weit fortgeschritten sind. Nach Informationen von MICHAELIS (1973) stehen die Klinische und die Pädagogische Psychologie an erster Stelle in der Rangreihe der Forschungsinteressen der Ausbildungsinstitute, während andere Gebiete der Angewandten Psychologie zu selten oder gar nicht vertreten sind.
Bevor es zu konkreten Regelungen kommt, sind noch sorgfältige regionale und überregionale Planungen und Absprachen erforderlich, um ein ausgewogenes Lehrangebot an den verschiedenen Instituten zu gewährleisten.
Bereits jetzt ist aber abzusehen, daß die Verwirklichung der neuen Ausbildungsordnung einen hohen Personalaufwand erfordert. Dies ist eine notwendige Bedingung für die Qualität der künftigen Ausbildung.
Zweitens: Inzwischen ist für jedermann offenkundig geworden, daß die verschiedenen gesellschaftlichen Gruppierungen sehr unterschiedliche Motive haben, wenn sie dazu auffordern, unsere herkömmlichen Ausbildungsgänge in Frage zu

stellen und traditionelle Lerninhalte zu überdenken. Was die Ausbildung zum Psychologen betrifft, so muß man sagen: Es hängt weitgehend vom Standort in unserer Gesellschaft, von den materiellen Interessen und vom gesellschaftspolitischen Bewußtsein ab, ob man qualifizierte Spezialisten und/oder kritische Sozialwissenschaftler erziehen möchte.

Viele Bildungsplaner und Psychologen in der Berufspraxis sind nicht in erster Linie an einer umfassenden sozialkritischen Ausbildung von Psychologen interessiert. Aus der Praxis ist häufig die Forderung zu hören, die Hochschule müsse Spezialisten ausbilden, die effektiv, wenn möglich variabel eingesetzt werden können. BENESCH und DORSCH (1971) warnen in diesem Zusammenhang vor einer Vollanpassung der Ausbildung an die Berufsdifferenzierung. Ergebnis einer derartigen Ausbildung wären Fachpsychologen, die sich nur noch in einem sehr eingeschränkten Bereich psychologischer Praxis zurechtfinden. Flexibilität bei der Stellensuche und beim Arbeitsplatzwechsel ist dann nicht mehr gegeben, während ein Psychologe mit herkömmlicher Ausbildung immerhin die Möglichkeit hatte, sich in verschiedenste Tätigkeitsbereiche einzuarbeiten.

Wenn es um Studienreformen geht, dann wird von Bildungsplanern und Bildungspolitikern mit Recht das Problem der bestmöglichen Nutzung der Ausbildungskapazitäten betont. Diese Frage ist von hoher gesellschaftspolitischer Bedeutung, und eine Einführung der Regelstudienzeit scheint unter diesem Gesichtspunkt – aber auch im Sinne größerer Ausbildungsgerechtigkeit – unumgänglich. Es wird von der inhaltlichen Gestaltung des Psychologiestudiums abhängen, ob im Regelstudium mehr Zeit bleibt, als nur Rezepte für die Bewältigung der beruflichen Praxis zu erlernen.

Bei der Reform des Psychologiestudiums ist die alte Kontroverse um das Verhältnis von Allgemein- und Spezialbildung wieder aktuell geworden. Die möglichen negativen Folgen der an sich notwendigen Spezialisierung können jedoch vermieden werden, wenn die Schwerpunktbereiche nicht zu schmal angelegt sind.

Außerdem müssen vielfältige Fortbildungsangebote und Zusatzausbildungsmöglichkeiten sicherstellen, daß weitere Qualifikationen erworben werden können. Dies ist eine notwendige Voraussetzung dafür, daß die Psychologieausbildung auch in Zukunft variabel, entwicklungs- und aufbaufähig bleibt.

Drittens: Theorie und Praxis haben sich in den Sozialwissenschaften so weit entfremdet, daß viele Praktiker auch beim besten Willen und höchster Kompetenz unter den Resultaten der Forschung nur relativ wenig finden, das ihnen bei ihrer Berufsausübung von Nutzen sein könnte (vgl. HOLZKAMP, 1970).

Die stärkere Orientierung der zweiten Hälfte des Psychologiestudiums an den Erfordernissen der Praxis könnte dazu führen, daß die große Kluft zwischen Forschung und Berufspraxis verringert wird, indem viel konkretere und gesellschaftlich bedeutsamere Fragen an die Forschung herangetragen werden.

Dieser Prozeß kann jedoch nur einsetzen, wenn es immer mehr zu einer

Selbstverständlichkeit wird, daß Lehrende ihren Erfahrungshorizont um die praktische Dimension erweitern und Praktiker bei langfristig angelegten Forschungsprojekten mitwirken.
Nur so ist zu erwarten, daß in Zukunft handlungsrelevante Forschungsergebnisse zutage gefördert und auch gelehrt werden.

1.4 Andere Zielgruppen

Chance und Risiko der Psychologie liegen heute darin, daß sehr unterschiedliche Zielgruppen bereit sind, sich mit psychologischen Sachverhalten auseinanderzusetzen. Psychologie für Psychologen bestand bislang vornehmlich in der Darstellung von Forschungsresultaten mit Hilfe einer fachspezifischen Terminologie. Das Hinaustragen der Psychologie aus dem Kreis der Eingeweihten erfordert dagegen sprachliche und inhaltliche Transformationsleistungen auf verschiedene Ebenen des Praxisbezugs. Wert und Unwert von Forschungsergebnissen erweisen sich oftmals erst im Laufe dieses Prozesses.
Zwar hat die Psychologie heute einen festen Platz in der Gesellschaft gefunden. Aber längst ist der Optimismus geschwunden, als könnte sie zur Bewältigung der großen Anliegen unserer Gesellschaft, wie z.B. der Verwirklichung gleicher Ausbildungschancen für alle, der menschenwürdigen Gestaltung von Arbeits- und Freizeitbedingungen und der Lösung sozialer Konflikte unmittelbar beitragen. Im Gegenteil: Viele Menschen wenden sich von einer Psychologie ab, die ihre Unkenntnis ausnutzt und zu einem Machtinstrument geworden ist, das man fürchten muß. Es wird z.B. bei vielen ein Gefühl hilfloser Ohnmacht erzeugen, einer Testsituation ausgesetzt zu sein, von deren Ausgang weitreichende Entscheidungen abhängen.
Auf der anderen Seite beweist das große Interesse an Fortbildungsveranstaltungen, Seminaren und Kursen, die von Volkshochschulen und anderen Institutionen angeboten werden, daß man von der Psychologie Hilfe bei der Bewältigung persönlicher und beruflicher Probleme erwartet. Damit eröffnet sich die Möglichkeit, ein altes Gesetz zu durchbrechen, demzufolge die Erkenntnisse einer Wissenschaft erst etwa fünfzig Jahre später zum Allgemeingut werden und an die Basis der Gesellschaft gelangen, wo sie für alle von Nutzen sein können.

2 Didaktik der Psychologie

2.1 Vorbemerkung

Ein Psychologe, der nach Abschluß seines Studiums eine Lehrtätigkeit übernimmt, findet unter den Ergebnissen der Lernforschung wenig Hilfen für seine Arbeit. Nach eingehender Analyse kommen WEINERT u. a. (1968) zu der Aussage, daß die Lerntheorien nur einen sehr bescheidenen Beitrag zur Psychologie des Lehrens geleistet haben. Ein Grund hierfür ist darin zu suchen, daß fast sämtliche Lerngesetze durch rigorose Vereinfachung der Lernsituation im Labor gewonnen wurden. Auf diese Weise sind zwar eine Fülle von Wenn-Dann-Beziehungen formuliert worden, die sich aber kaum auf komplexe pädagogische Situationen übertragen lassen. Derartige beziehungslose Einsichten in die Struktur von Lernvorgängen, und die globale Auffassung, Lernen sei nichts als Verhaltensänderung, können – so nützlich sie für die Analyse menschlichen Verhaltens sein mögen – einen Lehrer dazu verleiten, seine Aufgabe ausschließlich in der systematischen Anleitung und Kontrolle des Lernens zu sehen.
Wenn man dagegen menschliches Lernen in einem weiteren Bezugsrahmen als dialektischen Prozeß zwischen Subjekt und Umwelt, als Vermittlung gesellschaftlicher Erfahrung begreift (LOMPSCHER, 1971), dann bedeutet Lehren mehr als die Manipulation von Verhaltensweisen.
Aus dieser Perspektive lassen sich Lehr- und Lernprozesse unter dem Begriff der sozialen Interaktion als funktionale Einheit auffassen, und die Mikrostrukturen der Interaktionen zwischen Lehrenden und Lernenden können mit Erfolg unter dem Gesichtspunkt der menschlichen Kommunikation analysiert werden (SCHÄFER und SCHALLER, 1971).
Auf dem Hintergrund dieser Überlegungen sollen nun vier didaktisch-methodische Aspekte betrachtet werden, die in der gegenwärtigen Diskussion eine Rolle spielen.

2.2 Aspekt der Lernzielorientierung

Ein Kennzeichen moderner Didaktik ist der Übergang von der Stofforientierung zur Lernzielorientierung. Zwar wurden auch bisher schon globale Lernziele durch die Prüfungsanforderungen definiert, aber Absichtserklärungen solcher Art bleiben solange bedeutungslos, wie es nicht gelingt diese Ziele zu operationalisieren und damit Durchsetzungsstrategien zu finden, die die enge Relation von Lernzielen, Lehrmethoden und Lernmotivation berücksichtigen. Von der Hochschuldidaktik und auch von der Psychologie ist die Lernzieldiskussion bislang weitgehend in einseitiger Weise aufgegriffen worden. Die Formulierung von Lernzielen und die Konstruktion lernzielorientierter Tests wird vorwiegend unter

dem Gesichtspunkt der rationalen Planung und Kontrolle von Lernprozessen gesehen. Was im Psychologiestudium fehlt sind übergreifende Studienziele, auf die alle anderen Teillernziele zugeordnet werden könnten.
Im Psychologiestudium dominieren die kognitiven Lernziele, wie sich unschwer nachweisen läßt. Diese Ziele werden häufig ohne Berücksichtigung der Gesamtpersönlichkeit des Lernenden angesteuert, so als ob ihm Triebe, Bedürfnisse und Emotionen fehlten, als ob Lernende frei seien von Gefühlen der Angst und Freude, der Zu- und Abneigung, der Lust und Unlust, der Einsamkeit und Solidarität.
Allenfalls werden diese affektiven Komponenten als mehr oder weniger lästige Anhängsel der Psyche betrachtet (vgl. ABRAMS u. a., 1970).
Eine derartige Ausbildung richtet sich an Lernende als vernunftbegabte Wesen, deren sozial-emotionale Bedürfnisse völlig außer acht gelassen werden. Die konsequente Trennung kognitiver und sozial-emotionaler Lernbedürfnisse, die Trennung von Pflicht und Vergnügen, hat dazu geführt, daß Lernprozesse in unserem Hochschulsystem nur selten lustvoll erlebt werden.
Lernerfahrungen, die während des Studiums gesammelt werden, können aber für die Berufsausübung erst dann bedeutsam sein, wenn sie in die gesamte Persönlichkeit integriert sind. Dies ist nur möglich, wenn im Rahmen des Psychologiestudiums eine Konfrontation des Lernenden mit seiner Persönlichkeit erreicht wird, wenn Selbsterfahrungsprozesse eingeleitet werden.
Diese Forderung, die schon in verschiedenen sozial-pädagogischen und therapeutischen Bereichen und im Bereich der Lehrerbildung Eingang gefunden hat, wird in der Ausbildung für Psychologen noch weitgehend ignoriert. Dabei läßt sich keine psychologische Tätigkeit denken, die nicht eine Kontrolle über die eigenen Bedürfnisse und Schwächen voraussetzen würde.
Die Überbetonung des Kenntniserwerbs im Psychologiestudium ist schon vielfach kritisiert worden. Sie ist besonders problematisch in einer Zeit, in der Wissen so schnell veraltet.
In den letzten Jahren wird daher von verschiedenen Seiten gefordert, nicht nur Fakten und Fertigkeiten, sondern vor allem Lernstrategien und die Fähigkeit zur selbständigen wissenschaftlichen Auseinandersetzung mit Problemen menschlichen Verhaltens zu vermitteln.
Dieses übergreifende Studienziel läßt sich auf der intellektuellen Ebene allein nicht erreichen. Mit den kognitiven müssen affektive und handlungsbezogene Lernziele verknüpft sein. Dies entspricht einem modifizierten dreidimensionalen Lernzielmodell von BLOOM (1956), demzufolge kognitive, affektive und handlungsbezogene Lernziele untrennbare Aspekte jedes Lernvorgangs sind, wobei jeweils die Gewichtung der einzelnen Dimensionen unterschiedlich sein kann.
Wie sehr diese Konzeption eine systematische Planung und Durchführung von Lernprozessen begünstigt, aber auch wie schwierig es ist, diese Forderungen zu realisieren, macht eine Skizzierung des kognitiven Bereichs deutlich.

Nach der Auffassung BLOOMS handelt es sich bei Lernzielen im kognitiven Bereich nicht um eine bloße Vermittlung von Wissen, sondern um den Erwerb intellektueller Fähigkeiten wie Verstehen, Anwenden, Analyse, Synthese und Evaluation. Diese intellektuellen Operationen sind hierarchisch geordnet, d.h. höhere, komplexere Verhaltensweisen können nur erworben werden, wenn vorher zugrundeliegende, weniger komplexe Verhaltensweisen gelernt wurden. Die Fähigkeit, Gelerntes anzuwenden, setzt z.B. den Erwerb von Wissen und das Verstehen von Prinzipien voraus.
Für BRUNER (1960) besteht eine Abhängigkeit der Operationen auch in Gegenrichtung. Der Erwerb von Wissen etwa setzt kognitive Strukturierung voraus, damit es nicht sinnloses Material bleibt. Es ist ein sehr hoher Anspruch, daß kognitive Lernprozesse jede dieser Stufen durchlaufen müssen, aber es läßt sich zeigen, daß dieser Anspruch zu verwirklichen ist.
Wenn in der Psychologieausbildung mehr als die Entwicklung intellektueller und sachbezogener Kompetenz erreicht werden soll, dann müssen – wie schon betont wurde – kognitive, affektive und handlungsbezogene Lernziele gleiches Gewicht bekommen.
Lernziele im affektiven Bereich lassen sich jedoch nur schwer operationalisieren und überprüfen. Es fehlen z.B. Kriterien nach denen man entscheiden könnte, ob die Auseinandersetzung mit den Schwächen der eigenen Persönlichkeit erfolgreich war, und es fehlen geeignete Meßinstrumente, um Persönlichkeitsveränderungen dieser Art zu diagnostizieren. Das sind nur einige Gründe dafür, daß auf diesem Gebiet bisher so wenige Untersuchungen vorliegen. Auch Lernziele im handlungsbezogenen Bereich müssen neu überdacht werden. Es kann hier nicht einfach darum gehen, erworbene Kenntnisse zusammenhanglos anzuwenden und zu erproben. Erst wenn es gelingt, psychologische Sachverhalte an außerhochschulische Erfahrungs- und Lebenszusammenhänge anzuknüpfen, eröffnet sich der Psychologe die soziale Dimension.

2.3 Aspekt der Entwicklung und Erprobung neuer Organisationsformen des Lernens

Ein Blick auf die Lehrveranstaltungen an Psychologischen Instituten zeigt die dominierende Stellung der Vorlesungsmethode. Wenn man Großübungen mit einbezieht, die quasi Vorlesungscharakter haben, dann stehen die Belehrung und der Dozentenmonolog nach wie vor im Mittelpunkt der Lehre.
Die Vorlesungsmethode wird nicht etwa als notwendiges Übel wegen der ungünstigen Relation von Dozenten und Studierenden gerechtfertigt. Viele Hochschullehrer sehen in ihr ein geeignetes Instrument der Wissensvermittlung, weil angeblich in ihrem Rahmen dem Lernenden Einsicht in Zusammenhänge vermittelt werden könnten. Dem muß entgegengehalten werden:

- Der Vorlesungsstoff kann in vielen Fällen vollständiger und besser gegliedert in Lehrbüchern nachgelesen werden. Wenn geeignete Lehrbücher nicht für jedes Fachgebiet vorhanden sind, müssen sie entwickelt werden. Das Mitschreiben in Vorlesungen erscheint jedenfalls im Zeitalter des Taschenbuchs als Anachronismus;
- Die Ein-Weg-Kommunikation in Vorlesungen hält den Lernenden in künstlicher Unmündigkeit. Eine Entwicklung symmetrischer Beziehungsformen zwischen Lehrenden und Lernenden ist in dieser Unterrichtsform ausgeschlossen. Bei der Bearbeitung komplexer Probleme und wenn nachhaltige Einstellungsänderungen angestrebt werden, erweist sich die Zwei-Weg-Kommunikation der Ein-Weg-Kommunikation überlegen (SIMONS, 1971):
- Der Studierende wird in Vorlesungen zu passiver Rezeption und Akkumulation des Wissensstoffs veranlaßt. Damit wird ein Lernverhalten begünstigt, das einem übergreifenden Studienziel entgegenwirkt, demzufolge Studierende zu selbständiger wissenschaftlicher Arbeit befähigt werden sollen.

Diese Überlegungen müßten ausreichen, um eine Unterrichtsform in Frage zu stellen, deren prinzipielle Mängel auch nicht durch Einsatz von Diapositiven, Filmen und Overhead-Projektoren ausgeglichen werden können. SEIFFERT (1969) fordert denn auch, Vorlesungen abzuschaffen und durch Vorlesungsskripte, Selbststudium und freie Diskussionen zu ersetzen. Um aber auf die Vorlesung als vorrangiges Instrument der Wissensvermittlung verzichten zu können, müssen didaktisch-methodische Alternativen entwickelt werden, die diese Funktion übernehmen. Anfänge in dieser Richtung sind bereits mit anschaulichen Lehrbüchern, lernzielorientierten Materialien (BRANDSTÄTTER, 1973) und audiovisuellen Programmen (SCHÖNPFLUG u.a., 1973) gemacht worden.
Besondere Aufmerksamkeit scheint die Curriculumforschung gegenwärtig der Entwicklung von Anfängerprogrammen (vgl. SCHÖNPFLUG, 1974) zu widmen, deren Bedeutung nicht hoch genug einzuschätzen ist, da mit ihrer Hilfe der Studiengang für den Studienanfänger vorstrukturiert werden kann.
Wenn Hochschullehrer zunehmend von der Aufgabe befreit werden, Sachwissen zu vermitteln, könnten sie sich verstärkt der Entwicklung und Erprobung neuer Unterrichtsformen zuwenden, die den Lernenden mit einbeziehen.
Zur Zeit wird an vielen Instituten mit gruppendynamisch orientierten Arbeitsformen experimentiert. Nach den vorläufigen Ergebnissen steht zwar fest, daß die verschiedenen Formen des Großgruppen- und Kleingruppenunterrichts die Interaktions- und Erfahrungsmöglichkeiten des einzelnen erweitern und rezeptive Lernhaltungen überwinden helfen (vgl. BERENDT, 1969).
Dies gilt in besonderem Maße für projektorientierte Gruppen, in denen Planung, Durchführung und Kontrolle des Lernprozesses bei den Lernenden selbst liegt. Die bisher gemachten Erfahrungen reichen aber nicht aus, um diese Unterrichtsformen gezielt nutzen zu können.

Der Einsatz gruppendynamisch orientierter Arbeitsformen hängt ja nicht allein von sachlichen Erwägungen ab (z.B. welche Unterrichtsform für welche Unterrichtsziele), sondern ganz entscheidend davon, ob die Befähigung der Lehrenden und Lernenden zur Arbeit in der Gruppe genügend entwickelt ist. Denn Lernen in der Gruppe erfordert das Zurückstellen eigener Bedürfnisse für den Fortschritt der Gesamtgruppe. Um die notwendige Gruppenfähigkeit zu entwickeln, sollten Dozenten und Studenten jede Gelegenheit wahrnehmen mit kooperativen Lernformen zu experimentieren und Erfahrungen zu sammeln. Denn diese Arbeitsformen erfordern größere Anstrengungen aller Beteiligten bei der Entwicklung partnerschaftlicher Kommunikationsformen und bei der Bewältigung auftretender sozialer Konflikte, als leiterzentrierte Unterrichtsformen.
Ein ganz anderer Aspekt des studentischen Lernverhaltens wird an den Psychologischen Instituten und an der Hochschule viel zu wenig berücksichtigt: Die Tatsache, daß ein großer Teil des Studiums aus Einzelarbeit und Selbststudium besteht. MacKenzie u.a. (1973) berichten, daß die Anleitung zum unabhängigen Studium die Hauptlehrmethode an vielen englischen Universitäten ist*.
An unseren Hochschulen existiert über das Arbeits- und Lernverhalten der Studenten beim Selbststudium außer einigen Vermutungen wenig Material. Es könnte eine Aufgabe der Hochschuldidaktischen Zentren sein, diesen gesamten Bereich zum Gegenstand systematischer Forschung zu machen. Denn erst auf der Grundlage gesicherter Erkenntnisse lassen sich im Rahmen eines Studiengangs Hilfsmittel bereitstellen und Anleitungen zum Selbststudium geben.
Die Wirksamkeit der verschiedenen Organisationsformen des Lernens läßt sich nur mit konkreten didaktischen Einheiten unter gut kontrollierten Bedingungen überprüfen. Die Beantwortung der Frage nach Effektivität und Effizienz eines Lernprozesses ist dabei in hohem Maße von den geforderten Erfolgskriterien abhängig. Einen Einblick in die methodischen Schwierigkeiten beim Vergleich von Lehrmethoden bietet die deutsche Bearbeitung des Forschungsberichts von McKeachie (Simons, 1971). Denn grundsätzlich können nur vergleichbare Lehrmethoden miteinander verglichen werden, und diese Voraussetzung ist oft nicht gegeben.

2.4 Aspekt der Lernmotivierung

Lernmotivation, Lehrmethoden und Lernziele stehen in einem engen Verhältnis zueinander. Den Untersuchungen von McKeachie (1961) zufolge kann angenommen werden, daß die Lernmotivation an der Hochschule von komplexen

---

* Im wesentlichen wird dies durch ein gut entwickeltes Tutorensystem geleistet, das die Lehrveranstaltungen ergänzt und begleitet.

Interaktionen zwischen Persönlichkeitsmerkmalen des Lernenden, dem Dozentenverhalten, dem Stoff und situativen Faktoren abhängt. Hinzu kommen Faktoren, die den institutionellen Rahmenbedingungen unseres Hochschulsystems zuzurechnen sind. Es muß davon ausgegangen werden, daß das Arbeitsverhalten von Studenten zu einem erheblichen Teil durch Leistungsbeurteilung und Leistungsvergleich, Konkurrenzdenken und Angst vor den negativen Konsequenzen des Leistungsversagens gesteuert wird. Es ist wohl keine Übertreibung, wenn man feststellt, daß auf diese Weise die Lernenden voneinander isoliert werden und eine sachfremde (extrinsische), instabile und kurzlebige Motivation erzeugt wird.
Wenn also von Lernunlust oder von mangelnder Beteiligung der Studenten in Seminaren und Übungen die Rede ist, dann muß man nach den Gründen dafür fragen. BEARD (1972) sagt dazu: „Die Klagen der Lehrer an Universitäten und technischen Hochschulen darüber, daß ihre Studenten allein für die Examen arbeiten oder bis kurz vor den Examen überhaupt nicht arbeiten, sprechen sicherlich gegen ihre Beurteilungssysteme.
Ein gutes Beurteilungssystem sollte die Studenten vielmehr ermutigen, genau das zu erarbeiten, was in einem Kurs von Wichtigkeit ist, und ihre Zeit rationell zu nutzen."
Empirische Untersuchungen in diesem Bereich stoßen noch immer auf Widerstände. Dabei gibt es genügend Hinweise über die studiensteuernde Funktion von Beurteilungs- und Prüfsystemen (vgl. SADER, 1971). Nach allem, was bisher über die Bedeutung von Prüfungen bekannt ist, kann angenommen werden, daß ein Abbau der großen Abschlußprüfung, zugunsten sukzessiver Prüfungen während des gesamten Studiums, pädagogisch sinnvoller wäre. Wenn diese „kummulativen Prüfungen", als integrierte Bestandteile der Lehrveranstaltungen, klare Anforderungen definieren und vor allem dem Lernenden gezielte und differenzierte Rückmeldung geben, könnte von ihnen eine motivierende Wirkung im positiven Sinne ausgehen.
Eine Verbesserung der Lernmotivation an der Hochschule ist besonders an die Entwicklung neuer Lernformen gebunden. Die erwähnten gruppenzentrierten Arbeitsformen enthalten dafür günstige Voraussetzungen:

- sie erlauben das Anknüpfen des Lernprozesses an die Erwartungen und Lernvoraussetzungen der Teilnehmer;
- sie ermöglichen die Mitplanung der Studierenden am Lernprozeß und damit eine stärkere Ich-Beteiligung;
- sie begünstigen die Befriedigung grundlegender sozialer Bedürfnisse, wie die Bedürfnisse nach Gesellung, Anlehnung, Zuwendung, Sicherheit, Selbstbehauptung, Anerkennung und sozialer Bestätigung.

Dies alles sind Bedingungen, die den Aufbau einer stabilen, sachorientierten (intrinsischen) Motivation fördern und günstigenfalls die Bereitschaft zu lebenslangem Lernen wecken.

2.5 Aspekt der Lernzielkontrolle und Lernprozeßanalyse

Lernprozesse laufen selten so ab, wie sie geplant wurden. Für die Curriculumforschung ist es zu einer Selbstverständlichkeit geworden, zu überprüfen, ob die im Rahmen einer Lehrveranstaltung angestrebten Ziele auch erreicht wurden. Die Ergebnisse solcher Untersuchungen können dann zu einer Verbesserung von Lehrplänen und Lehrmethoden führen.

Seit der gesamte Prozeß von der Legitimation und Ableitung der Lernziele, der Auswahl geeigneter Lehrverfahren bis zur Lernzielkontrolle als Einheit aufgefaßt wird, werden lehrzielbezogene Tests als integrierte Bestandteile jedes Lernprozesses gefordert. Unter einem lehrzielorientierten (auch: lernzielorientierten) Test versteht man eine Auswahl zielrelevanter Aufgaben, die das Lehrziel repräsentieren. Lehrzielbezogene Prüfinstrumente erfüllen so die Funktion festzustellen, wie gut bestimmte Lehrziele durch bestimmte Lehrverfahren erreicht wurden.

Sie geben aber nicht nur dem Lehrer Aufschluß über die Qualität seines Unterrichts und seiner Lehrmethoden, sondern sie geben auch dem Lernenden Hinweise auf seine Stärken und Schwächen. Wenn diese Prüfverfahren nicht nur zum Abschluß des Lernprozesses eingesetzt werden, sondern ihn begleiten, dann ergibt sich eine Leistungskurve, nach der der Lernende seine Fortschritte selbst beurteilen kann. Lehrzielbezogene Tests können somit einen steuernden und motivierenden Einfluß auf den Lernvorgang nehmen. Sie eignen sich damit als echte Alternative zu einer unmittelbaren Leistungsbewertung (KLAUER, 1972).

Mindestens ebenso wichtig erscheint eine Lernprozeßanalyse, die auf der subjektiven Beurteilung der Lernenden basiert. Das subjektive Erleben der Teilnehmer eines Lernprozesses bestimmt in jeder Phase ihre Motivation. Unbewußt läuft nämlich bei jedem ständig eine Bewertung des Lernvorgangs ab. Diese Bewertung bestimmt seine Aufmerksamkeit, seine Ich-Beteiligung, seine persönlichen Gedanken, das Sprechen, Schreiben und Handeln (vgl. MCKENZIE u.a., 1973).

Eine parallel zum Lernprozeß laufende Analyse erfordert ein Instrument, mit dem die Teilnehmer beim Abschluß jeder einzelnen Lehrveranstaltung befragt werden. Erste Entwürfe zu solchen Verfahren liegen bereits vor (SCHOTT, 1973).

Prozeßanalysen haben die Funktion, allen Beteiligten das Lerngeschehen bewußt zu machen und zu reflektieren, um nötigenfalls eine Sofortkorrektur der Lernsituation herbeizuführen.

Wenn eine Prozeßanalyse zu aufwendig erscheint, bietet sich eine einmalige Lehrveranstaltungskritik nach Abschluß des Lernprozesses an. Nach MCKENZIE

u. a. (1973) kann eine kritische Stellungnahme der Lernenden Aufschluß über folgende Punkte geben:

- Das Ausmaß, in dem die Ziele des Lehrers klar verstanden wurden;
- Das wahre Interesse oder der wahre Wert einer Arbeit, die den Lernenden wünschen läßt, sie um ihrer selbst willen fortzusetzen;
- Das Ausmaß, in dem der Lernende das Ziel als Teil eines übergreifenden Zieles ansieht;
- Die geschätzte Wahrscheinlichkeit des Erfolges.

Durch die Auswertung und Diskussion einer Lehrveranstaltungskritik oder einer Prozeßanalyse treten Lehrende und Lernende in einen metakommunikativen Prozeß. Sie kommunizieren über die abgelaufene Kommunikation. Durch diesen Informationsaustausch erweist sich, in welchem Ausmaß die Ziele des Lehrenden und der Studierenden deckungsgleich waren, und welche Kommunikationsbarrieren das Lernen behinderten.
Wenn solche Bewertungsverfahren zu einem selbstverständlichen Bestandteil von Lernprozessen werden, könnten sie dazu beitragen, eine Grundvoraussetzung offener Kommunikation zu entwickeln: Die Fähigkeit, Kritik zu äußern und zu ertragen.

3 Das Selbstverständnis der Psychologie

Es dürfte deutlich geworden sein, daß diese Überlegungen keineswegs ausschließlich auf die Hochschule beschränkt sind, wenn sie hier auch vorwiegend auf die Psychologieausbildung bezogen waren. Innovationen im didaktisch-methodischen Bereich allein reichen jedoch nicht aus, um die Vermittlung der Psychologie auf eine andere Grundlage zu stellen. Wenn die skizzierten Ausbildungsreformen erfolgversprechend sein sollen, dann muß mit ihnen die Entwicklung eines neuen Selbstverständnisses der Psychologie verbunden sein.
Das Selbstverständnis der modernen Psychologie wird sehr stark durch die zentrale Rolle experimenteller und statistischer Methoden geprägt. Dieses an naturwissenschaftlichen Ansprüchen orientierte Methodenbewußtsein hat einerseits dazu geführt, daß fruchtlosen Spekulationen und Vermutungen über die menschliche „Seele" weitgehend der Boden entzogen worden ist.
Andererseits aber sind auf diese Weise mit exakten Methoden eine Fülle von Trivialitäten und Belanglosigkeiten zutage gefördert worden, die sich kaum auf die soziale Wirklichkeit anwenden lassen. In zunehmendem Maße wird Unbehagen über diese Art wissenschaftlichen Arbeitens geäußert, das in der Frage gipfelt,

ob es sinnvoll sei diese Art Wissenschaft so fortzusetzen (vgl. KAMINSKI, 1971; HOLZKAMP, 1970).

Der amerikanische Psychologe MURRAY sieht die psychologische Forschung vor folgender Alternative: „Entweder unwichtige Fragen mit Hilfe strenger formaler Techniken zu lösen oder wesentliche Probleme mit inadäquaten Methoden zu erforschen" (zit. n. SARGENT, 1965).

Die bisherige Forschungspraxis hat erhebliche Auswirkungen auf die Psychologie in der Lehre gehabt. Es ist nämlich nicht gelungen, in dem gleichen Maße wie empirische Ergebnisse erarbeitet wurden, theoretische Bezugsrahmen zu entwickeln, die diese Einzeldaten integrieren könnten (vgl. MALEWSKI, 1967). Ergebnisse psychologischer Forschung werden daher nicht selten beziehungslos nebeneinanderstehend vermittelt.

Dieses kontextlose Darstellen von Fakten kann wohl nur überwunden werden, wenn die für den Integrationsprozeß notwendigen Theorien sich an allgemeingültigen Aufgabenstellungen und Zielen orientieren. Welches andere übergreifende Ziel aber könnte die Humanpsychologie haben, als mit ihren Erkenntnissen zum Selbstverständnis des Menschen in unserer Gesellschaft beizutragen und die menschliche Existenz zu erleichtern?

Erst wenn sich die Überzeugung verbreitet, daß die Psychologie diese Aufgabe nur in Verbindung mit anderen Sozialwissenschaften erfüllen kann, werden ihre Aussagen gesellschaftliche Bedeutung erlangen.

Ein in diese Richtung verändertes Selbstverständnis der Psychologie könnte ein fächerübergreifendes soziales Lernen begünstigen und bewirken, daß die notwendige Kommunikation zwischen Lehre und Anwendung in Gang gesetzt und dadurch die häufig beschriebene Kluft zwischen Theorie und Praxis verringert wird.

Literatur

ABRAMS, R. u.a.: Affektivität im Gruppenlernprozeß, in: H. PRIOR: Gruppendynamik in der Seminararbeit, Blickpunkt Hochschuldidaktik, 11, Hamburg: Arbeitskreis für Hochschuldidaktik, 1971.

ANASTASI, A.: Angewandte Psychologie, Weinheim u. Basel 1972.

ARGYLE, M.: Soziale Interaktion, Köln 1972.

BEARD, R.: Lehren und Lernen an der Hochschule, Düsseldorf 1972.

BENESCH, H. und DORSCH, F. (Hrsg.): Berufsaufgaben und Praxis des Psychologen, München 1971.

BERENDT, B.: 18 Jahre Tutorenarbeit an der FU Berlin, Blickpunkt Hochschuldidaktik, 3, Hamburg: Arbeitskreis für Hochschuldidaktik, 1969.

BLOOM, B. S. et al.: Taxonomy of educational objectives handbook I: Cognitive domain. New York, Longmans Green, 1956. Dt. Übersetzung: Taxonomie von Lernzielen im kognitiven Bereich, Weinheim u. Basel [3]1973.

BRANDSTÄTTER, J.: Entwicklung eines Curriculums für die Psychologieausbildung nach dem Vordiplom, Schwerpunkt: Pädagogische Psychologie, Unveröffentlichtes Manuskript 1973.

BRUNER, J. S.: The process od education, Cambridge, Mass. 1960. Dt. Übersetzung: Der Prozeß der Erziehung, Düsseldorf ²1972.

ECKSTEIN, B.: Hochschulprüfungen: Rückmeldung oder Repression? Blickpunkt Hochschuldidaktik, 13, Hamburg: Arbeitskreis für Hochschuldidaktik 1971.

GAGNÉ, R. M.: The conditions of learning, New York 1965. Dt. Übersetzung: Die Bedingungen menschlichen Lernens, Darmstadt ²1970.

HOLZKAMP, K.: Zum Problem der Relevanz psychologischer Forschung für die Praxis, Psychologische Rundschau, 1970, 21.

HOYOS, C. und TACK, W. H.: Vorschläge für eine neue Rahmenordnung im Fach ‚Psychologie', Psychologische Rundschau, 1970, 21, S. 295–308.

ISELER, A.: Erhebung über geplante Ausbildungsschwerpunkte der Ausbildungsinstitutionen, Hektographierter Bericht für die Sektion „Ausbildung in Psychologie" des Berufsverbandes Deutscher Psychologen, 1972.

KAMINSKI, G.: Zur Problematik der Anwendung in der Psychologie, in: BENESCH, H. und DORSCH, F. (Hrsg.): Berufsaufgaben und Praxis des Psychologen, München 1971.

KEIL, W. und PIONTKOWSKI, U.: Strukturen und Prozesse im Hochschulunterricht, Weinheim und Basel 1973.

KLAUER, K. J.: Lehrzielorientierte Tests, Düsseldorf 1972.

KLAUSMEIER, H. J. und RIPPLE, R. E.: Moderne Unterrichtspsychologie I, München 1973.

LOMPSCHER, J.: Über lerntheoretische Grundlagen der Pädagogischen Psychologie, in: KOSSAKOWSKI, A. und LOMPSCHER, J. (Hrsg.): Ideologisch-theoretische und methodologische Probleme der Pädagogischen Psychologie, Berlin 1971.

MCKEACHIE, W. J.: Motivation, Lehrmethoden und Lernen in Hochschulen, in: F. WEINERT (Hrsg.): Pädagogische Psychologie, Köln 1967.

MCKENZIE, N. et al.: Lehren und Lernen, München 1973.

MALEWSKI, A.: Verhalten und Interaktion, Tübingen 1967.

MICHAELIS, W. (Hrsg.): Info-Psychologie-Aktuell, Kiel 1973.

PRIOR, H.: Gruppendynamik in der Seminararbeit, Blickpunkt Hochschuldidaktik, 11, Hamburg: Arbeitskreis für Hochschuldidaktik, 1970.

Psychologische Rundschau, 1973, 24, 219–226. Rahmenordnung für die Diplomprüfung in der Psychologie.

SADER, M. u.a.: Kleine Fibel zum Hochschulunterricht, München 1970.

SADER, M.: Prüfung als Studiensteuerung, in: B. ECKSTEIN, Hochschulprüfungen: Rückmeldung oder Repression? Blickpunkt Hochschuldidaktik, 13, Hamburg: Arbeitskreis für Hochschuldidaktik 1971.

SARGENT, S. S.: Übertreibt die amerikanische Psychologie die Wissenschaftlichkeit? In: F. P. HARDESTY und K. EYFERTH (Hrsg.): Forderungen an die Psychologie, Bern 1965.

SCHÄFER, K.-H. und SCHALLER, K.: Kritische Erziehungswissenschaft und kommunikative Didaktik, Heidelberg 1971.

SCHMIDT, W.: Lernen – aber wie?, München 1972.

SCHOTT, E.: Zur empirischen und theoretischen Grundlegung eines Bewertungsinstruments für Vorlesungen, Blickpunkt Hochschuldidaktik, 28, Hamburg: Arbeitskreis für Hochschuldidaktik 1973.

SCHÖNPFLUG, W. u.a.: Einführung in die Psychologie: Ein audio-visuelles Programm in zwölf Sektionen, Unveröffentlichtes Manuskript 1973.

SCHÖNPFLUG, W.: Anfängerausbildung im Fach Psychologie, Psychologische Rundschau, 1974, 25, 1ff.

SEIFFERT, H.: Hochschuldidaktik und Hochschulpolitik, Neuwied a/Rhein und Berlin 1969.

SIMONS, H.: Forschung im Bereich des College und der Universität, Deutsche Bearbeitung des Kapitels 23: Research on Teaching at the College and University Level von W. J. MCKEACHIE, in: Handbuch der Unterrichtsforschung, Teil III, Weinheim, Berlin, Basel 1971.

WEINERT, F.: Lehrt die Lernpsychologie lehren? In: Bericht über den 26. Kongreß der Deutschen Gesellschaft für Psychologie, Tübingen 1968, Göttingen 1969.

Personenregister

Stichwortregister

Anschriften der Autoren und Herausgeber

Dipl.-Psych. Bernhard Biehl, Dr. phil.
6805 Heddesheim
Schulstr. 5

Dipl.-Psych. Gerda Bieling
7016 Gerlingen
Bopserwaldstr. 18

Dipl.-Psych. Werner Fritscher
3500 Kassel
Ludwig-Mond-Str. 123

Dipl.-Psych. Gunter Höpel
6750 Kaiserslautern
Eselsfürth 22

Dipl.-Psych. Reinhold Jäger, Dr. phil.
6800 Mannheim 1
Schloß
Otto-Selz Institut für Psychologie und Erziehungswissenschaft
der Universität

Dipl.-Psych. Edeltrud Jendritza
3000 Hannover
Altenbeker Damm 82

Dipl.-Psych. Franz Knapp, Dr. phil.
6900 Heidelberg
Häusserstr. 6

Dipl.-Psych. Günther Kohl
4600 Dortmund
Goldrosenweg 1

Dipl.-Psych. Dirk Lorenzen
7102 Weinsberg
Psychiatrisches Landeskrankenhaus

Dipl.-Psych. Jürgen Osterland
6905 Schriesheim-Altenbach
Abtsweg 5

Dipl.-Psych. Wilhelm Sänger
6900 Heidelberg
Stiftung Rehabilitation Postfach 306

Dipl.-Psych. Uwe Seydel, Dr. phil.
6940 Weinheim
Theodor-Heuss-Str. 6

Dipl.-Psych. Günter Schmitt
6700 Ludwigshafen
Wittelsbacherstr. 10

Dipl.-Psych. Helge Schweizer
6800 Mannheim 1
Schloß
Lehrstuhl Psychologie II
der Universität

Dipl.-Psych. Manfred Sprotte
6800 Mannheim
O 4, 11–12

Dipl.-Psych. Ulrich Völker
6520 Worms
EWH Rheinland-Pfalz
Ehrenburgerstr. 19